조선왕조 오백년

우리가 꼭 알아야 할 한국사 ❶

우리가 꼭 알아야 할 한국사 ❶
조선왕조 오백년

2015년 10월 5일 초판 1쇄 발행
2018년 5월 20일 초판 3쇄 발행

엮은이_ 최향숙
펴낸이_ 양진오
펴낸곳_ (주)교학사
등록_ 1962년 6월 26일 18-7호
주소_ 서울특별시 금천구 가산디지털1로 42 (공장)
　　　서울특별시 마포구 마포대로14길 4 (사무소)
전화_ 영업(02)7075-147 · 편집 (02)7075-328
팩스_ (02)7075-330
홈페이지_ www.kyohak.co.kr
사진_ 교학사 사진실

ⓒ 우리누리 2015
ISBN 978-89-09-19430-3　73910

• 잘못 만들어진 책은 구입하신 곳에서 바꾸어 드립니다.
• 이 책 내용의 전부 또는 일부를 재사용하려면 지은이와 (주)교학사 양측의 동의를 받아야 합니다.
▲ 주의 : 책 모서리가 날카로우니 떨어뜨리지 않도록 주의하시고,
　　　　책장을 넘길 때 종이에 베이지 않도록 주의하시기 바랍니다. (사용 연령 : 만 8세 이상)

함께자람은 (주)교학사의 유아 · 어린이 책 브랜드입니다.

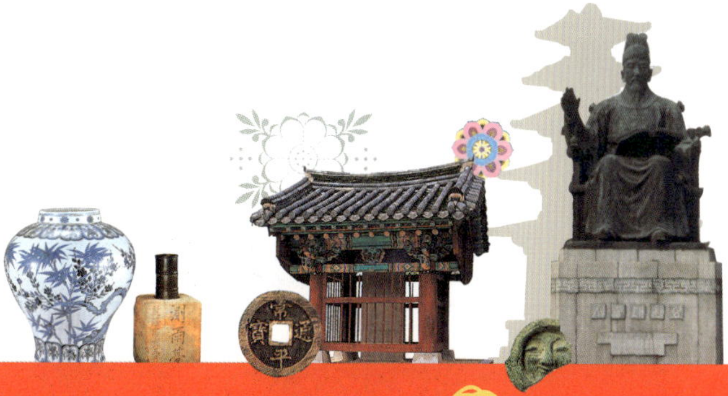

우리가 꼭 알아야 할 한국사 1

조선왕조 오백년

최향숙 엮음

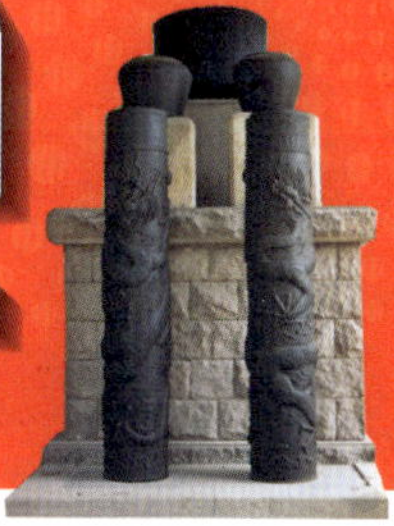

함께자람

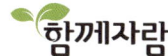

조선 시대의 건축 1. 경복궁 근정전 국보 제233호. 경복궁의 정전으로 왕의 즉위식 등 나라의 공식 행사를 하던 곳이다. 조선 시대의 건물 중 가장 규모가 크다. **2. 숭례문** 국보 제1호. 서울 성곽의 8문 가운데 가장 크고 아름답다(화재로 소실되기 전의 모습). **3. 원각사지10층석탑** 국보 제2호. 탑에 새겨진 무늬가 매우 아름답다.

조선 시대의 건축 **1. 수표교** 5백여 년간 청계천에 있었던 돌다리로 홍수 때 수위를 알아보는 수표를 설치했다. **2. 창덕궁 인정전** 국보 제225호. 창덕궁의 정전으로 조정의 각종 의식이나 외국 사신을 접견하였던 장소이다. **3. 건원릉** 사적 제193호. 태조 이성계의 능. **4. 원구단** 사적 제157호. 하늘에 제사를 지내던 곳이다.

조선 시대의 건축 1. 수원화성 사적 제3호. 우리나라에서 가장 발달한 형식의 성으로 세계 문화 유산으로 지정되어 있다. **2. 경복궁 향원정** 육각형 모양의 아름다운 정자이다. **3. 사직단** 사적 제121호. 임금이 백성을 위해 나라의 신과 곡식의 신에게 제사 지내던 곳이다. **4. 법주사 팔상전** 국보 제55호. **5. 도산 서원** 사적 제170호.

▌**조선 시대의 공예 1. 백장암청동은입사향로** 보물 제420호. **2. 나전함** 조선 시대 사대부들이 사용하던 문서함이다. **3. 화각화형함** 봉황, 학, 용, 해태, 사슴, 연꽃, 호랑이 등의 동물 문양으로 화려하게 장식하였다. **4. 청화백자매죽문호** 국보 제219호. **5. 옷장** 왕실에서 사용하던 3층 옷장으로, 자개로 화려하게 꾸며져 있다.

조선 시대의 과학 1. 앙부일구 보물 제845호. 조선 시대에 사용했던 해시계. **2. 측우기** 보물 561호. 1441년에 만들어진 세계 최초의 비의 양을 재는 기구이다. **3. 자격루** 국보 제229호. 세종 때 장영실, 이천 등이 만든 물시계로 정해진 시각에 종이 울리게 되어 있다. **4. 혼천의** 국보 제230호. 천문을 관측하는 기계.

▌**조선 시대의 회화** 1. **금강전도** 정선 그림. 국보 제217호. 금강산의 절경을 그린 것으로 진경산수화의 대표적인 그림이다. 2. **강변회음** 김득신 그림. 3. **씨름** 김홍도 그림. 김홍도는 서민들의 생활 모습을 즐겨 그려 독특한 풍속화를 발전시켰다. 4. **쌍검대무** 신윤복 그림. 국보 제135호. 5. **파교삼매도** 심사정 그림.

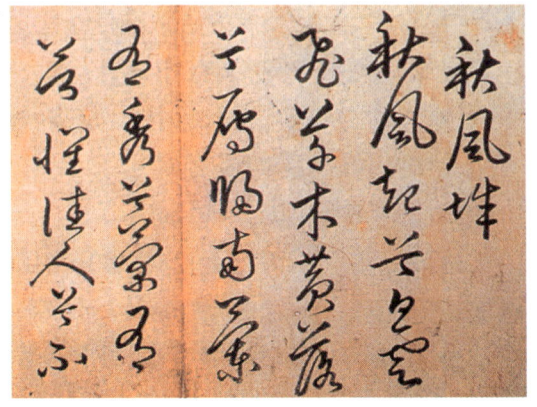
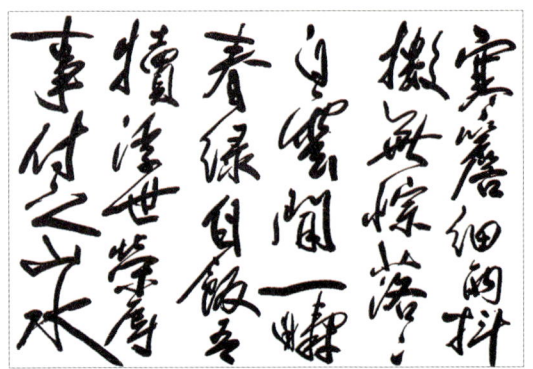

조선 시대의 서예 1. 안평대군의 글씨 2. 한호의 글씨 한호는 모든 글씨체에 능통한 조선 시대의 대표적인 서예가이다. **3. 김정희의 글씨** 그는 자신의 호인 추사를 따서 추사체라는 독특한 글씨체를 만들었다. **4. 이한진의 글씨** 이한진은 쓰기 어려운 전서를 아주 잘 썼다. **5. 이광사의 글씨** 필체가 활달하고 힘이 있다.

우리가 꼭 알아야 할 조선 500년 역사

　기원전 2333년 단군이 고조선을 세운 이래 우리 역사에는 많은 나라가 있었습니다. 고구려, 백제, 신라의 삼국이 있었고, 삼국 시대 뒤에는 신라와 발해가 그 자리를 차지했지요. 그 뒤엔 고려가 이어졌으며, 마침내 1392년 조선이 세워졌습니다.
　조선은 이성계가 많은 사람들의 도움을 받아 세운 나라입니다. 그러나 처음 이성계가 나라를 세웠을 때에는 아직 '조선'이란 이름을 쓰지 않았답니다. '조선'이란 이름을 쓴 것은 이성계가 왕이 되고 8개월여나 지나서이지요.
　그동안 이성계를 비롯하여 새 나라를 세운 사람들은 나라의 이름을 무엇으로 할 것이냐를 두고 많은 생각을 했다고 합니다. 그리고 생각 끝에 새 나라에 걸맞은 나라 이름을 찾아냈는데, 그것이 바로 '조선'입니다.
　새 나라의 이름을 조선이라고 정한 데에는 그만한 뜻이 있었습니다.
　우리 역사에서 조선이란 나라가 처음 등장하는 것은 단군 시대부터

입니다. 잘 알다시피 단군이 세운 나라가 바로 '조선'이었던 것이지요. 지금 단군이 세운 조선을 '고조선'이라고 부르는 것은 이성계가 세운 '조선'과 구별하기 위함입니다.

이성계와 그의 신하들이 나라 이름을 조선으로 정한 것은 바로 단군이 세운 '조선'을 계승하고자 했기 때문입니다. 단군은 중국의 첫 임금이라고 하는 요 임금과 같은 시대에 나라를 세운 사람으로, 하늘의 자손이라 알려져 있습니다. 이성계는 이 단군이 세운 나라를 이어받았음을 밝히며 우리 겨레가 중국에 버금가는 오랜 역사를 가진 민족으로, 하늘의 자손이라는 자부심을 널리 알리려고 나라 이름을 조선이라고 한 것입니다. 또한 고구려, 백제, 신라로 나뉘어 있던 삼국 시대 유민들 모두가 단군의 자손으로 하나임을 강조하고자 하는 뜻도 있었습니다.

그 뒤 조선은 나라 이름에 걸맞게 이전 시대의 문화와 전통을 이어받고, 그것을 바탕으로 발전해 나갔습니다. 1910년 일본에 강제로 나라를 빼앗기기까지 500여 년이 넘게 우리 겨레 전체를 아우르는 나라로 굳건히 서 있었지요.

이 책은 바로 조선의 500년 역사를 왕을 중심으로 담아낸 것입니다. 이 책을 보면 이성계가 나라를 세울 수밖에 없었던 이유는 무엇이며, 세종 대왕이 훈민정음을 만들고 과학과 기술을 크게 발전시킬 수 있었던 까닭이 무엇인지 알 수 있을 것입니다. 또한 연산군이 왜 폭군이 되었는지, 임진왜란과 병자호란이 왜 일어났는지도 이해할 수 있을 것입니다.

  그런데 여기서 한 가지 꼭 덧붙여야 할 것이 있습니다. 왕을 중심으로 역사를 엮었다고 해서 역사의 중심을 왕이라고 생각한 것은 아니라는 점입니다. 그럼에도 왕을 중심으로 역사를 쓴 것은 다만 왕이 백성과 신하들, 그리고 이웃 여러 나라들과의 관계 속에서 그 한가운데 서 있는 인물이었기 때문입니다. 따라서 왕들에게 일어났던 사건과 왕들의 행동과 생각을 보면 그 시대 역사를 어느 정도 파악하는 데에 큰 무리가 없으리라 생각한 것이지요.

  아무쪼록 이 책이 어린이와 청소년들이 조선의 500년 역사를 이해하는 데 밑거름이 되었으면 좋겠습니다.

엮은이 최향숙

차례

- 18 **제1대 조선을 세운 태조**
- 21 이성계가 왕이 될 수밖에 없었던 세 가지 이유
  1. 고려 왕실에 등을 돌린 백성들
  2. 누구도 당할 수 없는 이성계의 용맹과 지혜
  3. 정도전과의 만남

- 28 누가 태조의 앞길을 막았는가
  1. 최영이 이성계를 전쟁터로 보낸 진짜 이유
  2. 이성계에게 칼을 뽑은 정몽주
- 37 이성계의 걱정은 무엇이었나
  1. 아버지를 버린 맏아들 방우
  2. 아들을 죽인 아들, 1차 왕자의 난
- 42 태조 시대의 사람들
  이성계를 왕으로 이끈 무학대사
- 44 이성계를 왜 태조라고 부르나

- 50 **제2대 억지로 왕이 된 정종**
- 54 **제3대 조선의 기틀을 잡은 태종**
- 57 이방원이 왕이 된 것은 하늘의 뜻이었나
  1. 형님, 왜 제게 칼을 드셨습니까
  2. 하늘의 뜻이로구나

- 63 태종은 피도 눈물도 없는 사람이었을까
  1. 모든 죄는 다 내가 지고 간다
  2. 중전의 집안을 망하게 한 이유
- 70 태종의 또 다른 모습
  1. 천하는 넓다
  2. 내가 죽으면 비가 내릴 것이다
- 75 태종 시대의 사람들
  세자 자리에서 쫓겨난 양녕대군
- 77 언제부터 8도가 되었나

- 80 **제4대 최고의 왕, 세종**
- 82 형이 있는데도 왕이 될 수 있었던 까닭은 무엇인가
  1. 지붕을 올릴 사람이 필요했다
  2. 충녕 같은 사람이 왕이 되어야 한다
- 89 세종 시대의 빛나는 업적
  1. 나라를 이끌 인재를 기르다
  2. 백성을 위해 과학을 연구하고 기술을 발전시켜라
  3. 백성을 가르치는 옳은 소리
- 93 세종이 위대한 업적을 이룰 수밖에 없었던 두 가지 이유
  1. 세종은 잠시도 쉬지 않았다
  2. 그 왕의 그 신하
- 98 세종 시대의 사람들
  천민 출신의 과학자 장영실

- 106 **제5대 아들을 부탁하며 죽은 문종**
- 112 **제6대 산신령이 된 단종**

115　단종은 왜 죄인이 되어야 했나
　　1. 열다섯의 나이로 상왕이 된 홍위
　　2. 상왕에서 노산군으로, 그리고 다시 유배지로
120　단종은 어떻게 되었을까
　　1. 활시위로 목을 감고
　　2. 태백산으로 간 단종
125　단종 시대의 사람들
　　뛰어난 예술가 안평대군

130　제7대 **조카의 자리를 빼앗은 세조**
133　세조는 어떤 이들을 죽였나
　　1. 세조의 생살부
　　2. 단종은 왜 죽였나
138　세조는 죄의 대가를 받았나
　　1. 귀신이 세자를 데려갔을까
　　2. 세조는 왜 부처님에게 빌었나
143　세조 시대의 사람들
　　김시습과 생육신
145　조선 시대에도 장관이 있었다
148　제8대 **처음으로 수렴 청정을 받은 예종**
151　예종 시대의 사람들
　　귀신을 쫓는 남이 장군
154　제9대 **조선을 가장 태평스럽게 이끈 성종**

157　왜 열세 살밖에 안 된 자을산군이 왕위를 이었을까
　　1. 할머니 정희왕후와 한명회의 비밀
　　2. 태종과 세종을 모두 닮은 성종
162　성종 시대의 조선은
　　1. 성종 시대에 나라가 평안했던 이유
　　2. 백성들은 임금도 부러워하지 않았다
168　성종 시대의 사람들
　　중국 견문록을 엮은 최부
170　조선은 어떤 법으로 나라를 다스렸나
174　제10대 **아버지와 너무 다른 연산군**
177　연산군은 왜 두 번의 사화를 일으켰을까
　　1. 연산군은 왜 사림을 죽였나
　　2. 놀려면 돈이 필요하다
181　연산군은 왜 폭군이 되었을까
184　연산군 시대의 사람들
　　조선 시대 3대 도적 홍길동
190　제11대 **신하들의 눈치만 보던 중종**
192　중종은 왜 아내를 버려야 했나
196　중종은 왜 조광조를 불러들였나
201　중종 시대의 사람들
　　서원을 만든 주세붕

206 제12대 가장 짧게 왕 노릇을 한 인종

210 제13대 어머니를 무서워했던 명종

212 어머니 때문에 한숨지은 명종
   1. 명종은 왜 세월이 가기만 기다렸나
   2. 명종은 왜 어머니에게 뺨을 맞았나
217 제대로 왕 노릇을 하려 했더니
219 명종 시대의 사람들
   이황과 이이

224 제14대 명나라로 도망치려 했던 선조

227 의주까지 피난을 가야 했던 선조
   1. 임금이 어찌 백성들을 두고 도망칠 수 있는가
   2. 누가 선조를 구했는가
232 선조는 정말 무능한 왕이었을까
   1. 임진왜란이 일어난 이유
   2. 선조는 왜 당파 싸움을 막지 못했나
239 선조 시대의 사람들
   진주성을 지켰던 사람들
242 조선 시대에는 어떤 당파가 있었나

248 제15대 폭군 아닌 폭군 광해군

251 광해군은 뭘 그리 잘못했나
   1. 어머니가 후궁인 것이 죄였다
   2. 광해군은 왜 불효를 저질렀나
257 광해군을 폭군이라고 하는 진짜 이유

260 유배지에서의 18년
   1. 자식을 가슴에 묻고
   2. 어머니 곁에 묻어 다오
264 광해군 시대의 사람들
   허준과 동의보감
266 조선 사람들은 어떻게 세금을 냈나

268 제16대 오랑캐에게 무릎 꿇은 인조

271 인조는 왜 광해군을 몰아냈는가
274 인조는 왜 세 번이나 한양을 버렸나
   1. 당파 싸움에서 비롯된 이괄의 난
   2. 오랑캐의 신하가 되기로 한 인조
280 인조가 세자를 죽였을까
283 인조 시대의 사람들
   천리경과 서포를 들여온 정두원
285 조선 시대에도 예비군이 있었을까

290 제17대 북벌을 꿈꿨던 효종

292 왜 봉림대군이 왕위를 이었을까
294 효종이 꿈을 이루지 못한 까닭
298 효종 시대의 사람들
   벨테브레와 하멜

302 제18대 상복 입는 문제로 골치를 앓았던 현종
306 제19대 조선의 중흥을 다진 숙종

309 숙종은 어떻게 왕권을 강화했나
312 숙종이 잘못한 것은 무엇일까
315 숙종 시대의 사람들
     김만중과 사씨남정기
318 조선 시대에는 어떤 벌이 있었을까
322 제20대 **동생에게 왕위를 물려준 경종**

326 제21대 **탕평책을 쓴 영조**
329 영조는 정말 경종을 죽이려 했었을까
333 영조는 어떻게 조선의 중흥기를 열었나
     1. 당파 싸움을 막기 위해 음식까지 개발했다
     2. 아들마저 죽인 데는 그만한 까닭이 있었다
338 실학이란 무엇인가
340 제22대 **조선의 중흥을 꽃피운 정조**
343 정조의 두 얼굴
     1. 세손 시절, 정조는 왜 책만 읽었나
     2. 정조, 드디어 복수의 칼을 들다
347 정조는 어떤 나라를 만들려고 했는가
350 정조 시대의 사람들
     풍속화를 그린 김홍도

356 제23대 **세도 정치에 시달린 순조**
362 제24대 **무너져 가는 조선을 보았던 헌종**
365 양반이 왜 늘어났나
368 제25대 **강화도령 철종**
372 철종 시대의 사람들
     동학을 일으킨 최제우
375 조선은 언제 문호를 개방했나
378 제26대 **나라를 빼앗긴 고종**
381 아버지 덕에 왕이 된 고종
     1. 연을 날리다 궁궐로 들어간 명복
     2. 고종은 왜 아버지에게서 벗어나려 했나

386 고종은 어떻게 아내와 나라를 잃었나
     1. 고종을 반대한 사람들
     2. 아내를 잃고, 나라를 잃고
394 고종 시대의 사람들
     최익현과 의병
398 민란에서 무엇을 알 수 있나
404 제27대 **조선의 마지막 왕 순종**
408 조선 시대 역대 왕계보

태조 이성계

조 선 왕 조 오 백 년

● 제1대 왕

태조

1335~1408년
재위 기간 : 1392~1398년

　이성계는 1392년 고려를 멸망시키고 조선을 세웠다.
　이성계가 태어났을 당시 고려는 원나라의 간섭을 받고 있었다. 그런데 1368년 중국에서 새로이 명나라가 일어나 원나라를 위협하기 시작했다. 고려 공민왕은 이 틈을 타서 원나라의 간섭에서 벗어나고자 명나라와 친하게 지내려고 애를 쓰며, 그 동안 원나라의 힘을 믿고 행패를 일삼던 귀족들을 뿌리 뽑으려 했다. 그리고 이를 통해 쓰러져 가던 고려를 바로잡으려 했던 것이다.
　그러나 여진족과 왜구들의 침입으로 나라는 어수선해지고, 게다가 귀족들이 백성들의 재물을 빼앗는 데만 열을 올리자, 백성들은 결국 고려에게 등을 돌리고 만다.
　이런 상황에서 이성계는 여진족과 왜구를 무찌르며 세력을 키웠고, 1388년 위화도 회군 뒤 권력을 장악하기에 이른다. 그리고 1392년 공양왕을 내쫓고 왕위에 올라 조선을 세우고 유교의 가르침에 따라 나라를 다스렸다.

조선을 세운 태조

조선 왕조를 세운 태조 이성계는 1335년 함길도(함경도) 영흥에서 이자춘의 둘째 아들로 태어났다.

이성계의 아버지 이자춘은 당시 고려를 간섭하고 있던 원나라의 관리였다. 원나라는 지금의 함경도 지방에 쌍성 총관부(원나라가 고려의 철령 이북의 땅을 지배하기 위해 세웠던 관청)를 두고 직접 다스렸는데, 이자춘이 그 곳의 관리였던 것이다.

그런데 중국에서 새롭게 일어난 명나라가 원나라를 북쪽으로 쫓아 내자, 고려 공민왕은 이 틈을 타서 쌍성 총관부를 쳐 옛 땅을 되찾기로 마음먹었다. 1356년, 공민왕이 쌍성 총관부를 치자 이자춘은 아들 이성계와 함께 공민왕을 도왔고, 이로써 고려는 99년 만에 잃었던 철령 이북의 땅을 되찾을 수 있었다. 이 일로 이자춘은 공민왕의 신임을 얻어 고려의 도읍 개경으로 진출하게 되었다.

그러나 쌍성 총관부가 있었던 동북면은 명나라에 쫓겨 북쪽으로 밀려난 원나라와 새로이 힘을 키워 가고 있던 여진족이 언제 쳐들어올지 모르는 곳이었다. 그래서 공민왕은 이자춘을 다시 동북면으로 보내 백성을 안정시키고 외적을 막게 했다.

그 뒤 이자춘이 병으로 죽자, 이성계는 27세의 나이로 아버지의 벼슬을 이어받아 동북면을 다스렸다.
 이성계는 자신을 따르는 군사들을 키우고 훈련시켜 힘을 키워 나갔다. 그 군사들로 이성계는 개경으로 쳐들어온 홍건적을 물리쳐 공민왕의 신임을 얻고, 원나라를 비롯한 여진족과 왜구들의 침입을 격퇴하며 이름을 떨쳤다.
 그러던 가운데 이성계는 1388년 최영의 명령으로 명나라의 요동 지방을 치기 위해 위화도까지 나갔다가 군사를 개경으로 돌려 고려 조정을 장악하기에 이른다. 그리고 1392년, 고려 왕조를 무너뜨리고 조선 왕조를 세웠다.

 이성계가 왕이 될 수밖에 없었던 세 가지 이유

1. 고려 왕실에 등을 돌린 백성들

"어서 나가지 못해!"
 갑작스레 들이닥친 낯선 사내들이 고래고래 소리를 질렀다. 그들은 개경의 높은 귀족집 노비들이었다.
 "우리 나리께서 네 땅을 가지겠다고 하셨단 말이다. 어서 땅 문서를 내놔."
 "남의 땅을 내놓으라니! 그런 법이 어디 있단 말이냐!"
 땅 주인은 울부짖으며 달려들었다. 그러나 귀족이 보낸 힘센 노비들을 당해낼 수 없었다.

"이것들이 아직도 정신을 못 차린 게로군."

귀족집의 노비들은 몽둥이를 마구 휘둘렀다. 곧 집안 살림살이가 산산조각이 났다. 땅 주인은 흠씬 얻어맞은 채 길가에 내동댕이 쳐졌다.

고려 말 귀족들은 이렇게 백성들의 땅을 마구 빼앗았다. 또 백성들에게 높은 이자로 곡식을 꾸어 주고는 갚지 못하면 가차없이 땅을 빼앗아 버렸다. 그래서 귀족들의 땅은 산과 내를 경계로 삼을 정도였다.

농사지을 땅을 다 빼앗긴 농민들은 어쩔 수 없이 귀족들의 땅을 빌려 농사를 지어야만 했다. 귀족들은 땅을 빌려 준 값으로 농사지은 곡식 가운데 10분의 7을 넘게 빼앗아 갔다.

게다가 해마다 흉년이 들고, 시도 때도 없이 쳐들어오는 왜구 때문에 백성들은 한시도 마음 편히 살 수가 없었다.

이를 잘 아는 뜻있는 관리들이 고려 왕에게 상소를 올렸다.

"전하, 세금을 내기 위해 빚을 진 백성들은 그 빚을 갚지 못해 아내를 팔고, 자식을 판다 하옵니다. 그런데도 빚을 다 갚지 못해 부모가 굶주리고 떨고 있어도 보살필 수가 없습니다. 이에 원통하게 울부짖는 소리가 하늘까지 닿아 화창한 하늘의 기운을 슬프게 만들어 물난리가 나고 가뭄이 드는 것이옵니다. 이 때문에 고을마다 집이 비고 사람이 살지 않게 되었으며 왜놈들이 깊숙이 침입하여 백성들의 목숨을 빼앗아도 막을 자가 없습니다."

그러나 고려 왕은 백성들의 삶을 돌보지 못했다. 왕 역시 귀족들을 누를 힘이 없기 때문이었다.

"경상도 고령 땅에 흉년이 들어 버려진 아이가 길에 가득하다는 구먼. 굶어 죽는 사람을 헤아릴 수도 없다네."

"아, 이놈의 세상. 언제 확 바뀔는지."

"그러게 말이야. 우리에게 농사지을 땅을 주고, 왜구놈들을 막아 줄 사람이 있다면 당장이라도 임금으로 모시겠네."

이처럼 고려 백성들은 고려에게 등을 돌리고 있었다.

2. 누구도 당할 수 없는 이성계의 용맹과 지혜

이 때 이성계는 고려 북쪽 국경을 책임지는 사람이었다. 그는 이곳에서 원나라와 여진족의 침입을 막아내며 고려를 지켰다. 그러면서 이성계는 군사들을 용맹스럽게 훈련시켜 그들을 고려 최고의 부대로 키워 나갔다.

이러한 군사를 바탕으로 이성계는 나가는 싸움마다 큰 승리를 거두었다. 그는 싸움에 나가 한 번도 지지 않았다. 특히 그의 활 솜씨는 스무 살 젊은 시절부터 온 나라에 소문이 자자할 정도였다. 그래서 여진족 가운데 이성계를 따르는 사람들이 많았다. 남쪽을 괴롭히던 왜구들도 이성계의 이름만 들으면 도망갔다고 한다.

남쪽을 쳐들어와 노략질을 일삼았던 왜구는 1380년엔 전라도 운봉까지 올라왔다. 그들을 이끌고 있는 장수는 '아기바투'라는 열다섯 살짜리 소년 장수였다. 왜구들은 아기바투를 하늘이 내려 준 장군이라고 믿고 있었다. 아기바투가 이끄는 싸움은 패한 적이 없기 때문이었다.

이성계는 아기바투와 싸울 준비를 했다.

"제가 나가 저 젖비린내 나는 놈을 잡아 오겠습니다."

이지란이 씩씩하게 말했다. 이지란은 원래 여진족이었으나 이성계와 의형제를 맺은 사람이었다. 그래서 그는 퉁두란이란 여진족의 이름을 버리고 이성계의 성을 좇아 '이지란'이란 이름을 쓰고 있었다. 이지란은 싸움터마다 선봉에 서서 적장의 목을 베어 와 승리를 안겨 주는 등 이성계의 오른팔 노릇을 톡톡히 하였다.

"자네가 아니면 누가 우리 군사의 사기를 올리겠나!"

이성계는 이지란의 어깨를 두드렸다.

"와, 와!"

말을 타고 달려나가는 이지란을 응원하며 고려 군사들이 함성을 질렀다. 그러자 저쪽에서도 아기바투가 달려나오며 말했다.

"하하하, 네가 목숨이 아깝지 않은 모양이로구나!"

곧 두 장수가 어우러졌다. 그 모습은 꼭 호랑이와 사자가 싸우는 것 같았다. 이지란이 찌르면 아기바투는 몸을 틀어 칼끝을 피했다. 이지란도 아기바투가 휘두르는 칼을 요리조리 잘 피하고 있었다. 군사들은 저절로 두 주먹을 움켜쥐었다.

드디어 이지란의 칼이 아기바투의 가슴을 찔렀다.

"쨍!"

그러나 이지란의 칼은 아기바투의 갑옷을 뚫지 못하였다. 아기바투는 온몸은 물론 머리까지도 쇠로 만든 갑옷을 두르고 있었다.

이것을 본 이성계의 얼굴이 굳어졌다.

'저런 갑옷을 입고 있다면 이지란이라도 어쩔 수가 없겠는걸.'

이지란도 그것을 깨달았는지 얼른 말머리를 돌렸다. 그러면서 이지란은 아기바투를 향해 화살을 날렸다. 그러나 화살은 번번이 아기바투의 몸에서 튕겨 나오고 말았다. 그러자 왜구들의 함성이 더욱 커지며 기세가 오르기 시작했다.

이성계는 얼른 북을 울려 후퇴 명령을 내렸다.

"저놈은 온몸을 갑옷으로 감싸고 있어 칼과 화살이 뚫고 들어갈 곳이 없습니다."

이지란의 말에 이성계는 잠깐 생각에 잠겼다. 그러더니 씽긋 웃으며 이지란에게 일렀다.

"네가 활을 쏘아 아기바투의 머리를 맞혀라."

"그래 보았자 아무 소용이 없다니까요."

"내게 다 생각이 있느니라. 어서 시키는 대로 하거라."

이지란은 이성계의 말에 따라 아기바투의 머리를 향해 힘껏 화살을 날렸다. 화살은 곧 아기바투의 이마를 정통으로 맞혔다.

아무리 용맹한 장수라도 생각지 못한 일이 생기면 저절로 입이 벌어지기 마련이다. 이지란의 화살에 아기바투가 저도 모르게 잠깐 입을 벌렸을 때였다. 이성계는 그 때를 놓치지 않고 재빨리 아기바

태조편

투의 입을 향해 화살을 날렸다.

"윽!"

아무리 온몸을 갑옷으로 단단히 감쌌다고 해도 입 안까지 갑옷을 두를 수는 없는 일. 아기바투는 달리는 말에서 그대로 곤두박질치고 말았다.

아기바투가 쓰러지자 왜구들은 뿔뿔이 흩어졌다. 자기들이 하늘이 내려 주었다고 믿는 장군을 쓰러뜨린 상대와 감히 싸울 엄두가 나지 않았기 때문이었다.

이성계의 고려군은 달아나는 왜구들을 완전히 섬멸시켜 큰 승리를 거두었다. 이 싸움이 바로 황산 대첩이다.

이성계는 이러한 승리를 통해 백성들에게 널리 이름을 떨쳤다. 그래서 백성들은 이성계를 자기들의 목숨을 구하기 위해 용맹스럽게 싸우는 영웅으로 떠받들고 있었다.

3. 정도전과의 만남

이성계는 백성들뿐만 아니라 신진 사대부들 사이에서도 날로 이름이 높아 갔다. 신진 사대부란 고려 말 공민왕 때 과거에 급제하여 벼슬길에 오른 사람들을 말한다.

이들은 귀족들이 가지고 있는 땅을 빼앗아 나라 땅으로 삼고 그것을 농민들에게 골고루 나누어 주어야 한다고 생각했다. 이색, 정몽주, 정도전, 조준, 이숭인 같은 사람들이 신진 사대부들이다.

그런데 이들은 둘로 나뉘어졌다. 이색, 정몽주 등은 기울어져 가는 고려 왕실을 바로잡아야 한다고 주장했다. 하지만 정도전, 조준 같은 이들은 '왕이 왕 노릇을 제대로 하지 못하면 백성과 신하가 왕을 바꿀 수 있다' 고 생각하여 새 나라를 세우려 했다.

그 가운데 정도전은 새 나라를 세울 만한 인물을 적극적으로 찾고 있었다.

귀족들에게 미움을 받아 귀양살이를 하고 풀려난 정도전은 1383년 어느 날 이성계를 찾아갔다. 이성계가 왕이 될 만한 인물인지 직접 살피기 위해서였다. 당시 이성계는 외적을 물리치는 많은 공을 세웠지만, 아직도 북쪽 국경을 지키는 장수였을 뿐이었다.

"어떻게 이 곳까지. 정말 반갑소이다."

이성계는 정도전을 반갑게 맞으며 술상을 내왔다. 술이 몇 잔 돌고, 어느 새 새벽이 가까워지고 있었다.

"이 정도 군사면 무슨 일이든 못 할 것이 없겠소."

정도전은 이성계를 똑바로 바라보며 말했다. 정도전은 이성계가 왕이 될 만한 인물임을 깨달았던 것이다.

정도전의 말에 이성계는 저도 모르게 움찔했다. 북쪽에서 군사를 기르며 남모르게 키워 오던 야망을 들킨 것 같았기 때문이었다.

그 때 정도전이 뜻있는 웃음을 지었다. 이성계 역시 웃음으로 자기 마음을 전했다. 두 사람의 마음이 서로 통한 것이었다.

이렇게 정도전을 얻은 이성계는 한없이 기뻤다. 그도 그럴 것이

태조편

정도전은 비록 집안은 보잘것 없었지만, 학문과 지혜로는 고려에서 따라갈 사람이 없었기 때문이었다.

그 뒤 이성계는 조선을 세우는 데 정도전과 모든 것을 의논했다. 그래서 조선을 세우고 난 뒤 이성계는, "삼봉(정도전의 호)이 없었다면, 내 어찌 조선을 세울 수 있었겠소"라고 말하곤 했다고 한다.

실제로 조선 왕조의 기틀을 마련하는 데 정도전은 커다란 역할을 했다. 정도전은 우선 도읍을 개경에서 한양으로 옮기자고 했다. 개경에는 고려를 따르는 백성들이 아직 많이 남아 있어 새 나라의 도읍지로는 맞지 않았기 때문이었다. 한양으로 도읍을 옮기기로 결정되자 정도전은 한양에 쌓을 성과 궁궐을 직접 설계했다. 그런 다음 그는 《조선경국전》을 엮어 나라를 다스릴 법 제도를 확립했다. 또 《경제문감》을 지어 관리들이 해야 할 일과 나라의 제도를 정했다. 조선을 다스리는 기본 법과 제도를 모두 마련한 것이다.

이 같은 정도전의 노력에 힘입어 이성계는 조선의 기틀을 세울 수 있었다. 그러나 조선을 세우기까지 이성계가 넘어야 할 어려움도 많았다.

 누가 태조의 앞길을 막았는가

1. 최영이 이성계를 전쟁터로 보낸 진짜 이유

1388년 봄. 고려 조정은 어수선하기 그지없었다.

"명나라가 우리에게 공물을 더 바치라고 하고 있소. 게다가 우리가 원나라에게서 되찾은 철령 이북의 땅까지 돌려 달라고 하니, 이를 어쩌면 좋겠소?"

공민왕의 뒤를 이어 고려의 왕이 된 우왕이 어쩔 줄을 몰라 하며 신하들을 둘러보았다. 그러나 신하들은 선뜻 입을 열지 못했다. 명나라와 맞서자니 힘이 부칠 것 같고 요구를 들어 주자니, 너무나 터무니없기 때문이었다. 우왕은 답답한 마음으로 최영을 바라보았다. 최영은 왜구를 무찔러 큰 공을 세운 고려의 대장군이었다. 또 우왕의 장인으로 쓰러져 가는 고려를 일으켜 세우기 위해 애쓰는 사람이었다.

"전하, 명나라를 치시옵소서."

순간 신하들의 눈길이 모두 최영에게 쏠렸다.

"명나라의 요구는 그들이 우리 고려를 다스리겠다는 말과 다름이 없습니다. 그런 요구를 어찌 들어 줄 수 있단 말이옵니까?"

최영은 입을 굳게 다물고 우왕을 바라보았다.

잠시 생각에 잠겼던 우왕은 결심한 듯 고개를 끄덕였다.

"좋소. 명나라를 칩시다. 최영 장군이 요동 정벌에 관한 모든 일을 맡으시오."

이로써 고려의 요동 정벌이 시작되었다.

1388년 여름, 최영은 이성계에게 군사를 주며 명령했다.

"군사를 이끌고 압록강을 건너 요동을 손에 넣으시오."

그러자 이성계를 따르는 사람들이 한 목소리로 말했다.
"우리가 요동을 치면 명나라가 가만히 있겠습니까? 명나라와 싸움이 터지면 우리 고려는 나라도 유지할 수 없을 것입니다."
"최영이 장군을 요동으로 보내는 것은 분명 다른 생각이 있어서입니다. 장군을 싸움터로 쫓아낸 뒤 자기 혼자 나라를 쥐고 흔들려는 것이 분명합니다. 어쩌면 장군이 싸움터에 나가 죽기를 바라는지도 모릅니다."
사람들의 말에 이성계도 가만히 고개를 끄덕였다. 모두 일리가 있는 말이기 때문이었다.
이성계는 최영을 찾아가 이렇게 말했다.
"요동 땅을 되찾으려 하는 장군의 뜻은 잘 알겠습니다. 그러나 우리가 요동을 치면 명나라가 가만 있을 리 없습니다. 하지만 우리는 아직 명나라를 상대로 싸울 만한 힘이 없습니다. 또 지금은 농사에 힘써야 할 여름철입니다. 이 때 군사를 동원하면 백성들이 더욱 어려움을 겪을 것입니다. 뿐만 아니라 여름 장마에 활과 화살은 못쓰게 될 것이 뻔합니다. 게다가 우리 군사의 대부분이 북쪽에 있는 것을 알면 남쪽 지방에서 극성을 부리는 왜구들이 가만 있을 리 없지 않습니까!"
그러나 최영은 고개를 저었다.
"지금이야말로 옛 고구려 땅을 되찾을 좋은 기회요. 요동 땅은 지금 주인이 없는 것이나 다름없지 않소? 명나라의 힘이 세다고는 하나 아직 나라를 세운 지 얼마 되지 않아 요동 땅까지 돌볼 겨를이 없소. 또 원나라는 이미 북쪽으로 쫓겨났고, 여진족은 싸워 볼 만한 상대 아니오?"

최영은 이렇게 말하며 이성계에게 요동으로 진격하라고 다시 한 번 명령했다. 최영의 명령은 왕의 명령과 다름없었다.

이성계는 어쩔 수 없이 군사를 이끌고 요동을 향해 출발했다. 이성계는 진군에 진군을 계속하여 압록강 하류에 있는 위화도라는 섬에 진을 쳤다. 때마침 장마가 시작되었다. 이성계는 쏟아지는 빗줄기를 보며 고개를 저었다.

"아무래도 이번 싸움은 무리야!"

이성계는 다시 요동 정벌이 온당치 않다는 상소를 올렸다.

그러나 우왕과 최영의 대답은 여전히 '진격하라'였다.

장맛비에 불어난 강물은 점점 높아지고 있었다.

'이 곳에 있다간 물귀신이 되고 만다. 아, 그러나…… 앞으로 나아가야 할 것인가 아니면…….'

요동으로 진격하지 않는다는 것은 곧 왕의 명령을 어기는 것이요, 이는 곧 반역을 의미하는 것이었다.

이성계는 마음이 괴로웠다.

'이대로 요동으로 나아가 전쟁을 일으키면 수많은 부하들과 백성들이 개죽음을 당할 것이다.'

희뿌연 하늘을 바라보던 이성계는 벌떡 일어섰다.

태조편

'그래, 군사를 돌리자. 최영과의 싸움은 언제고 겪어야 할 일이 아닌가. 어쩌면 이것이 오히려 좋은 기회인지 모른다.'

이성계는 그 길로 자신과 함께 고려군을 이끌고 있던 조민수를 찾아갔다.

"나 역시 장군과 같은 생각이오."

조민수도 이성계의 말에 찬성하고 나섰다.

요동 정벌을 나섰던 이성계는 곧 개경을 향해 군사를 돌렸다. 이를 위화도 회군이라 한다.

"어찌하면 좋단 말이오?"

이성계의 회군 소식에 우왕은 겁에 질렸다. 그러나 최영은 침착하게 말했다.

"전하, 이성계가 말머리를 돌린 것은 반역이옵니다. 그를 반역죄로 다스리심이 옳은 줄로 아옵니다."

"하, 하지만 이성계의 군사는 우리보다 훨씬 많지 않소?"

우왕의 말은 사실이었다. 최영은 요동을 치러 가는 이성계에게 대부분의 군사를 내주었던 것이다. 나머지 군사로 이성계의 군사와 맞선다는 것은 계란으로 바위를 치는 것과 다를 바가 없었다. 그러나 최영은 군사를 이끌고 나아가 서경에서 이성계 군사와 맞서 싸웠다. 하지만 이성계군을 당해낼 수가 없었다. 최영은 하는 수 없이 개경으로 후퇴했다.

최영이 개경으로 돌아온 지 얼마 되지 않아 한 명의 군사가 헐레

벌떡 달려왔다.

"전하, 이성계의 군사가 벌써 개경 근처까지 왔다 하옵니다."

"뭣이라고?"

우왕은 안절부절못했다. 그러자 최영이 군사들에게 명령했다.

"성문을 걸어 잠그고 싸울 채비를 하라."

하지만 그것은 최영의 바람일 뿐이었다. 성 안의 백성들이 살려 달라고 아우성치며 이성계에게 성문을 열어 주었던 것이다. 최영은 곧 이성계에게 잡히는 신세가 되고 말았다.

최영은 그 후 여러 곳으로 귀양을 갔다가 죽임을 당했다.

최영은 숨을 거두며 이렇게 말했다고 한다.

"나라를 위하여 큰일을 하려고 했지만, 그것을 이루지 못한 것이 안타까울 뿐이다. 나는 지금까지 오직 나라를 위해 충성을 다바쳐 왔다. 이것이 사실이라면 내 무덤에는 풀이 나지 않을 것이다."

최영의 말대로 그의 무덤에는 영영 풀이 나지 않았다고 한다.

이렇게 최영을 물리친 이성계는 더욱 큰 힘을 얻을 수 있었다.

2. 이성계에게 칼을 뽑은 정몽주

위화도 회군으로 우왕은 강화도로 쫓겨나고 그의 아들 창이 왕위를 이었다.

그런데 강화도에 있던 우왕이 사람을 보내 이성계를 죽이려고 한 일이 일어났다. 그 일로 창왕도 강화도로 쫓겨나고 말았다. 이때 많

은 신하들이 이성계를 왕으로 세우려고 하였지만, 이성계는 고려 왕족인 요창을 왕으로 세웠다. 그가 바로 고려 마지막 왕인 공양왕이다.

그러나 공양왕은 말만 왕일 뿐 실제 모든 힘은 이성계에게 있었다. 그러나 이성계는 마음을 놓을 수 없었다.

'혹시 아직도 내게 반대하는 사람이 있을지 모른다.'

그런데 바로 그 즈음이었다. 해주에서 사냥을 하던 이성계는 그만 말에서 떨어져 큰 부상을 입게 되었다. 그래서 이성계는 개경으로 가지 못하고 해주에서 한동안 머물러야만 했다.

'내가 없어도 정도전과 조준 영감 등이 잘 해줄 것이다.'

이성계는 되도록이면 마음을 편히 가지려 애썼다.

그런데 며칠이 지난 어느 날이었다. 한 사람이 개경에서 헐레벌떡 달려왔다.

"정도전, 조준 영감 등이 귀양을 갔사옵니다."

"뭐라고? 도대체 누가 그런 짓을 했단 말인가!"

이성계는 눈을 부릅떴다.

'내가 없는 사이 누군가 내 힘을 꺾으려는 것이 아니냐!'

이성계는 몸을 부들부들 떨며 다시 물었다.

"누구냐?"

"정몽주 영감이옵니다."

"정몽주?"

정몽주는 이성계가 어떻게 해서든 자기 편으로 만들고 싶은 사람이었다. 정몽주는 곧은 성품으로 신하들은 물론 백성들에게까지 사랑을 받는 인물이기 때문이었다.

'정몽주. 기어이 내게 칼을 뽑는구나!'

이성계는 개경을 오래 비워 두면 위험할 것이라 판단하고 개경으로 급히 돌아왔다.

그로부터 며칠이 지난 어느 날이었다. 생각지도 않게 정몽주가 이성계를 찾아왔다.

"몸은 좀 어떠하신지요?"

"공이 문병을 와 주시다니요."

이성계는 정몽주를 반갑게 맞았다.

혹, 정몽주를 자기 편으로 끌어들일 수 있을지도 모른다는 생각이 들었던 것이다. 이성계는 정성을 다해 정몽주를 대접했다.

그러나 정몽주는 이성계를 걱정하는 빛이라곤 전혀 없었다. 정몽주는 이성계가 얼마나 아픈지 가늠하러 온 것이 분명했다.

그 날 밤, 이성계는 이런 생각에 잠을 이룰 수 없었다.

'아, 포은(정몽주의 호)은 정녕 적이 되고 마는 것인가!'

다음 날이었다. 이른 아침 다섯째 아들 방원이 찾아왔다.

"아버님, 소자 드릴 말씀이 있사옵니다."

"무슨 말이냐?"

이성계 앞에 앉은 방원은 고개를 푹 수그리며 말했다.

태조편

"아버님, 지난 밤 제가 부하를 시켜 선죽교에서 정몽주를 죽였사옵니다."
"뭣이라고? 네 이놈, 누가 너더러 그런 짓을 하라고 하더냐!"
이성계는 얼굴을 붉히며 큰 소리로 방원을 꾸짖었다.
그러자 이방원이 이렇게 말했다.
"아버님, 지난 밤 소자가 정몽주에게 이런 시 한 수를 들려 주었사옵니다."

　　이런들 어떠하며 저런들 어떠하리.
　　만수산 드렁칡이 얽혀진들 어떠하리.
　　우리도 이같이 얽혀 백 년까지 누리리라.

"그러자 정몽주가 이렇게 답하였사옵니다."

　　이 몸이 죽고 죽어 일백 번 고쳐 죽어
　　백골이 진토 되어 넋이라도 있고 없고
　　임 향한 일편 단심이야 가실 줄 있으랴.

정몽주의 시를 들은 이성계는 지그시 눈을 감았다. 이 시의 뜻은 죽어도 고려에 대한 충성을 꺾을 수 없다는 것이기 때문이었다.
그제야 이성계는 힘없이 말했다.

"어쩌겠느냐? 이미 저 세상으로 간 사람을 ……."

정몽주가 죽자 귀양 갔던 조준, 정도전 등이 다시 조정의 높은 자리를 차지하고, 이성계의 뜻에 따라 나라를 다스렸다. 그리고 그들은 공양왕을 원주로 귀양 보내고 이성계를 왕으로 세웠다. 이 때가 1392년, 정몽주가 죽은 지 넉 달 만이었다.

이성계는 이렇게 왕의 자리에 앉게 되었다. 그러나 왕이 되었다고 해서 모든 것이 그의 뜻대로만 된 것은 아니었다.

 이성계의 걱정은 무엇이었나

1. 아버지를 버린 맏아들 방우

이성계는 세 명의 아내에게서 열세 명의 자식들을 두었다. 이성계는 이 가운데 맏아들을 특히 사랑했다고 한다.

1354년 이성계의 맏아들로 태어난 방우는 어려서부터 총명하였다. 그래서 일찍이 고려 조정으로 나가 벼슬을 지냈다. 그런데 방우가 고려의 사신으로 명나라에 다녀오던 길이었다.

"아니, 무엇이라고! 아버님이?"

아버지인 이성계가 창왕을 몰아 내고 공양왕을 새로운 왕으로 세웠다는 말을 들은 것이었다.

"이럴 수가! 기어코 아버님께서 일을 벌이신다는 말인가!"

방우는 남다른 뜻을 품고 있던 아버지의 마음을 이미 눈치채고

제1대 태조 가계도

```
부
환조(자춘)
     ├── 제1대 태조 (성계 1335년~1408년)
의혜왕후              재위 기간 : 1392년~1398년(6년 2개월)


                       ┌── 진안대군(방우)
                       ├── 제2대 정종(영안대군, 방과)
                       ├── 익안대군(방의)
                       ├── 회안대군(방간)
신의왕후 한씨 ──────────┼── 제3대 태종(정안대군, 방원)
                       ├── 덕안대군(방연)
                       ├── 경신공주
                       └── 경선공주


                       ┌── 무안대군(방번)
신덕왕후 강씨 ──────────┼── 의안대군(방석)
                       └── 경순공주


                       ┌── 의령옹주
    ?    ──────────────┤
                       └── 숙신옹주
```

조선왕조 오백년

있었다.

"내 아버님이 나라를 저버린 역적이라니."

방우는 그 길로 어디론가 사라져 버렸다.

"아니, 방우가 사라지다니! 그게 무슨 소리냐?"

방우의 소식을 들은 이성계는 펄쩍 뛰었다. 끔찍이 아꼈던 아들이었다. 나라를 세우면 왕의 자리를 이어받을 사람은 방우밖에 없다고 철썩같이 믿고 있던 터였다. 그러나 방우는 끝내 소식 한 장 전하지 않았다.

조선을 세운 뒤에도 이성계는 전국 방방곡곡으로 사람을 보내 방우를 찾게 했다. 하지만 방우는 끝내 돌아오지 않았다.

"어허, 내 아들 방우야."

이성계는 맏아들에 대한 마음으로 언제나 마음이 편치 않았다고 한다.

2. 아들을 죽인 아들, 1차 왕자의 난

1392년 조선을 세우고 왕위에 오른 이성계는 1398년 여덟 번째 아들 방석을 세자로 정한다. 그러자 다섯 번째 아들 방원이 불같이 노했다. 그도 그럴 것이 아버지인 태조가 조선을 세우는 데 그가 가장 큰 공을 세웠기 때문이었다. 뿐만 아니라 많은 사람들도 당연히 방원이 태조의 뒤를 이을 것이라 생각하고 있었다. 그만큼 방원의 능력이 뛰어났던 것이다.

그러나 정도전의 생각은 달랐다.

'왕이란 자리는 아들에게 물려주는 것이다. 그런데 아버지에게 왕의 자리를 물려받은 이가 반드시 왕이 될 만한 인물이라고 누가 장담할 수 있겠는가? 그러니 나라의 힘은 왕과 신하들이 고루 나누어 가져야 한다. 그래야 왕답지 않은 왕이 나왔을 때도 나라를 제대로 다스릴 수 있다.'

이렇게 생각한 정도전은 방석을 세자로 밀었다. 방원은 나라의 모든 힘은 왕에게 있어야 한다고 생각하는 사람이기 때문이었다.

자신의 뜻대로 방석을 세자 자리에 앉힌 정도전은 곧 군사 훈련을 실시했다.

"명나라가 중국의 새로운 주인이 되었다지만, 아직 요동 땅에는 큰 힘을 미치지 못하고 있소. 이 때야말로 요동을 되찾을 좋은 기회요. 그러니 사병들을 모두 나라에 바치시오."

당시 귀족들은 집집마다 군사를 가지고 있었다. 이 군사들을 사병이라고 하는데, 이는 나라의 군사가 아니라 개인의 소유였다. 그래서 개인이 마음을 먹으면 언제든지 나라에 칼을 돌릴 수도 있었다.

정도전은 사병을 없애야 이방원과 뜻을 같이하는 무리들의 힘을 꺾을 수 있다고 생각했다. 그리고 더 나아가 나라의 힘을 키워 요동 땅을 손에 넣으려고 한 것이었다.

그러나 앉아서 자기의 힘을 고스란히 빼앗길 이방원이 아니었다.

"이건 나를 죽이려는 수작이로구나!"

이방원은 곧 하륜, 이숙번 등 뜻이 맞는 사람들을 불러모아 군사를 일으켜 정도전과 그를 따르는 무리를 베어 버렸다. 그리고 이성계가 있는 궁궐로 향했다.

"형님, 살려 주세요. 전 처음부터 세자가 되고 싶지 않았어요."

세자 방석은 울며 매달렸다. 그러나 방원은 방석을 죽이지 않을 수 없었다. 방석을 살려 두면 자기에 반대하는 무리들이 방석을 중심으로 모여들 것이 틀림없기 때문이었다.

이방원은 마침내 배가 다른 동생인 방석과 방번을 죽여 버렸다. 1차 왕자의 난이 일어난 것이다.

이 소식을 들은 이성계는 몸을 부들부들 떨었다.

"그 놈이, 방원이 그 놈이 제 동생들을 죽여!"

그러나 태조는 병들어 누워 있는 몸이었다. 게다가 많은 신하들이 이미 방원을 따르고 있는 터였다.

"아! 이젠 나도 이빨 빠진 호랑이 신세가 되고 말았구나!"

이 일로 태조는 둘째 아들 방과에게 왕의 자리를 물려주었다. 왕이 된 지 6년 4개월 만의 일이었다.

왕의 자리에서 물러난 이성계는 2년 뒤인 1400년 방원이 왕위에 오르자, 고향 함흥으로 떠났다. 그리고 2년 뒤 무학대사의 간청으로 한양에 돌아와 조용히 지내다가 1408년 74세의 나이로 숨을 거두었다.

태조의 능은 건원릉이며, 경기도 구리에 있다.

태조편

태조 시대의 사람들

이성계를 왕으로 이끈 무학대사

 이성계를 도와 조선을 세운 중심 세력은 정도전과 같은 성리학자들이었다. 그러나 조선을 세우는 데 큰 역할을 한 사람 가운데에는 불교에 몸을 담고 있던 스님도 있었다.

 그 사람이 바로 무학대사이다.

 이성계가 무학대사를 처음 만난 것은 그의 나이 스물일곱이 되던 해였다고 한다. 이 때 이성계는 아버지 이자춘이 죽어 그의 묘 자리를 알아보고 있었는데 마땅한 자리가 없어 걱정이었다.

 그러던 어느 날이었다. 이성계의 부하가 부리나케 달려와 이렇게 말했다.

 "제가 조금 전에 스님 두 분이 하시는 말씀을 들었는데, 함흥 북쪽에 좋은 묘 자리가 있다고 하옵니다."

 부하의 말에 이성계는 귀가 번쩍 뜨였다.

 "그래! 그분들은 지금 어디에 계시느냐?"

 부하는 곧 스님들이 있는 곳으로 이성계를 안내했다.

 스님들을 만난 이성계는 머리를 숙이며 말했다.

 "저는 지금 아버님의 묘 자리를 알아보고 있는 중이옵니다. 바라옵건데 제게 좋은 묘 자리를 일러 주시옵소서."

 이성계의 말에 두 스님은 잠깐 망설였다. 사실 그들이 본 묘 자리는 '홍왕지지'였다.

　홍왕지지란 '왕이 나올 자리'라는 뜻으로, 그 곳에 묘를 쓰면 후손 가운데 반드시 왕이 나온다는 최고의 묘 자리였다.

　그러나 잠시 뒤 두 스님은 어쩔 수 없다는 듯 중얼거렸다.

　"아, 하늘이 저 사람을 왕으로 만드실 모양이구나!"

　이렇게 생각한 두 스님은 이성계를 따라 나섰다. 그리고 이성계에게 홍왕지지의 묘 자리를 가르쳐 주었다.

　이 두 스님은 고려 공민왕의 왕사(왕을 도와 나라를 다스리는 스님)인 나옹선사와 그의 제자 무학대사였다.

　이성계와 무학대사는 이렇게 만나게 되었다. 그 뒤 이성계는 무학대사에게 자신에게 일어나는 모든 일을 의논하여 처리했다.

　그러던 어느 날 이성계는 이상한 꿈을 꾸었다.

　"스님, 제가 지난 밤 서까래 세 개를 지는 꿈을 꾸었습니다. 이 꿈은 어떤 뜻인지요?"

　이성계의 말에 무학대사의 눈이 동그래졌다.

　"그 꿈은 공이 왕이 될 징조입니다. 생각해 보십시오. 사람이 서까래 세 개를 지면 왕(王)자가 되는 것이 아닙니까!"

　이런 일들로 무학대사는 이성계가 장차 나라를 세울 사람임을 확신할 수 있었다. 무학대사는 그 뒤 이성계가 왕으로서 지녀야 할 자세를 키우도록 이성계를 이끌었다.

　무학대사는 이성계가 조선을 세우자 왕사가 되어 조선이 나라로써 갖추어야 할 발판을 닦는 데 큰 역할을 했다. 한양을 새 도읍지로 정한 것도 무학대사의 공이었다.

그 뒤 조선이 자리를 잡자 무학대사는 왕사 직을 물러나 조용히 수행에만 몰두했다.

불교를 배척하고 유교를 숭상하는 조선에서 자신이 해야 할 일이 끝났음을 잘 알고 있었던 것이다. 무학대사는 1405년 79세의 나이로 세상을 떠났다.

이성계를 왜 태조라고 부르나

왕들을 일컬을 때는 흔히 태조, 세종 등과 같은 이름으로 부른다. 이를 묘호라고 하는데, 묘호는 임금이 죽은 뒤 신하들이 임금의 일생을 평가해서 붙이는 것이다.

신하들은 공을 많이 세운 임금에게는 '조(祖)'자를 붙이고, 덕이 많다고 여기는 임금에게는 '종(宗)'자를 붙여 묘호를 정했다. 조선의 열네 번째 임금 선조의 경우 원래는 '선종'이었지만, 임진왜란을 물리쳤을 뿐만 아니라 그 밖에 여러 반란을 제압한 공이 크다는 이유로 '선조'로 바뀌었다.

이성계는 처음으로 조선을 세웠다는 의미로 '태(太)'자를 쓰고 나라를 세운 공이 컸기 때문에 '조'자를 붙여 '태조'라는 묘호를 받은 것이다.

조선 왕조 역대 왕

왕	출생 연도	즉위 연도	즉위시 나이	재위 기간
1. 태조	1335	1392	58세	6년 2개월(상왕 10년)
2. 정종	1357	1398	42세	2년 2개월(상왕 19년)
3. 태종	1367	1400	34세	17년 10개월(상왕 4년)
4. 세종	1397	1418	22세	31년 6개월
5. 문종	1414	1450	37세	2년 3개월
6. 단종	1441	1452	12세	3년 2개월(상왕 2년)
7. 세조	1417	1455	39세	13년 3개월
8. 예종	1450	1468	19세	1년 2개월
9. 성종	1457	1469	13세	25년 1개월
10. 연산군	1476	1494	19세	11년 9개월
11. 중종	1488	1506	18세	38년 2개월
12. 인종	1515	1544	30세	9개월(윤정월 포함)
13. 명종	1534	1545	12세	22년
14. 선조	1552	1567	16세	40년 7개월
15. 광해군	1575	1608	34세	15년 1개월
16. 인조	1595	1623	29세	26년 2개월
17. 효종	1619	1649	31세	10년
18. 현종	1641	1659	19세	15년 3개월
19. 숙종	1661	1674	14세	45년 10개월
20. 경종	1688	1720	33세	4년 2개월
21. 영조	1694	1724	31세	51년 7개월
22. 정조	1752	1776	25세	24년 3개월
23. 순조	1790	1800	11세	34년 4개월
24. 헌종	1827	1834	8세	14년 7개월
25. 철종	1831	1849	19세	14년 6개월
26. 고종	1852	1863	12세	43년 7개월(상왕 3년)
27. 순종	1874	1907	34세	3년 1개월

사진으로 보는 조선왕조 오백년

1. 경복궁 근정전 국보 제223호. 조선 시대의 정궁으로 국가 의식을 거행하고 외국 사신을 접견하던 곳이다. **2. 근정전어좌** 임금이 신하들과 나라일을 볼 때 앉는 자리이다. **3. 아미산 굴뚝** 보물 제811호. 경회루의 연못을 만들 때 파낸 흙으로 만든 굴뚝으로 모양이 아름답다.

사진으로 보는 조선왕조 오백년

1

2

1. **경복궁 사정전** 왕이 평상시에 거처하면서 나라일을 보던 건물이다. 2. **경복궁 경회루** 국보 제224호. 인공으로 만든 연못에 세운 2층 누각으로 나라에 경사가 있을 때 임금과 신하들이 모여 잔치를 베풀거나 외국의 사신을 접대하던 곳이다.

사진으로 보는 조선왕조 오백년

1. 경복궁 광화문 경복궁의 남쪽 정문이다. 2. 경복궁 교태전 왕비가 생활하던 곳으로 궁궐의 다른 건물보다 화려하게 꾸며져 있고 지붕에 용마루가 없는 것이 특징이다. 현재의 건물은 1920년 일본인들에 의해 헐린 것을 1995년 옛 모습대로 다시 지은 것이다.

사진으로 보는 조선왕조 오백년

1. 경복궁 천추전 세종 때 집현전 학사들이 여러 가지 새로운 문물을 만들어 내던 곳이다. 임진왜란 때 불탄 것을 고종 때 다시 지었다. **3. 경복궁 강녕전** 왕의 침실이 있는 건물로 문창살이 아름답다. 현재의 건물은 일제 때 헐린 것을 1995년 다시 지은 것이다.

恭靖王實錄卷第一

恭靖王諱芳果太祖卽位更名曔太祖之第二子母神懿王后天資溫仁恭謹勇略過人仕高麗累官至將相常從太祖出征立功歲戊寅秋八月太祖不豫炙冊封爲王世子九月受內禪卽位政高麗仁廟辰二月母弟靖安公炙冊封爲王世子以無嗣也其年冬不豫世子受禪卽位上諡仁文恭靖上王在位三年居閑顯卷二十年壽六十三

元年春正月朔壬申始行朝進文年獮〇上庫宗親朝太上殿行賀禮太上王以水陸齋戒不受賀禮上進表裏一藝退殿見服賀梴仍賀正朝炙朝宴羣臣夜飛乎壤府尹成石璘進歡器圖左道監司李廷備進歷年圖右道監司崔有慶進無逸圖皆納〇癸酉風宣暴作屋瓦飛火在元第二星西隔一尺許〇辛弘濟右政丞全士衡士衡如京師賀登極政堂河崙行諫慰市奈禮〇甲戌火在元第二星閒四寸許〇御經筵命掲獻器圖于壁知經筵事李舒引滿商

조 선 왕 조 오 백 년

●제2대 왕

정종

1357~1419년
재위 기간 : 1398~1400년

  정종은 억지로 왕위에 올랐다.
  그는 성품이 착하고 지략이 뛰어나 아버지 이성계를 따라 수많은 전쟁터에 나가 공을 세운 사람이었다. 그러나 조선이 세워진 뒤엔 불안한 나날을 보내야 했다.
  정종은 원칙대로 한다면 이성계의 뒤를 이어 왕이 될 수 있는 조건이었다. 그는 이성계의 둘째 아들이지만, 형인 방우가 이미 세상을 떠난 뒤라 이성계의 맏아들이나 다름없었기 때문이다. 그러나 동생 방간과 방원의 세력에 밀려 감히 왕의 자리에 욕심을 낼 수 없었다.
  그런데 1398년 방원이 1차 왕자의 난을 일으키자, 태조는 방원에게 왕위를 물려 주기 싫어 정종에게 왕위를 넘겨 주었다. 이 때부터 정종은 방원이 자신마저 해치지 않을까 두려워하며 지내야 했다.
  그 뒤 1400년 2차 왕자의 난이 방원의 승리로 끝나자 정종은 기다렸다는 듯 방원을 왕세제로 세우고 곧 왕위에서 물러났다.

억지로 왕이 된 정종

조선의 두 번째 임금 정종은 1357년 이성계의 둘째 아들로 태어났고, 이름은 방과이다. 그는 왕이 되기 전 영안대군이라 불렸다.

그는 원래 왕이 될 욕심이 없었다고 한다. 방과가 왕이 된 것은 동생인 정안대군 이방원에 의해서였다. 1398년 1차 왕자의 난을 일으킨 이방원이 둘째 형 방과를 세자 자리에 앉혔던 것이다. 이는 태조가 이방원에게 왕위를 물려주려고 하지 않았고, 또 방원 자신이 왕의 자리에 욕심이 없다는 것을 세상에 보여 주고 싶었기 때문이었다.

방과는 세자가 된 지 한 달 만에 태조에게 왕위를 물려받았다. 그러나 태조는 왕의 징표인 옥새(임금의 도장)를 방과에게 주지 않았다. 이는 자신이 정한 세자를 죽인 방원에 의해 왕이 된 방과를 후계자로 인정하지 않겠다는 뜻이었다.

이렇게 정종은 태조로부터 왕으로 인정받지 못했을 뿐 아니라 실제로도 아무런 힘을 갖지 못했다. 나라를 다스리는 것은 동생 방원과 그를 따르는 무리들이었던 것이다.

정종은 도읍을 다시 개경으로 옮긴 뒤 방원의 눈치를 보며 하루라도 빨리 왕의 자리에서 물러나기만을 바랐다. 그래서 격구 같은 소일거리에만 열중했다. 자기는 나라일에 관심이 없다는 것을 보여줌으로써 공연히 방원의 의심을 사지 않으려는 것이었다.

그러던 가운데 1400년 정월, 2차 왕자의 난이 일어났다.

2차 왕자의 난은 태조의 넷째 아들 방간이 왕이 되려는 욕심으로 방원을 죽이려고 일으킨 난이다. 하지만 방원은 형 방간을 물리치고 그를 멀리 귀양 보내 버린다.

그러자 정종은 방원을 세제(왕의 자리를 이어받을 왕의 동생)로 봉한 뒤, 그 해 11월 방원에게 왕의 자리를 물려주고 상왕으로 나앉는다. 억지로 왕이 된 지 꼭 2년 2개월 만이었다.

그 뒤 1419년 63세로 세상을 떠난 정종은 공정대왕으로 불리다가 262년이 지난 숙종 7년(1681)에 이르러서야 정종이란 묘호를 받게 된다. 이 때야 비로소 조선 왕조의 두 번째 임금으로 인정된 것이다.

정종의 능은 개성시 판문군에 있는 후릉이다. 이 곳에는 왕비 정안왕후 김씨도 같이 묻혀 있다.

헌릉 조선 왕조 제3대 왕 태종과 왕비 원경왕후 민씨의 능. 서울 강남구 내곡동에 있다.

조 선 왕 조 오 백 년

● 제3대 왕

태종

1367~1422년
재위 기간 : 1400~1418년

　태종은 조선 초기 왕권을 강화하는 데 큰 역할을 한 왕이다.
　태종이 왕위에 오를 때는 두 번에 걸친 왕자의 난으로 조정이 몹시 혼란스러웠다. 또한 조선을 세우는 데 함께 했던 왕족과 공신들이 여전히 사병을 가지고 있어 언제 왕권을 위협할지 모르는 상황이었다. 이에 태종은 왕권을 강화하기 위해 온 힘을 쏟는다.
　그는 왕족과 공신들의 힘을 꺾기 위해 사병을 없애고 의정부의 일을 육조에서 나누어 맡게 하여 신하들의 권력을 줄였다. 또 의금부를 설치하여 반역을 일으키는 것을 방지했다.
　태종은 또한 호패법을 실시하여 백성의 수를 정확하게 파악하였고, 첩의 자식은 과거를 볼 수 없게 하는 등 신분 질서를 명확히 하였다.
　이로 인해 왕권이 크게 강화되고 사회가 점차 안정되자, 태종은 1418년 세자에게 왕위를 물려주고 상왕으로 물러앉았다.

조선의 기틀을 잡은 태종

　태종 이방원은 1367년 태조 이성계의 다섯째 아들로 태어났다. 그는 어려서부터 성격이 불같고 뜻이 큰 사람이었다.
　조선 왕조가 세워지자, 많은 사람들이 이방원이 태조의 뒤를 이을 것이라고 생각했다. 그만큼 이성계가 조선을 세우는 데 이방원이 큰 역할을 했기 때문이었다. 위화도에서 군사를 돌린 이성계에게 최영을 쳐야 한다고 용기를 북돋운 것이 바로 이방원이었다. 또 고려를 마지막까지 지켰던 정몽주를 없앤 것 역시 그가 한 일이었다.
　하지만 이성계는 이방원을 제쳐 두고 막내아들 방번을 세자로 세웠고, 이 때부터 정도전 같은 이들이 이방원의 힘을 누르려고 했다. 그러나 이방원은 1, 2차 왕자의 난을 통해 자신에게 맞서는 세력을 누르고 서른넷의 나이로 조선의 세 번째 왕이 된다.
　왕이 된 태종은 세워진 지 얼마 되지 않은 조선을 안정시키기 위해 많은 노력을 기울였다. 언제 왕에게 칼을 뽑아들지 모르는 공신들의 사병을 없애고, 모든 권력을 왕 중심으로 집중시켰던 것이다. 또한 젊고 유능한 관리를 등용하기 위해 과거를 실시하고, 백성의 수를 파악하기 위해 호패법을 마련했다. 그리고 1404년에는 도읍을 개경에서 다시 한양으로 옮겼다.

태종의 이러한 노력으로 조선의 왕권은 안정되었고, 마침내 태종은 조선의 기틀을 세운 왕으로 기억될 수 있었다.

 이방원이 왕이 된 것은 하늘의 뜻이었나

1. 형님, 왜 제게 칼을 드셨습니까

1400년 정월이었다. 한 떼의 군사들이 깃발을 휘날리며 분주하게 움직이고 있었다.

"어떻사옵니까? 이 정도면 이방원의 군사쯤은 능히 물리칠 수 있을 것이옵니다."

박포의 말에 태조의 넷째 아들 방간은 믿음직스럽다는 듯 박포를 바라보았다.

박포는 원래 방원의 부하로 1차 왕자의 난 때 큰 공을 세운 사람이었다. 그러나 상이 너무 적다며 불평을 하다가 방원에게 미움을 사 멀리 귀양을 간 일이 있었다. 그로 인해 박포는 방원에 대해 앙심을 품고 방간을 충동질해 군사를 일으키게 한 것이었다.

그러나 이는 박포의 충동질 때문만은 아니었다. 방간은 그 동안 방원과 왕의 자리를 두고 끊임없이 경쟁해 온 사이였다. 다른 형제들은 왕의 자리에 욕심을 두지 않았지만, 방간도 방원과 마찬가지로 왕이 되고 싶었던 것이다.

그러한 때 아들이 없는 둘째 형 방과가 왕이 되자 방간은 더욱 왕의 자리가 탐이 났다.

"셋째 형님은 왕의 자리엔 관심이 없으니, 주상 전하께서 동생에게 왕위를 넘겨 준다면 당연히 넷째인 내 차례가 아닌가!"

그러나 방간의 생각과는 달리 모든 힘은 방원에게만 집중되어 갔다. 이대로 가다간 방원이 왕이 될 것은 뻔한 일이었다. 그래서 방간이 박포와 손을 잡은 것이었다.

이 소식을 들은 방원은 화들짝 놀랐다.

"뭣이? 방간 형님이 군사를 일으켜 나를 치러 온다고!"

아직 나라의 기틀이 제대로 세워지지 않은 때였다. 또한 2년 전 방석과 방번을 죽인 일도 아직 생생한 때였다. 방원은 이런 때 형과 다시 칼부림을 해야 한다는 것이 영 내키지 않았다.

하지만 이미 저쪽에서는 칼을 뽑아들고 있었다. 이쪽에서 맞서지 않는다면 왕의 자리는 영영 자신의 차지로 돌아오지 않을 게 뻔했다.

방원은 마음을 굳혔다.

"박포란 놈이 우리 형제를 이간질하고 있구나. 어서 박포란 놈을 잡아 오너라. 하지만, 우리 형님에게는 손가락 하나 대지 말라. 만일 이 말을 어기는 자가 있으면 큰 벌로 다스리겠다."

곧 개경 한복판에서 방원의 군사와 방간의 군사들 간에 싸움이 벌어졌다. 숫자로는 방간이 이끄는 군사들이 훨씬 많았다. 하지만, 방원의 군대는 그 동안의 수많은 싸움에서 단련된 정예 부대였다.

싸움은 방원의 승리로 끝나고 말았다. 곧 방간과 박포가 방원에게 끌려왔다.

방원은 이글이글 타오르는 눈길로 박포를 노려보았다. 씹어 먹어도 시원치 않다는 그런 눈빛이었다. 방원은 곧 박포를 죽이라는 명령을 내렸다.

그것을 보고 있던 방간이 고개를 떨구었다.

"날, 죽여 주시게."

그러자 방원이 원망스러운 듯 말했다.

"형님, 왜 제게 칼을 드셨습니까! 저 세상에 계신 어머니가 아신다면 어떠하시겠습니까."

방원은 방간을 먼 곳으로 귀양 보내 버렸다. 많은 신하들이 방간을 죽여야 한다고 했지만, 방원은 그들을 쏘아보며 말했다.

"다시 방간 형님의 일을 입 밖에 내는 자는 큰 벌로 다스리겠다."

방원의 불 같은 호령에 신하들은 감히 입을 열지 못했다.

이것이 2차 왕자의 난이다. 이 난이 끝나자 정종은 곧 방원을 세제로 정했다. 그 동안은 왕의 자리를 노리는 방간과 방원 두 동생의 눈치를 보아야 했지만, 이젠 더 이상 망설일 필요가 없어졌기 때문이었다.

한 달 뒤, 정종은 세제 방원에게 왕의 자리를 물려주었다.

왕이 된 이방원은 형 방과를 상왕으로, 아버지 이성계를 태상왕으로 높였다. 이때가 1400년 11월이었다.

태종편

2. 하늘의 뜻이로구나

태종이 왕이 된 지 2년이 흘렀다. 조선은 이제 조금씩 조금씩 그 틀이 잡혀 갔다. 이대로 간다면 머지않아 한 나라로서 손색이 없을 터였다.

하지만 태종에게는 한 가지 풀지 못한 숙제가 있었다. 그것은 바로 이 나라 조선을 세운 아버지 이성계였다. 이성계는 태종이 왕위에 오르자 고향 함흥으로 떠난 뒤 돌아오지 않고 있었다. 이에 태종은 아버지를 모셔 오기 위해 함흥으로 많은 사람들을 보냈지만, 이성계는 번번이 그 사람들을 죽여 버렸다. 이는 아직도 이성계가 아들 태종을 왕으로 인정하지 않고 있음을 뜻하는 것이었다. 게다가 임금의 징표인 옥새 또한 여전히 이성계가 가지고 있었다.

'아버지에게 인정받지 못하는 내가 어찌 이 나라의 왕이라 할 수 있겠는가!'

태종은 하루도 마음이 편치 않았다.

그러던 어느 날이었다.

"무엇이라고? 무학대사가 아바 마마를 모시고 한양으로 돌아오고 있다고?"

태종은 뛸 듯이 기뻐했다. 아버지만 돌아오신다면 걱정할 게 없을 것 같았다.

태종은 곧 이성계를 맞을 채비를 하라고 신하들에게 명령했다.

"내 직접 성 밖으로 나가 아바 마마를 맞을 것이오."

그러자 하륜이 말했다.

"전하, 그럼 태상왕 전하를 맞이하시는 곳에 굵은 기둥을 몇 개 세워 두시옵소서."

하륜의 말에 태종은 고개를 갸웃했다. 하륜의 뜻을 알 수 없기 때문이었다.

"한 가지 걱정이 있기 때문이옵니다."

하륜은 누구보다도 태종 가까이서 그를 도운 사람이었다. 두 차례에 걸친 왕자의 난에서도 하륜은 태종을 도왔다.

'하륜 대감이 쓸데없는 말을 할 사람이 아니지.'

태종은 이유를 캐묻지 않고 하륜의 말을 따랐다.

드디어 이성계가 한양으로 돌아오는 날이 되었다. 태종은 중전 민씨와 많은 신하들과 함께 이성계를 맞으러 지금의 서울 행당동까지 나갔다. 그 곳에는 하륜의 말에 따라 세워 둔 굵은 기둥이 우뚝우뚝 서 있었다.

'왜 이리 안 오시나?'

태종은 아버지를 기다리는 어린 아이처럼 마음이 설레었다.

드디어 이성계가 탄 말이 멀리 보이기 시작했다.

태종은 얼른 앞으로 뛰어나가려고 했다. 그 때 하륜이 태종을 막았다.

"전하, 여기서 기다리도록 하시옵소서."

하륜이 얼굴 가득 걱정스런 표정으로 말하자 태종은 걸음을 멈추

태종편

었다.

　이성계는 허리를 꼿꼿이 세운 채 천천히 말을 몰고 있었다. 그 모습은 싸움터에라도 나가는 장수 같았다

　"태상왕 전하."

　신하들이 모두 땅에 엎드려 이성계를 맞았다. 그 때였다. 이성계가 갑자기 활을 뽑아들어 화살을 날렸다. 그 화살은 정확하게 태종을 향해 날아갔다.

　"앗!"

　태종은 얼른 옆에 있는 기둥 뒤로 몸을 숨겼다. 이성계가 날린 화살은 그 기둥에 꽂혔다. 기둥이 없었더라면 영락없이 화살에 맞았을 것이었다.

　이를 본 이성계가 하늘을 보며 한숨을 내쉬었다.

　"막비천운이로다!"

　이 말은 하늘의 뜻은 막을 수 없다는 것으로, 태종이 왕이 된 것이 모두 하늘의 뜻이라는 말이었다.

　이렇게 태종은 하륜 덕에 목숨을 부지할 수 있었다.

　잠시 뒤 태종이 이성계에게 술잔을 올리는 순서가 되었다.

　이성계는 이제 모든 것을 인정할 수밖에 없음을 깨달았다.

　"네가 그렇게 바라던 옥새가 여기 있다. 받아라."

　"아바 마마."

　옥새를 받아든 태종의 눈에서 하염없이 눈물이 쏟아져 내렸다.

'아, 이제야 아바 마마께 왕으로 인정을 받는구나!'

태종은 이렇게 왕이 된 지 2년 만에야 비로소 아버지 이성계로부터 인정을 받는 왕이 되었다. 이로써 걱정거리가 없어진 태종은 나라일에 더욱 힘을 쏟았다.

그러나 태종은 왕의 자리에 있으면서 많은 사람을 죽이기도 했다. 특히 자기가 왕이 되는 데 힘을 아끼지 않았던 사람들의 목숨도 가차없이 빼앗았다. 그래서 태종을 피도 눈물도 없는 왕이라고 말하기도 한다.

 태종은 피도 눈물도 없는 사람이었을까

1. 모든 죄는 다 내가 지고 간다

여러 차례 죽을 고비를 넘기고 왕이 된 태종은 자신이 어떤 왕이 되어야 할까 깊은 고민에 빠졌다. 조선이 세워진 지 겨우 10여 년, 아직 나라의 기틀이 완전히 잡혀지지 않은 때였다.

많은 신하들은 태종에게 이렇게 말했다.

"전하, 예로부터 임금은 덕으로 나라를 다스려야 한다고 했사옵니다."

태종도 그것을 잘 알고 있었다. 한 나라를 다스리는 왕으로서 백성들이 평화롭게 살 수 있도록 정치를 펴는 것은 가장 중요한 일이었다. 하지만 태종은 이런 생각을 떨쳐 버릴 수 없었다.

'백성들을 잘 보살피려면 무엇보다도 정치가 안정되어야 한다. 그러나 지금 우리 조선은 어떠한가!'

신하들 가운데에는 태종에게 불만을 품은 사람들이 있었다. 이들은 대개 태종이 왕이 되는 데 큰 역할을 한 사람들이었다. 그들은 자신들이 태종이 왕이 되는 데 공을 세웠기 때문에 자신들 역시 큰 힘을 가져야 한다고 생각하고 있었다. 그러나 태종은 그러한 공신들과 힘을 나누려 하지 않았다. 태종은 나라가 제대로 서기 위해서는 모든 힘이 왕에게만 있어야 한다고 생각하고 있었다.

'권력의 단맛을 본 사람은 더 많은 힘을 가지려고 하는 것이 세상의 이치다.'

혹시라도 공신들이 다른 마음을 품어 또다시 피를 흘리는 일이 생기지 말라는 법은 없었다. 태종은 그것을 막기 위해서라도 공신들의 힘을 빼앗아야 한다고 생각했다. 그래서 태종과 공신들은 사이가 좋지 않았다.

'공신들이 나와 다른 생각을 하는데 어떻게 나라가 안정될 수 있단 말인가?'

태종은 이러한 생각으로 밤을 새웠다.

그러던 어느 날이었다. 태종은 이숙번을 불러 술을 주고받았다. 이숙번은 하륜과 함께 태종을 가장 가까이서 섬기던 사람이었다. 태종은 젊었을 적부터 이숙번을 친아우처럼 대했고, 이숙번도 태종을 친형처럼 따랐다.

어느 새 밤이 으슥해지고 있었다. 술을 마시던 이숙번이 태종을 걱정스레 바라보았다.

"전하, 무슨 걱정이라도 있으시옵니까?"

이숙번의 말에 태종은 쓸쓸하게 웃음지었다. 태종은 이숙번에게도 솔직하게 속마음을 털어놓을 수 없었다. 이숙번도 다른 공신들처럼 왕에게 모든 힘이 쏠리는 것에 반대할지 모른다고 생각했기 때문이었다. 그래서 태종은 이렇게 말했다.

"걱정이 있지, 있어. 한 나라의 임금으로서 어떻게 해야 덕을 베풀 수 있을까? 난 이게 걱정이네."

태종은 이렇게 말하며 술을 들이켰다. 그러자 이숙번이 조심스레 말했다.

"전하, 덕으로 나라를 다스리는 것은 당연한 이치이옵니다. 하오나……"

이숙번이 말끝을 흐렸다. 태종은 이숙번의 얼굴을 뚫어지게 바라보았다. 이숙번이 이 나라의 왕으로서 어떻게 해야 한다고 말할지 몹시 궁금했다. 잠시 뒤 이숙번이 입을 열었다.

"전하, 지금은 덕으로 나라를 다스릴 때가 아니라고 생각하옵니다. 우리 조선이 세워진 지 10년 남짓밖에 되지 않사옵니다. 따라서 지금 중요한 것은 무엇보다도 임금을 중심으로 신하와 백성이 하나로 뭉치는 일이옵니다. 저는 이를 위해서는 임금에게 모든 힘이 집중되어야 한다고 생각하옵니다. 물론 이에 반대하는 신하들

태종편

도 있을 것이옵니다. 하지만 전하, 이들을 물리치지 않고는 나라의 기틀을 제대로 닦을 수 없을 것이옵니다."

이숙번의 말에 태종의 얼굴이 환해졌다. 이숙번이 자신이 마음속에 담고 있는 말을 해주었기 때문이었다.

이숙번이 돌아간 뒤 태종은 홀로 궁궐 뜨락을 거닐었다. 휘영청 밝은 달이 태종의 발길을 밝혀 주고 있었다. 태종은 하늘을 우러러 보았다.

'그래, 지금은 왕실이 강력한 힘을 길러야 할 때다. 지금처럼 공신들이 자기들이 세운 공을 내세운다면 머지않아 이 나라는 또 어지러워질 것이다.'

태종은 마음을 굳혔다. 덕으로 백성을 다스리는 왕이 되기보다는 신하나 백성들이 감히 넘볼 수 없는 힘있는 왕이 되어야겠다고 다짐한 것이다.

'우리 조선의 천 년 앞길을 위해서는 지금 왕권을 강화해야 한다. 비록 후손들에게 욕을 먹어도 괜찮다. 나라의 틀을 바로잡기 위해서는 왕을 업수이 여기는 놈들을 모두 쳐야만 한다.'

태종은 주먹을 불끈 쥐었다.

'좋다. 모든 죄는 다 내가 지고 간다. 내 아들이 왕이 되는 때, 그때가 바로 덕으로 나라를 다스리는 때가 되리라.'

이렇게 생각한 태종은 왕에게 힘이 집중되는 것에 불만을 품은 공신들을 모두 쫓아 냈다. 또한 왕의 4촌 이내 친척들은 벼슬을 하지 못하도록 법으로 정해 놓았다. 이로 인해 많은 공신들이 조정에서 쫓겨났다. 그 가운데 중전 민씨의 동생들도 있었다.

2. 중전의 집안을 망하게 한 이유

"뭐라고, 전하께서 내 아우들을 귀양 보낸다고!"

중전 민씨는 부들부들 떨었다. 중전 민씨는 화가 치밀어 견딜 수가 없었다.

'누구 덕에 왕이 될 수 있었는데……'

민씨는 태종이 왕이 되는 데 큰 역할을 했다. 태종이 정도전을 칠 때 무기와 군사를 내준 사람이 바로 민씨였다. 민씨의 아우들인 민무구와 민무질 또한 태종을 위해 목숨을 걸고 싸운 공신들이었다.

그러나 태종은 왕이 된 뒤 민씨를 멀리하고 후궁을 여럿 들였다. 민씨는 그것을 참을 수 없었다. 이 나라의 중전이며 세자의 어머니인 자신을 업수이 여기는 것만 같았다. 게다가 지금 자신의 아우들까지 귀양을 보낸다는 말에 민씨는 도저히 가만히 있을 수 없었다. 민씨는 당장 태종을 찾아갔다.

"내 아우들이 무슨 죄를 졌사옵니까?"

민씨는 거친 숨을 고르며 말했다. 그러나 태종은 태연했다.

"그걸 몰라서 하는 소리요? 민무구와 민무질은 어린 세자를 등에 엎고 나라를 어지럽히려 하지 않았소!"

"나라를 어지럽히다니요?"

민씨는 이를 악물었다. 그러자 태종도 목소리를 높였다.

"중전이 그걸 몰라서 하시는 말씀이오? 작년에 있었던 일을 생각해 보시오."

태종은 이렇게 말하고는 나가 버렸다.

그 때 민씨의 머릿속에 퍼뜩 떠오르는 것이 있었다.

작년 태종이 세자에게 왕위를 내주겠다고 하여 소동이 일어난 적이 있었다. 그 때 많은 신하들이 명을 거두어 달라며 며칠 밤을 궁전 앞마당에서 새웠었다. 그러나 그 때 민무구와 민무질은 태종에게 명을 거두라고 간곡하게 청하지 않았다.

'그래, 그 때 그 소동을 일으킨 것이 다 내 아우들에게 벌을 줄 구실을 찾은 것이로구나!'

밖으로 나간 태종은 가만히 생각에 잠겨 있었다.

'세자가 왕이 되었을 때를 미리 준비해 주어야 한다. 중전과 민무질, 민무구가 누구인가! 나는 새도 떨어뜨린다는 힘을 가진 사람들이 아닌가. 그들을 그대로 둔다면 분명 세자가 왕이 되었을 때 자기들 멋대로 나라를 쥐고 흔들 것이다. 어린 세자가 어떻게 그것을 막을 수 있단 말인가. 내가 막아 주어야 한다.'

태종은 자기가 죽은 뒤의 일을 생각하고 있는 것이었다. 걸림돌이 될 많은 공신들을 쫓아 냈지만 아직도 쫓아 내야 할 사람들이 남아 있었다. 그들은 바로 중전 민씨와 그의 동생들이었다. 왕실의 외척인 그들은 여전히 막강한 힘을 가지고 있었던 것이다.

하지만 태종은 중전의 집안이 큰 힘을 갖는 것을 원치 않았다. 세자가 왕이 되면 세자의 외삼촌이 되는 민무구, 민무질은 더욱 기가 살 것이 뻔했다. 그러면 중전과 외삼촌들의 등살에 세자가 제대로 왕 노릇을 할 수 없을지도 모를 일이었다.

'내가 미리 끊어내야 해.'

이렇게 생각한 태종은 곧 민무구와 민무질에게 사약을 내렸다.

태종은 그 뒤 민무구와 민무질의 동생인 민무휼, 민무회도 죽여 버렸다. 자신의 형들에게 죄가 없다고 한 죄였다. 그럼으로써 중전 민씨의 집안은 풍비박산이 나 버렸다. 뿐만 아니었다. 세종에게 왕위를 넘겨 준 뒤에도 태종은 세종의 장인인 심온 등에게도 역모죄로 사약을 내렸다.

이렇게 태종은 자신은 물론 다음 왕인 세종의 외척(외가쪽 친척)까지 남김없이 쫓아 내 버렸다. 그리고 태종은 자신이 아끼던 이숙번마저 고향으로 내려보냈다. 이로써 조정에는 태종이 왕이 되는 데 공을 세운 사람들이나 외척들이 하나도 남지 않게 되었다. 대신 과거로 새롭게 등용된 사람들이 나라의 일을 도맡았다.

그러나 1418년 태종은 셋째 아들 세종에게 왕위를 넘겨 주고 상왕으로 물러앉았다. 왕이 된 지 17년 10개월 만의 일이었다. 그러나 아직도 군사권 등 중요한 결정은 태종이 내렸다. 1419년 이종무에게 대마도를 치게 하여 왜구를 뿌리뽑게 한 것도 태종의 결정이었다. 상왕이 된 뒤에도 나라일을 게을리 하지 않았던 것이다.

태종은 이처럼 왕위에 있으면서 또 왕위에서 물러난 뒤에도 강력한 왕권을 확립하기 위하여 온 힘을 기울였다. 그러나 이것만이 태종의 전부는 아니다.

 태종의 또 다른 모습

1. 천하는 넓다

　"천하에는 우리 조선만 있는 것이 아니오. 천하는 넓고도 넓소. 무릇 한 나라를 다스리려면 천하가 어떤 모습이고 어떻게 돌아가는지 알아야 할 것이오. 그러니 가까이 있는 중국과 일본을 포함한 천하의 지도를 만들도록 하시오."

　태종은 신하들에게 이렇게 명령했다. 언제고 힘을 키우면 더 넓은 세상으로 뻗어 나가야 한다는 것이 태종의 생각이었다.

　드디어 1402년 태종의 바람대로 세계 지도인 '혼일강리역대국도지도'가 완성되었다. 이 지도는 우리 나라 최초의 세계 지도였다. 이 지도에는 아메리카 대륙을 발견하기 이전까지 알려진 세계가 비교적 정확하게 그려져 있다.

　이 지도의 중심에는 중국이 있다. 중국의 만리 장성과 황하도 정확하게 표현되어 있다. 이는 당시 조선 사람들에게 중국이 그만큼 중요하게 생각되었기 때문이다. 일본은 그 모양은 비슷하지만 조선보다 훨씬 작게 그려져 있다. 그 이유는 그 때까지 일본은 조선 사람들의 눈에 대단치 않게 비쳐졌던 것이다.

　이 지도에는 동남 아시아의 여러 나라 즉, 필리핀과 인도네시아, 말레이시아 등도 분명하게 표시되어 있다. 뿐만 아니라 멀리 유럽과 아프리카까지도 잘 나타나 있다.

　지금도 많은 사람들이 이 지도를 놀라운 눈으로 바라보고 있다. 그 이유는 그 때까지 알려진 세계를 모두 담고 있는 유일한 지도이기 때문이다.

　태종은 이러한 지도를 마련함으로써 나라 밖에까지 눈을 돌린 것이었다.

　그러던 1407년의 어느 날이었다.

　"전하, 회회인 도로가 조선 사람이 되겠다고 청하옵니다."

　회회인은 지금의 아라비아 사람을 말한다.

　'도로를 받아들이면, 회회의 문물을 받아들일 수 있을 것이다.'

　이렇게 생각한 태종은 도로를 백성으로 맞기로 결심했다.

　태종은 이렇듯 앞선 문화를 받아들이기 위해 애쓰고, 더 나아가 천하로 뻗어 나가려는 커다란 포부를 가지고 있던 왕이었다.

2. 내가 죽으면 비가 내릴 것이다

　태종은 백성들의 생활에도 깊은 관심을 기울였다. 그래서 송나라의 등문고를 본떠 신문고를 만들었다. 억울한 일을 당한 백성들이 언제라도 왕에게 그것을 호소할 수 있도록 한 것이다.

그러던 어느 해 여름이었다. 그 해는 이상하게도 온 나라에 메뚜기 떼가 극성을 부렸다. 정성들여 키운 논밭의 곡식들을 메뚜기가 다 갉아먹어, 백성들의 피해는 이루 말할 수가 없었다. 그러자 태종은 신하에게 명했다.

"어서 나가서 메뚜기 가운데 가장 큰 놈을 잡아 오너라."

명을 받은 신하는 어리둥절하였다. 메뚜기는 잡아 무얼 하려는 것인지 도무지 알 수 없었기 때문이었다.

"전하, 여기 메뚜기를 잡아 왔사옵니다."

태종은 메뚜기를 노려보며 성큼성큼 신하에게 다가갔다.

"이놈이 가장 큰 놈이렸다."

"예, 그렇사옵니다."

그러자 태종은 신하에게서 메뚜기를 빼앗듯 낚아챘다.

"이놈, 네놈들이 우리 백성들을 괴롭히는 놈들이렸다."

태종은 이렇게 말하더니 메뚜기를 입에 넣었다. 그러더니 원수진 사람처럼 메뚜기를 꼭꼭 씹기 시작했다.

"전하!"

깜짝 놀란 신하들이 태종을 말렸다. 그러자 태종은 몹시 화가 난 듯 말했다.

"이렇게 씹어 먹어도 내 속이 후련하질 않구려. 내 백성들을 괴롭히는 메뚜기들을 모조리 씹어 먹고 말겠소."

그런데 참으로 기이한 일이었다. 태종이 메뚜기를 씹어 먹은 뒤

나라 안에서 메뚜기를 찾아볼 수 없었던 것이다.

　태종이 아들 충녕에게 왕의 자리를 내준 지도 어느 덧 4년이 흘러갔다. 태종의 건강이 예전과 같지 않았다. 그러나 태종에게는 더 큰 걱정이 있었다.

　온 나라에 심한 가뭄이 들었던 것이다. 논과 밭은 이미 쩍쩍 갈라져 있었다. 우물마저 말라 목마른 백성들의 아우성 소리가 천하를 뒤덮었다.

　그러자 태종은 궁궐 안에 하늘에 제사를 지내는 단을 쌓았다. 그리고 정성스레 목욕을 한 뒤 단에 올랐다. 태종은 하늘을 우러르며 말했다

　"하늘님, 죄 많은 저를 데려가시고 비를 내려 주시옵소서."

　태종은 마치 큰 죄를 지은 사람처럼 무릎을 꿇고 꼼짝도 하지 않은 채 며칠 동안 기도만 올렸다.

　태종의 정성이 하늘에 닿아서였을까? 갑자기 천둥과 번개가 천지를 뒤흔들면서 비가 쏟아지기 시작했다.

　태종은 시커먼 하늘을 올려다보았다. 굵은 빗줄기가 사정없이 태종의 얼굴을 내리쳤다. 지나간 세월이 한꺼번에 머릿속을 스쳐갔다. 그러자 빗물인지 눈물인지 모를 것이 태종의 눈에서 흘러내렸다. 그리고 잠시 뒤 태종은 풀썩 쓰러지고 말았다.

　태종은 이렇게 숨을 거두었다. 이 때가 1422년으로 태종의 나이 56세였다.

제3대 태종 가계도

태조
├─ **제3대 태종** (방원, 정안대군 1367~1422)
신의왕후 한씨   재위 기간 : 1400~1418(17년 10개월)

원경왕후 민씨
- 양녕대군
- 효령대군
- **제4대 세종**(충녕대군)
- 성녕대군
- 정순공주
- 경정공주
- 경안공주
- 정선공주

효빈 김씨 ── 경녕군

신빈 신씨
- 성녕군
- 온녕군
- 근녕군
- 정신옹주
- 정정옹주
- 숙정옹주
- 숙녕옹주
- 숙경옹주
- 숙근옹주

선빈 안씨 ── 익녕군
의빈 권씨 ── 정혜옹주
소빈 노씨 ── 숙혜옹주
숙의 최씨 ── 희령군

안씨
- 혜령군
- 소숙옹주
- 경신옹주

최씨 ── 후령군
김씨 ── 숙안옹주
이씨 ── 숙순옹주
? ── 소선옹주

조선왕조 오백년

태종은 12명의 아내에게서 12명의 아들과 17명의 딸을 두었다. 태종의 능은 서울 강남구 내곡동에 있는 헌릉으로 원경왕후 민씨와 함께 묻혀 있다.

태종 시대의 사람들

세자 자리에서 쫓겨난 양녕대군

태종은 1404년 11살 난 맏아들 양녕대군을 세자로 책봉하였다. 그러나 1418년 태종은 양녕대군을 쫓아 내고 셋째 아들 충녕대군을 새로운 세자로 세운다.

태종이 양녕대군을 내쫓은 것은 양녕대군이 한 나라를 이끌어 갈 재목이 아니라고 판단했기 때문이었다.

양녕대군은 걸핏하면 궁궐 밖으로 나가 사냥을 하고 기생들과 어울리며 나라일에는 관심을 두지 않았다. 태종도 이것을 잘 알고 있었지만, 양녕대군이 마음잡기를 바랐다.

그러던 어느 날 태종은 기가 막힌 노래를 들었다.

사랑 사랑 내 사랑
술과 어리 내 사랑
주야 장천 못올 님
어화 어리 내 사랑.

이는 양녕대군이 지은 노래였다. 양녕대군은 어리라는 소문난 기생을 궁궐 안으로 불러들여 날마다 술로 시간을 보냈는데, 그 어리를 위해 노래까지 지었던 것이다.

이를 안 태종은 결국 양녕대군을 세자 자리에서 쫓아 낸다. 그런데 양녕대군의 이러한 행동을 두고, 이는 태종의 눈 밖에 나 세자 자리에서 쫓겨나기 위한 고의적인 행동이었다는 말이 있다.

양녕대군은 어려서부터 할아버지 태조와 아버지 태종이 권력을 놓고 벌인 싸움과 태종이 자신의 외삼촌인 민무구, 민무질 형제 등을 가차없이 죽이는 것을 보았다. 이러한 것을 보며 자랐기 때문에 왕의 자리에 앉고 싶어하지 않았다는 것이다.

또한 태종이 양녕대군보다는 충녕대군에게 왕위를 넘기고 싶어하는 것을 알아차리고 일부러 나쁜 짓을 골라 했다는 말도 있다.

어느 날 태종에게 문안을 갔던 양녕대군은 우연히 태종과 어머니 원경왕후의 한숨 소리를 들었다.

"아, 충녕이 맏이였으면 얼마나 좋았겠소!"

"그러게 말입니다. 충녕이야말로 왕이 될 재목이지요."

이런 소리를 들은 뒤부터 양녕대군이 충녕대군에게 세자 자리를 내주기 위해 일부러 기생과 술로 세월을 보냈다는 것이다.

사실 양녕대군은 시에 능하고 당시에 보기 드문 명필이었다고 한다. 오늘날 흔히 남대문으로 불리는 숭례문의 현판 글씨가 바로 양녕대군이 쓴 글씨이다. 또한 형제들 사이에도 우애가 깊었다. 이러

한 양녕대군의 사람 됨됨이로 볼 때 양녕대군이 충녕대군에게 왕위를 양보하기 위해 일부러 나쁜 짓을 골라 했을 수도 있다고 추측하는 것이다.

세자 자리에서 쫓겨난 양녕대군은 그 뒤 방방곡곡을 떠돌아다니며 세월을 보내다가 1462년 67세의 나이로 숨을 거두었다.

 언제부터 8도가 되었나

보통 우리 나라를 팔도 강산이라고 부른다. 이는 조선 시대 때부터 우리 나라를 팔도로 나누었기 때문이다.

우리 나라를 팔도로 나누기 시작한 것은 조선 태종 때부터이다.

고려 공민왕 이후부터 조선 초기까지 우리 겨레는 땅을 조금씩 넓혀나갔다. 북방 오랑캐들을 멀리 몰아낸 것이다. 이렇게 땅이 넓어지자 고려 시대의 행정 구역을 다시 정비해야 할 필요가 생겼다.

또한 백성들에게 새 왕조가 섰음을 알리는 데도 새로운 행정 구역의 정비가 필요했던 것이다. 자신이 살고 있는 지역의 이름이 바뀐 것을 떠올릴 때마다 백성들이 새로운 왕조 아래서 살고 있음을 느낄 것이기 때문이다.

태종은 이와 같은 생각에서 조선의 행정 구역을 경기도, 강원도, 충청도, 전라도, 경상도, 황해도, 평안도, 함경도로 하여 팔도로 나눈 것이다.

태종편

사진으로 보는 조선왕조오백년

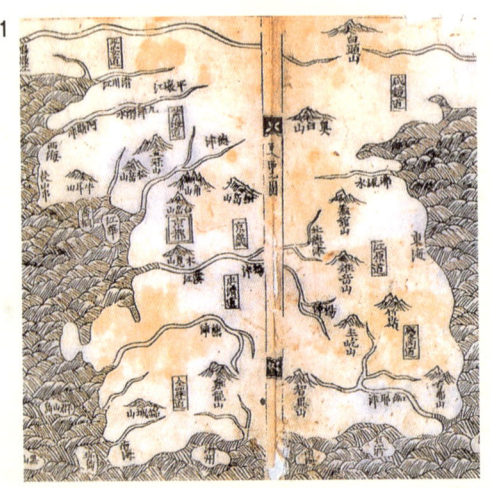

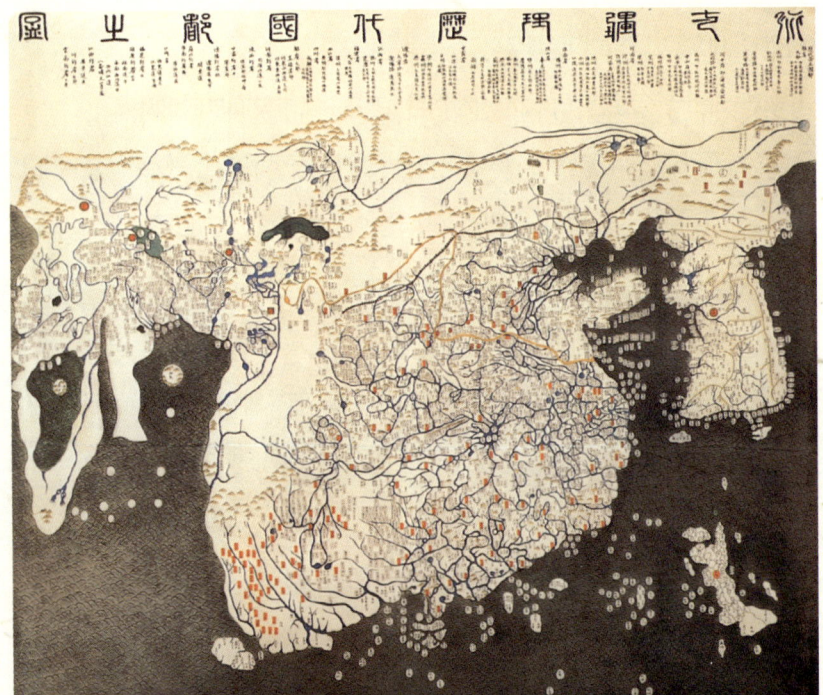

1. **팔도총도** 조선 전기에 만들어진 우리 나라 전도. 2. **수선전도** 김정호가 제작한 것으로 전하는 한양 시가도이다. 3. **혼일강리역대국도지도** 1402년(태종 2년) 권근, 이회 등이 만든 세계 지도. 당시 세계 지도로서는 동서양을 막론하고 가장 뛰어난 지도로 알려져 있다.

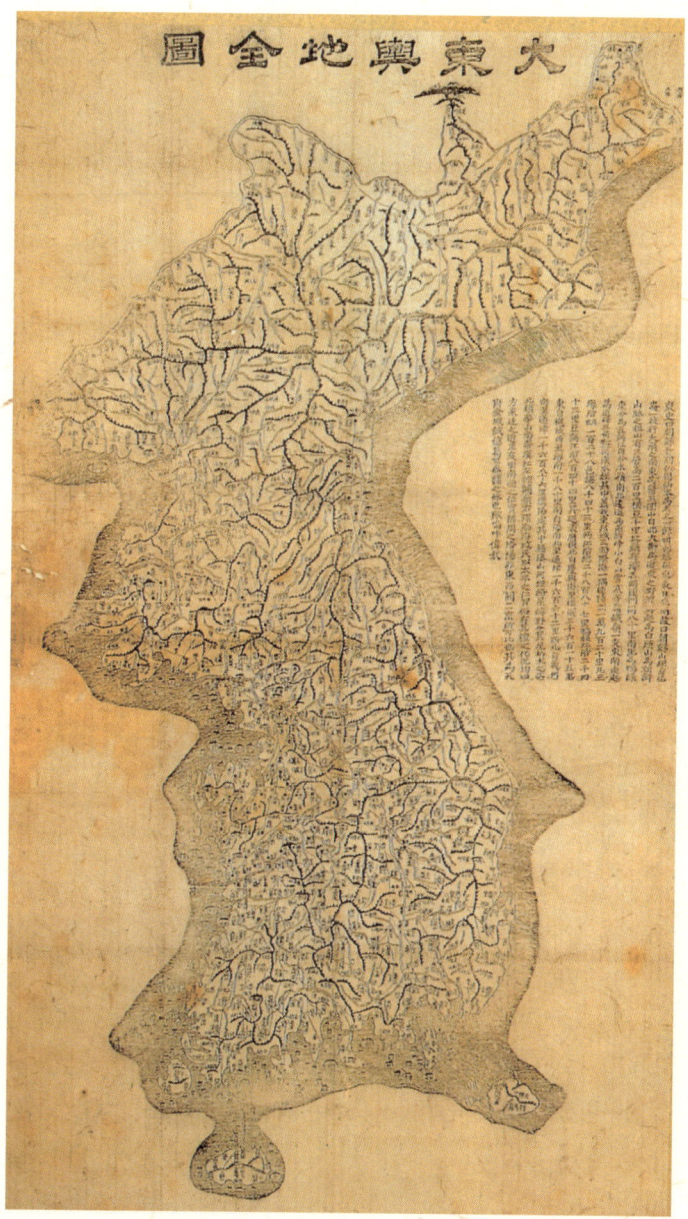

대동여지전도 대동여지도를 축소하여 만든 우리 나라 전국 지도. 이 지도는 제작자와 제작 연도가 밝혀져 있지 않으나, 지도의 내용과 표현 방식 등으로 보아 김정호가 제작한 것으로 추정하고 있다.

세종대왕

조 선 왕 조 오 백 년

● 제4대 왕

세종

1397~1450년
재위 기간 : 1418~1450년

 세종이 왕위에 오른 때는 태종의 노력으로 왕권이 강화되고 백성들도 새로운 왕조에 어느 정도 적응한 때였다. 따라서 세종은 이러한 안정을 바탕으로 나라를 이끌어 갈 수 있었다.
 세종은 먼저 황희, 맹사성 등 능력 있고 청빈한 정치가를 등용하여 왕과 신하가 조화를 이루며 나라를 이끌어 갈 수 있도록 했다. 그리고 신숙주·정인지·성삼문·최항 등 젊은 학자들을 발굴해 이후 조선을 이끌어 갈 인재를 키워냈다. 또한 국방에도 힘을 기울여 4군과 6진을 개척하고 압록강과 두만강으로 국경선을 확정지었다.
 이와 같은 정치와 사회의 안정을 바탕으로 세종은 수많은 업적을 남겼다. 세종은 1443년 훈민정음을 창제하고, 3년 뒤인 1446년 이를 반포하였다.
 또한 장영실, 이천 등에게 경인자·갑인자·병진자 등의 활자와 측우기·앙부일구·자격루 등을 제작하게 하는 등 과학 기술을 눈부시게 발전시켰다.

최고의 왕, 세종

　세종은 1397년 태종과 원경왕후 민씨 사이에서 셋째 아들로 태어났다. 그의 이름은 도이고, 왕자 시절엔 충녕대군이라 불리웠다. 그러나 1418년 그의 큰형이자 왕위를 이을 세자였던 양녕대군이 폐위되자 세자로 책봉되었고, 세자가 된 지 2개월 만에 태종의 뒤를 이어 조선의 네 번째 임금으로 등극하였다.

　세종은 우리 나라 역사에 등장하는 왕 가운데 가장 훌륭한 왕으로 꼽힌다. 그는 공부하기를 좋아했으며, 정치, 사회, 문화, 과학, 예술 등 모든 분야에 두루 소양을 갖춘 왕이었다. 또한 자신이 옳다고 생각하는 것에 대해서는 물러섬 없이 끝까지 밀고 나가는 추진력도 가지고 있었다. 그리고 백성들에 대한 사랑과 신하들에 대한 인간애를 바탕으로 그가 다스리던 기간을 조선 역사상 가장 평안했던 시대 가운데 하나로 이끌어 갔다.

 형이 있는 데도 왕이 될 수 있었던 까닭은 무엇인가

1. 지붕을 올릴 사람이 필요했다

　1418년 6월, 조선 조정은 발칵 뒤집혔다. 태종이 세자 양녕을 폐위시키기로 마음먹은 것이다.

"양녕은 나라일엔 관심이 없고, 날마다 궁궐 밖으로 나가 놀기만을 일삼고 있소. 그런 양녕에게 어떻게 나라를 맡길 수 있겠소!"

태종의 말처럼 양녕대군은 어린 시절부터 이상한 행동을 일삼았다. 스승을 보고 개 짖는 소리를 내고, 공부 시간에 새잡이를 한다며 돌아다녔다. 또한 궁궐로 기생들을 불러들이기까지 했다. 그래서 많은 이들이 양녕대군이 미친 것이 아닌가 의심하기도 했다.

신하들 가운데도 양녕대군은 태종의 뒤를 이을 왕으로서 맞지 않다고 생각하는 사람이 많았다. 양녕대군은 꽉 짜여진 궁궐 생활을 견딜 만한 성격이 아니라고 생각했던 것이다.

이런 소문을 들은 충녕대군의 마음은 초조하기 이를 데 없었다.

'아, 어쩌자고 형님이 그러신단 말인가!'

충녕대군은 이렇게 생각했다. 조선을 세운 할아버지 태조가 나라의 주춧돌을 닦았다면 아버지 태종은 나라의 기둥을 세웠다고 말이다. 그리고 아버지의 뒤를 이을 형님은 그 위에 지붕을 얹고 집 안팎을 쓸고 닦을 분이라고 생각했다.

그것은 충녕대군만의 생각은 아니었다. 아버지 태종은 물론 신하들과 백성들 모두의 생각이나 다름없었다.

그러나 양녕대군은 그런 기대에 아랑곳하지 않았다. 그래서 결국 양녕대군이 세자의 자리에서 쫓겨나고 만 것이었다.

이렇게 충녕대군이 초조해 하고 있을 때 궁궐에서 한 신하가 헐레벌떡 달려왔다.

"충녕대군은 상감 마마의 명을 받으시옵소서."

충녕대군은 떨리는 가슴을 진정시킬 수 없었다.

"무슨 일이오?"

"상감 마마께옵서 충녕대군 마마를 세자로 책봉하신다는 명이옵니다."

충녕대군은 눈을 지그시 감았다.

'기어이 올 것이 오고야 말았구나!'

충녕대군은 세자의 자리가 자기에게 돌아올지도 모른다고 생각하고 있었다. 둘째 형 효령대군이 있었지만, 그는 어려서부터 나라일보다는 불교에 더 관심이 많았다. 그래서 이미 부처님의 제자가 되겠다며 궁을 떠났던 것이다. 충녕대군은 어찌해야 할지 몰라 한참을 망설였다. 그러나 아버지의 명을 거역할 수는 없는 일이었다.

충녕대군은 이렇게 1418년 6월에 양녕대군을 대신해 세자에 올랐다. 그리고 2개월 뒤 태종의 뒤를 이어 조선 왕조의 네 번째 임금이 되었다. 이 임금이 바로 세종이다. 그러나 세종이 왕이 된 것은 단순히 양녕대군이 사람들의 기대를 저버렸기 때문만은 아니었다.

2. 충녕 같은 사람이 왕이 되어야 한다

충녕대군은 어려서부터 똑똑했다. 그 스스로도,

"한 번 본 것은 잊은 적이 없다."

제4대 세종 가계도

태종
　├── 제4대 세종 (충녕대군 1397년~1450년)
원경왕후　　　　　재위 기간 : 1418년 8월 ~1450년 2월
　　　　　　　　　　　(31년 6개월)

소헌왕후 심씨
- **제5대 문종**
- **제7대 세조**(수양대군)
- 안평대군
- 임영대군
- 광평대군
- 금성대군
- 평원대군
- 영응대군
- 정소공주
- 정의공주

영빈 강씨 ── 화의군

신빈 김씨
- 계양군
- 의창군
- 밀성군
- 익현군
- 영해군
- 담양군

혜빈 양씨
- 한남군
- 수춘군
- 영풍군

숙원 이씨 ── 정안옹주

상침 송씨 ── 정현옹주

고 했을 정도였다.

충녕대군은 이렇게 머리가 총명했을 뿐 아니라 학문을 닦기 위한 노력도 게을리 하지 않았다.

어느 날 충녕대군은 눈병이 났다. 책을 너무 많이 읽었던 탓이었다. 이를 안 태종은 내관들에게 충녕대군 방에서 책을 모두 치워 버리라고 명령했다.

"아니, 왜 내 방의 책들을 가져가느냐?"

"상감 마마의 명이시옵니다."

내관들이 책을 다 가지고 가 버리자 충녕대군은 멍하니 방 안을 둘러보았다. 그 때 병풍 뒤쪽에서 책 한 권이 보였다.

"허허, 여기 책이 한 권 남아 있었군."

그 책은 내관들이 미처 발견하지 못한 것이었다. 충녕대군은 그 책을 손에서 놓지 않았다.

이처럼 충녕은 병이 나도록 공부를 했다. 그는 모든 책을 백 번 이상 읽었다고 한다. 그래서 그의 책은 뜯어지지 않도록 가죽 끈으로 묶어 놓아야 했다.

충녕대군은 음악과 과학에도 깊은 관심을 가지고 있었고 그에 대한 재능도 뛰어났다고 한다. 또한 재미를 즐기되 결코 지나치게 빠지지 않는 자제력도 가지고 있었다. 그래서 양녕대군을 세자 자리에서 쫓아 내고 충녕대군을 세자로 책봉할 때 태종은 이렇게 말했다고 한다.

"효령은 성격이 소심하고 성질이 곧아서 내 말을 들으면 조용히 웃음만 짓는다. 하지만 충녕은 천성이 총민하고 자못 학문을 좋아하며, 모든 일처리가 언제나 합당하다. 더욱이 중국의 사신을 접대하려면 술을 마실 줄 알아야 하는데, 효령은 술을 한 모금도 마시질 못한다. 그에 비해 충녕은 비록 잘 마시지는 못하나 적당히 마시며 절제할 줄을 안다. 이로 미루어 보아 충녕이 큰일을 맡을 만하니 충녕을 세자로 책봉한다."

이렇게 세종은 아버지 태종에게 인정받고 있었다. 그리고 왕이 된 뒤 세종은 더욱 큰 빛을 발휘했다.

 세종 시대의 빛나는 업적

1. 나라를 이끌 인재를 기르다

"전하, 요즘 관리들이 법을 무시한 채 함부로 집을 짓는다고 하옵니다."

"그렇소? 그렇다면 집현전에서 집에 대한 옛 제도를 조사하여 올리도록 하시오."

"전하, 다른 왕자님들이 세자 저하에게 어떻게 예절을 갖추어야 하는지요?"

"그것 참, 나도 모르는 일이구려. 집현전에 가서 그에 관한 사례를 살피라고 하시오."

"전하, 중국 사신이 병이 났사옵니다."

"이런, 집현전 부제학에게 사신을 문병하라고 이르시오."

세종 실록엔 이렇게 세종이 집현전에 묻거나, 집현전에 명한 것이 많다.

집현전은 정종 때 세워진 학문 연구 기관이었는데, 세종은 왕이 되자 집현전을 더욱 확대하여 제도와 학문에 대해 연구하게 했다. 그리고 집현전에서 일하는 사람들을 집현전 학사라고 불렀다.

그러나 집현전은 단순이 옛 제도나 학문 연구만 하는 기관은 아니었다.

어느 날 세종이 집현전 학사들에게 말했다.

"농사가 잘 되려면 무엇보다도 천문과 기상을 잘 예측할 수 있어야 하오. 그러니 기상 관측을 위한 천문대를 세우고 천문 기기를 만들도록 하시오."

그러자 한 학사가 자신의 의견을 내놓았다.

"전하, 천문대와 천문 기기를 만들려면 우선 그것에 대한 연구가 필요하옵니다. 먼저 옛 문헌 등을 통해 이론을 살펴본 다음 어떻게 만드는 것이 좋을지 기술자들이 연구하는 것이 순서일 것이옵니다."

세종은 고개를 끄덕였다.

"옳은 말이오. 그럼 먼저 이것을 연구할 기구를 만들고, 일을 분담해서 연구하도록 합시다."

이렇게 해서 '양각혼의성상도감'이라는 기구가 만들어지게 되었다. 이 기구에서 정인지, 정초 같은 집현전 학사들은 옛 책에서 천문대와 천문 기기에 대한 자료를 찾아 내어 두루 정리했다. 그리고 이 자료를 바탕으로 이천, 장영실 같은 기술자들이 천문 기기와 천문대를 만들 기술을 개발했다.

　이렇게 해서 결국 천문 관측소를 세울 수 있었다. 그러나 이것은 하루 아침에 이루어진 것이 아니었다. 천문 관측소는 양각혼의성상도감을 만든 지 10여 년 만에 세울 수 있었다.

　이렇듯 세종은 집현전 학사들에게 과학과 기술에 대한 연구도 맡게 했다. 그래서 해시계, 물시계, 측우기 같은 훌륭한 발명품이 만들어질 수 있었던 것이다.

　세종은 집현전에서 연구하는 학사들에게 특별한 관심을 기울였다. 비록 높은 지위를 내리지는 않았지만 넉넉하게 살 수 있도록 학사들의 생활을 돌보아 주었다. 또 휴식이 필요한 사람들에게는 휴가를 내려 주기도 했다. 이러한 세종의 보살핌으로 학사들은 마음 놓고 연구할 수 있었다.

　그리고 이들은 세종이 죽은 뒤에도 왕들을 도와 나라를 다스렸다. 세종은 집현전 학사들을 길러냄으로써 나라를 이끌어 갈 인재를 키웠던 것이다.

　집현전은 그 뒤 세조에 의해 폐지될 때까지 조선 왕조의 매우 중요한 기관으로 그 역할을 수행했다.

2. 백성을 위해 과학을 연구하고 기술을 발전시켜라

"전하, 경상도, 전라도, 충청도 지역은 비교적 농사가 잘 되옵니다. 그러나 함경도와 평안도에서는 아직 농사법이 발달하지 못했사옵니다."

신하의 말에 세종은 조용히 생각에 잠겼다. 익히 알고 있던 것이었다. 그래서 세종 역시 북쪽 지방에서도 남쪽 지방처럼 농사를 잘 지을 수 있도록 농사 기술을 널리 알려야 한다고 생각하고 있었다. 세종은 곧 집현전에 명했다.

"농사법에 관한 책을 짓도록 하시오. 우리는 그 동안 중국 농사책을 토대로 농사를 지어 왔소. 하지만 중국의 책은 봄가뭄이 심하고 비가 많이 내리는 우리 조선에는 별 도움이 되지 않소. 그러니 우리 조선 땅에 맞는 농사법 책이 있어야 할 것이오."

집현전에서는 곧 세종의 명에 따라 농사법에 관한 책을 만들기 시작했다. 그러나 집현전 학사들이 볼 수 있는 옛 책은 모두 중국의 책뿐이었다. 그래서 집현전 학사들은 경험이 많고 농사를 잘 짓는 농부들에게 일일이 물어 가며 《농사직설》이라는 책을 지었다.

그러나 농사를 짓는 데 무엇보다도 중요한 것은 '농시' 였다. 농시란 농사를 지을 알맞은 때를 말한다. 씨를 언제 뿌리고 거름을 언제 주느냐에 따라 거두어들이는 곡식의 양이 달랐던 것이다.

하지만 아직 조선은 중국의 달력을 그대로 쓰고 있었다. 중국의 달력은 당연히 우리 나라의 절기와는 잘 맞지 않았다. 그래서 세종은 우리 나라의 달력을 만들고 시간과 절기를 한눈에 알 수 있는 각종 과학 기구들을 개발하기 위한 노력을 쏟았다.

이를 위해 세종은 능력이 있으면 신분에 상관없이 인재를 등용했는데, 그 대표적인 인물이 바로 장영실이다. 세종은 관가의 노비였던 장영실을 노비에서 풀어 주고 벼슬을 내렸다. 또 중국의 앞선 기술을 배워 오라고 명나라에 유학까지 보냈다.

세종의 이러한 배려는 곧 결실을 거두었다. 1434년 장영실은 '앙부일구'라는 해시계를 만들었다. 앙부일구는 시간뿐만 아니라 절기까지 알 수 있었다. 그래서 지금처럼 집집마다 달력이 없었던 백성들은 앙부일구를 보고 땅을 가는 시기와 씨 뿌리는 적정한 시기를 알 수 있었던 것이다. 장영실은 앙부일구뿐 아니라 물시계인 '자격루'와 '옥루'도 만들었다.

1441년엔 '측우기'도 발명되었다. 농사를 짓는 데 강우량을 재는 것은 필수적인 일이었기 때문이다.

세종의 이러한 노력으로 조선의 농업은 크게 발전하게 되었다. 이를 바탕으로 백성들은 더욱 근심없이 살 수 있었다.

3. 백성을 가르치는 옳은 소리

세종은 천문 과학 기술뿐만 아니라 인쇄술에도 깊은 관심을 보였다. 그래서 금속 활자를 개발하고 많은 책을 찍어냈다. 하지만 대부분의 백성들은 어려운 한자를 몰랐다. 《농사직설》 같은 책을 아무리 찍어 내도 백성들이 읽을 줄 모르니 소용이 없었다. 또한 관가에서 방을 붙여도 그 뜻을 아는 사람이 거의 없었고, 어려운 일이 있어도 글로 써서 신고할 줄 아는 사람이 없었다. 그래서 세종은 누구나 배우기 쉽고 쓰기 쉬운 문자를 만들도록 집현전에 명하였다.

그러나 집현전 학사들 가운데 이에 반대하는 사람도 많았다.

"전하, 지금까지 써온 한자를 대신할 글을 만들다니요? 당치않은 말씀이옵니다."

"전하, 이는 옛 전통을 무시하는 것이옵니다."

그러나 세종은 이렇게 생각했다.

'지금은 고려 때와 다르다. 백성들을 무조건 윽박지르며 다스릴 수는 없는 일이다. 또한 그 동안의 많은 전쟁에서 백성들은 목숨을 바쳐 나라를 지켜 왔다. 그런 백성들을 더 이상 우매한 상태로 놓아 두어서는 안 된다. 어떻게 해야 나라가 제대로 서는지, 백성으로서 갖추어야 할 예의가 무엇인지 알도록 해야 한다. 그래야 백성들이 나라에 충성할 것이다. 또 억울한 일을 당했을 때 자신의 처지를 잘 설명할 수 있을 것이다.'

그래서 세종은 신하들의 반대에 아랑곳하지 않았다. 세종은 집현전 학사인 최항, 박팽년, 신숙주, 성삼문, 정인지 등에게 계속 새로운 문자를 연구하게 했다. 여러 신하들의 반대로 기운이 빠져 있는 학사들에게 상을 내려 격려하기도 했다.

1443년 12월, 드디어 새 문자가 완성되었다. 세종은 이것을 '훈민정음'이라고 불렀다. 훈민정음이란 '백성을 가르치는 바른 소리'라는 뜻이다.

그러나 세종은 훈민정음을 곧바로 반포하지 않았다. 훈민정음이 정말 배우기 쉽고 쓰기에 편리한지 직접 시험을 해보았던 것이다. 세종은 훈민정음으로 직접 글을 지으며 미흡한 부분을 수정했다. 그렇게 하기를 3년, 세종은 마침내 훈민정음을 천하에 반포하였다.

하지만 오랫동안 훈민정음은 '언문(훈민정음을 천시하여 부르는 말)'이라고 해서 양반들에게 무시당했다. 그러나 평민들을 중심으로 꾸준히 퍼져 지금은 우리 나라 사람들이 아끼는 '한글'이 되었다. 세종의 업적은 지금까지도 우리에게 커다란 영향을 끼치고 있는 것이다.

그렇다면 세종이 이러한 업적을 이룰 수 있었던 까닭은 무엇이었을까?

 세종이 위대한 업적을 이룰 수밖에 없었던 두 가지 이유

1. 세종은 잠시도 쉬지 않았다

새벽 5시, 세종은 간단하게 아침 식사를 마쳤다. 그리고 곧 신하들과 회의를 하기 위해 근정전으로 나갔다. 세종은 여기서 이조와 병조 등의 업무 보고를 받고 회의를 하는 등 나라일을 처리했다. 그러다 보면 어느 새 날이 훤히 밝았다.

그 뒤, 세종이 사정전에 도착하는 것은 아침 8시였다.

"전하, 요즘 군역을 하지 않으려는 중들이 많사옵니다."

한성부에서 일하는 신하의 말이었다. 세종은 얼굴을 찌푸렸다. 군역이란 16세에서 60세 사이의 남자들이 일정한 기간 동안 군대에 나가는 것을 말한다.

"아니, 중은 이 나라 백성이 아니란 말이오! 그들을 당장 군대에 보내도록 하시오."

이렇게 말한 세종은 예조에서 나온 신하를 돌아보았다. 예조는 나라의 예법에 대한 일을 맡아 보는 관청이었다.

"그래, 양로 잔치는 어떻게 되었소? 잔치를 통해 백성들이 노인을 공경해야 함을 깨달을 수 있도록 해야 할 것이오."

그러자 예조에서 나온 신하가 말했다.

"예, 전하. 그렇지 않아도 저희 예조에서는 각별히 신경쓰고 있사옵니다. 그리고 80세가 넘은 노인들에게 술과 고기를 나누어 주려 하고 있사옵니다."

신하는 세종에게 양로 잔치에 대해 자세하게 보고했다. 세종은 신하의 말을 듣고 고개를 끄덕였다. 세종은 이렇게 작은 일까지 빠짐없이 직접 살폈다.

그러다 보니 어느 새 경연장으로 갈 시간이 되었다. 경연이란 임금과 신하들이 함께 학문을 토론하고 나라의 정책 방향을 결정하는 자리를 말한다. 세종은 경연을 중요하게 여겼다. 그래서 어느 왕보다 경연에 많이 참가했다. 왕으로 있는 동안 무려 1885회나 경연에 참가했다고 한다.

경연이 끝나자 세종은 왕실 어른들을 찾아 문안 인사를 드렸다.

오후 3시경부터 세종은 상소(신하들이 임금께 올린 글)를 검토하기 시작했다. 그리고 저녁 무렵 황희, 맹사성 등의 정승들과 함께 외교 문제에 관한 논의를 벌였다.

"전하, 벌써 해가 진 지 오래이옵니다. 이젠 좀 쉬시옵소서."

황희와 맹사성이 입을 모아 말했다. 해가 졌으니 오늘 일을 모두 마치라는 말이었다.

황희와 맹사성은 세종의 건강이 몹시 좋지 않음을 누구보다도 걱정하고 있었다. 실제로 세종은 건강이 몹시 좋지 않았다.

"알겠소. 나도 이만 쉬겠으니, 경들도 그만 돌아가도록 하시오."

그러나 세종은 황희와 맹사성이 돌아간 뒤에도 자리에 눕지 않았다. 세종의 방에는 책이 산더미처럼 쌓여 있었던 것이다. 그것들은 모두 집현전에서 새로 만든 책이었다.

세종은 그 책들을 하나하나 살펴보았다. 틀린 글자가 있으면 고치고, 잘못된 내용도 표시해 두었다. 그러다 보면 어느 새 동창이 훤히 밝곤 하였다.

세종은 이렇게 왕의 자리에 있던 31년 6개월 동안 쉬지 않고 일했다. 그래서 그의 몸은 점점 약해져 갔다. 온몸엔 종기가 나고, 가까운 사람의 얼굴도 구별하지 못할 정도로 눈이 나빠졌다. 세상을 떠나기 8년 전에는 몸이 너무 약해져 세자가 나라일을 대신할 정도였다.

하지만 그런 가운데서도 세종은 일을 놓지 않았다. 《농사직설》에 나온 대로 농사를 지으면 더 많은 곡식을 거두어들일 수 있다는 것을 백성들에게 알리기 위해 직접 궁궐에서 농사를 짓기도 했다. 《농사직설》은 이같이 세종이 시범을 보인 덕에 백성들에게 널리 보급될 수 있었던 것이다.

세종은 또한 백성들의 마음을 알려면 백성들이 어떻게 사는지 잘 알아야 한다고도 생각했다. 그래서 궁궐에 백성들이 사는 집과 똑같은 초가집을 짓고 그 곳에서 생활하기도 했다.

그러던 어느 날이었다.

"전하의 병엔 양고기가 좋다고 하니, 전하의 수라에 날마다 양고기를 올립시다."

세종의 병세를 보다못한 신하들의 생각이었다. 그러나 세종은 고개를 저었다.

"경들의 마음은 잘 알겠소. 하지만 우리 조선에서는 양을 키우지 않으니 내가 양고기를 먹으려면 중국에서 들여와야 하오. 그러면 우리 백성들에게 세금을 더 많이 내게 해야 할 것이 아니오?"

세종은 이렇게 말하며 신하들의 말을 물리쳤다.

세종이 빛나는 업적을 이룬 것은 이렇게 세종 자신이 열심히 일하고, 백성들을 진심으로 아끼고 돌보았기 때문이었다.

2. 그 왕의 그 신하

세종 때에는 이름난 신하도 많았다. 그 가운데 가장 유명한 사람은 역시 황희와 맹사성이다.

이들은 모두 강직하며 청렴한 선비였다. 모두 정승의 높은 벼슬자리까지 올랐지만, 아랫사람을 얕보지 않았다. 또한 언제나 공과 사를 정확하게 구분하고 나라일에 온 정성을 쏟았다. 세종은 이런 두 사람에게 각각 다른 일을 맡겼다.

세종은 황희에게 국가 제도를 정비하는 것이나, 4군과 6진을 개척하는 등 군사 쪽의 일을 맡게 했다. 반대로 맹사성은 과거 시험을 감독한다거나 신하들의 학문적 능력을 시험하는 역할을 맡겼다. 그것은 황희와 맹사성의 성격이 매우 다르기 때문이었다. 황희는 매사가 분명하며 강직한 사람이었지만 맹사성은 부드럽고 예술가적이었던 것이다.

이러한 점을 잘 알고 있던 세종은 이 두 사람의 성격을 잘 활용해 때론 자신의 의지를 강력하게 밀어붙이기도 하고, 때에 따라서는 온유하고 부드러운 정치를 펼치기도 했다. 그래서 사람들은 세종을 마부로, 황희와 맹사성을 두 마리의 말로 비유하기도 한다. 세종 시대 조선은 세종이라는 마부가 황희와 맹사성이란 두 마리 말을 모는 것과 같았다는 것이다.

세종 시대 사람 가운데 김종서를 빼놓을 수 없다. 김종서는 6진을 개척하여 최윤덕이 개척한 4군과 더불어 우리 나라의 경계를 압

록강과 두만강까지 넓혀 오랑캐들이 감히 조선을 넘볼 수 없게 했다. 이로써 세종은 외적의 침입에 대한 걱정 없이 나라를 다스릴 수 있었다.

그 밖에 과학의 천재 장영실, 우리 나라 음악을 집대성한 박연, 그리고 수많은 집현전 학사들이 세종 시대를 빛냈다.

세종은 이러한 인재들이 가진 재주를 마음껏 펼치도록 도와주었다. 그래서 세종 시대는 정치가 안정되었을 뿐만 아니라 경제, 외교, 문화, 국방 등이 고루 발전하여 민족 문화를 꽃피울 수 있었다.

이렇게 훌륭한 신하들과 함께 나라를 다스리던 세종은 1450년 숨을 거두었다. 이 때 그의 나이 54세였다. 세종은 6명의 아내에게서 18명의 아들과 4명의 딸을 두었고, 그의 능은 경기도 여주시 능서면에 있는 영릉이다.

세종 시대의 사람들

천민 출신의 과학자 장영실

세종은 과학 기술을 발전시키는 데 커다란 노력을 기울인 왕이었다. 이러한 세종의 노력은 무엇보다도 천민 출신인 장영실을 등용한 데에서 잘 나타난다.

세종은 장영실을 등용하며 다음과 같이 말했다.

"지금은 과학 기술을 발전시켜 백성들이 잘 살 수 있게 해야 할 때요. 그런 때 양반 출신이면 어떻고 천민 출신이면 어떻소! 지금은 신분보다는 능력을 중시해야 할 때요."

엄격한 신분제 사회였던 조선 시대에 세종의 이러한 생각은 그야말로 파격적인 것이었다.

장영실은 원래 동래 고을의 관노였다고 한다. 관노란 관가에 딸린 노비를 말한다.

관노였던 장영실이 신분을 뛰어넘어 벼슬을 할 수 있었던 것은 두말할 것도 없이 그의 뛰어난 재주 때문이었다.

장영실이 청년이었던 때의 일이다.

동래 고을의 수령은 계곡의 물을 끌어 논에 대기 위해 수로를 팠다. 그런데 수로를 따라 흐르던 계곡의 물이 땅 속으로 스며들어 논까지 물이 닿질 않았다.

이 때문에 고심하던 수령에게 장영실이 말했다.

"나리, 뭘 그렇게 걱정하십니까? 수로에 수통을 놓으면 논까지 물을 끌어올 수 있을 텐데요."

수령은 장영실의 말에 솔깃했다. 비록 관노이기는 하지만 장영실의 재주가 뛰어나다는 소문을 일찍부터 들어 알고 있었기 때문이다.

"수통이라고? 그건 어떻게 만드는 것이냐?"

수령의 말에 장영실은 자신 있게 대답했다.

"제게 맡겨 주십시오."

그 뒤 장영실은 나무로 수통을 만들어 수로를 놓았다. 그러자 정

말 계곡의 물이 새지 않고 논까지 흘러들고 동래 고을은 물 걱정이 사라지게 되었다.

이 일이 조정에까지 알려지게 되어 장영실이 한양으로 올라와 천민 신분에서 벗어남은 물론 벼슬까지 하게 된 것이다.

장영실은 명나라에 가 과학 기술을 배워 귀국하여 이천 등과 함께 자격루, 앙부일구, 측우기, 수표 등을 만들었다.

그러나 장영실의 삶은 그리 순탄하지만은 않았다.

1442년 세종이 타고 가던 가마가 부서지는 사고가 일어났다. 그런데 그 가마는 장영실이 만든 것이었다.

"주상 전하께서 타시는 가마를 그 따위로 만들다니!"

신하들은 벌떼처럼 들고일어나 장영실을 비난했다. 이들의 눈에 천민 출신인 장영실이 곱게 보이지 않았던 것이다.

"전하, 장영실에게 벌을 내리시옵소서."

신하들은 장영실에게 벌을 내려야 한다고 주장했고, 결국 장영실은 곤장 80대를 맞고 벼슬에서 쫓겨나고 말았다.

그 뒤 장영실이 어떻게 살았는지는 알려져 있지 않다. 이는 신분을 중요시했던 조선 사회에서 천민 출신인 장영실이 금세 잊혀졌기 때문일 것이다.

그러나 장영실은 오늘날까지 우리 겨레의 훌륭한 과학자로 기억되고 있다.

1. 훈민정음 국보 제70호. 2. 석보상절 보물 제523호. 수양대군이 아버지인 세종의 명으로 부처의 일대기를 한글로 기록한 책이다. 3. 용비어천가 훈민정음으로 지은 최초의 책으로 조선 건국의 역사와 세종의 조상들의 업적을 노래한 시가집이다.

사진으로 보는 조선왕조 오백년

1. **창덕궁** 사적 제155호. 조선 제3대 태종이 1405년에 지은 궁궐로, 경복궁이 임진왜란으로 불타 버리자 약 300년 간 조선의 궁궐로 사용되었다. 이 곳에는 인정전, 선정전, 대조전 등이 있고 후원을 가진 중요한 고궁으로, 세계 문화 유산으로 지정되어 있다. 2. **돈화문** 보물 제383호. 창덕궁의 정문.

사진으로 보는 조선왕조 오백년

1. **창덕궁 인정전** 국보 제225호. 창덕궁의 정전으로 조정의 각종 의식을 치르거나 외국 사신을 접견하던 장소이다. 2. **창덕궁 대조전** 보물 제816호. 왕비가 생활하던 집이다. 현재의 건물은 1920년에 경복궁 교태전을 옮겨 다시 지은 것이다. 이 건물은 지붕의 용마루가 없는 것이 특징이다.

1. **창덕궁 선정전** 보물 제814호. 이 건물에서는 왕과 왕비가 크고 작은 행사를 벌였는데, 성종 때 왕비는 양로 잔치를 베풀었고, 친히 누에 치는 일을 시범 보였다고 한다. 2. **창덕궁 주합루** 2층 누각으로 인재를 기르고 학문을 연구하며 책을 출판하던 곳이다.

1. **창덕궁 부용정** 왕이 신하들과 어울려 아름다운 자연을 감상하며 시를 읊거나 연회를 베풀던 곳이다. 2. **창덕궁 희정당** 보물 제815호. 왕이 집무를 하던 곳이다. 이 건물은 우리 나라 개화기에는 황제의 응접실로 사용되었기 때문에 내부에 양탄자가 깔리고 서양식 가구가 많다.

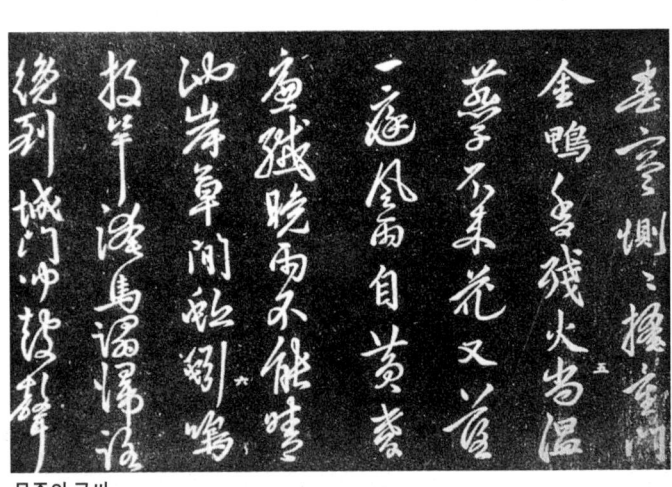

문종의 글씨

조 선 왕 조 오 백 년

●제5대 왕

문종
1414~1452년
재위 기간 : 1450~1452년

　문종은 세종의 맏아들로 1421년 세자로 책봉되었다. 그리고 1442년 세종이 병상에 눕자 아버지를 대신하여 나라를 이끌었다. 그 동안 그는 문무 관리를 고르게 등용하도록 하고, 신하들이 자유롭게 나라일을 비판할 수 있도록 하는 등 훌륭하게 나라를 다스렸다.
　문종은 8년 동안 세종 대신 나라일을 돌본 뒤 왕위에 올라 병력을 증강시키는 데 힘쓰고, 한편으로《동국병감》·《고려사》등을 간행하였다. 그러나 세자 자리에 있으면서 나라일에 너무 힘을 쏟은 나머지 왕위에 오를 때는 몸이 몹시 쇠약해져 있었다.
　그런 때 자신의 아우들인 수양대군과 안평대군이 힘을 기르자 문종은 아들의 앞날이 걱정되지 않을 수 없었다. 자신의 뒤를 이을 세자가 이제 겨우 열 살을 넘긴 어린 아이였기 때문이다. 문종은 몇 번이나 신하들에게 세자를 부탁하고는 왕위에 오른 지 2년 3개월 만에 숨을 거두고 만다.

아들을 부탁하며 죽은 문종

　문종의 이름은 향이다. 그는 1414년 세종의 맏아들로 태어나, 여덟 살 되던 해에 세자가 되었다.

　문종은 세종을 닮아서인지 어려서부터 학문을 좋아했다. 특히 천문과 산술에 밝았고, 서예에도 능했다. 그는 온화하고 자상한 성품이었고, 모든 일에 침착하고 신중했다. 그래서 궁궐 안의 모든 사람이 그를 좋아했다고 한다.

　문종은 1442년부터 세종을 도와 나라를 다스렸다. 특별히 중요한 일을 빼놓고서는 문종이 모든 일을 처리했던 것이다. 이 때부터는 문종이 조선을 다스렸다고 해도 틀린 말이 아닐 정도였다. 문종은 이렇게 세종을 8년 동안 돕던 끝에, 1450년 조선의 다섯 번째 왕이 되었다.

　왕위에 오른 문종은 벼슬이 낮은 신하의 말도 소홀히 하지 않았으며 신하들의 의견에 최대한 귀를 기울였다. 또《동국병감》·《고려사》·《고려사절요》같은 책을 편찬케 하여 조선의 역사와 병법을 정리했다. 이러한 것들을 통해 조선의 정치와 제도·문화를 정리하려고 했던 것이다.

　그러나 문종에게는 큰 걱정이 있었다. 세자 시절부터 많은 일에 시달려 몸이 약했는데, 자기 뒤를 이을 세자의 나이가 너무 어렸던 것이다. 이는 문종이 세자를 세 번째 부인에게서 얻은 탓이었다(문종의 첫번째 부인과 두 번째 부인은 모두 행실이 좋지 못하여 궁궐에서 쫓겨났다). 그래서 결혼을 일찍 했음에도 아들을 늦게 얻을 수밖에 없었다.

그런데 자기 동생인 수양대군과 안평대군의 힘이 너무 커 세자의 앞날이 걱정되지 않을 수 없었다. 특히 수양대군은 할아버지 태종처럼 성격이 불 같은 사람이었다.

하지만 문종의 병은 점점 깊어만 갔다.

그러던 어느 날, 문종은 신하들에게 술을 베풀며 이렇게 말했다.

"경들은 내가 스승처럼 의지하는 분들이오. 내 얼마 살지 못할 것 같으니, 부디 내 아들을 잘 돌보아 주시오."

문종은 계속해서 신하들에게 술을 주었고, 신하들은 문종이 내미는 술잔을 물리칠 수가 없었다. 밤이 깊자 신하들은 모두 취하여 쓰러지고 말았다. 그러나 그들이 깨어난 곳은 따뜻한 방 안이었고, 저마다 왕의 옷이 덮여져 있었다. 신하들은 임금의 은혜에 감사하는 마음으로 문종이 있는 곳을 향해 큰절을 올렸다.

문종은 죽음이 가까워 오자 다시 신하들을 불렀다. 그리고 다시 한 번 신하들에게 어린 세자를 부탁하고 눈을 감았다. 이 때가 1452년 5월, 왕이 된 지 2년 3개월 만의 일로 문종의 나이는 39세였다.

문종은 3명의 부인에게서 1남 3녀의 자식을 두었다. 그의 능은 현릉으로 경기도 구리시 인창동에 있다.

사진으로 보는 조선왕조 오백년

1. **창경궁** 사적 제123호. 1418년 조선 제4대 임금 세종이 아버지 태종을 편안히 모시기 위해 지은 궁궐이다. 일제 침략기에는 일본인들이 이 궁에 동물원을 만들고 창경원이라 이름을 고쳐 그 격을 떨어뜨렸다. 2. **창경궁 문정전** 임금이 신하들과 나라의 중요한 일을 의논하던 곳이다.

1. **창경궁 명정전** 국보 제226호. 창경궁의 정전으로 임진왜란 때 불탄 것을 1616년에 다시 지었다. 조선 왕궁의 정전 가운데 가장 오래 된 건물이다. 2. **창경궁 옥천교** 창경궁 명정전으로 들어갈 때 건너는 다리로 조선 시대의 대표적인 다리이다.

청령포 단종이 귀양살이를 하던 곳으로 삼면이 강으로 둘러싸여 있고 뒤에는 깎아지른 듯한 산이 가로막고 있다. 강원도 영월군 남면 광천리.

조 선 왕 조 오 백 년

●제6대 왕

단종

1441~1457
재위 기간 : 1452~1455

단종은 조선 왕조 역사상 가장 어린 나이로 세상을 떠난 임금이다.
단종은 아버지 문종이 세상을 떠나자 열두 살의 어린 나이로 왕위에 올랐다.
그러자 신하들 가운데 왕이 어리다고 우습게 여기는 사람들이 생겨났다. 또 작은 아버지인 수양대군(나중에 세조가 되는 사람)이 호시탐탐 왕위를 넘보기 시작했다. 이로 인해 왕권은 약해지고 나라는 어지러워졌다.
그러던 1453년 수양대군이 계유정난을 일으켜 단종을 돕던 김종서, 황보인 등을 죽이고 권력을 장악하였다. 그러자 단종은 수양대군이 언제 왕의 자리를 빼앗으려 할지 몰라 불안한 나날을 보내야 했다. 결국 2년 뒤인 1455년 단종은 수양대군을 따르던 신하들의 강요로 인해 수양대군에게 왕위를 내주고 상왕으로 물러난다.
그리고 1456년 사육신이 단종을 복위시키려다 발각되는 사건이 일어나자, 단종은 강원도 영월로 유배되는 신세가 되었고, 1년 뒤 숨을 거둔다.

산신령이 된 단종

단종의 이름은 홍위이다. 그는 1441년 문종과 현덕왕후 사이에서 맏아들로 태어났다.

홍위는 태어난 지 3일 만에 어머니를 잃고 세종의 후궁인 혜빈 양씨 손에 자랐다. 혜빈 양씨는 자신의 두 살짜리 아들을 떼어 놓고, 홍위에게 직접 젖을 물릴 정도로 정성을 다해 키웠다.

홍위는 다섯 살 때부터 할아버지 세종 앞에서 어려운 글을 줄줄 외우는 등 매우 영특했다. 그래서 세종의 사랑을 한몸에 받고 여덟 살이 되던 해인 1448년 세손으로 책봉되었다. 세종은 홍위를 얼마나 귀여워했던지 신하들과 회의하는 자리에까지 홍위를 데리고 다녔다. 세종은 왕의 자리를 탐내는 수양대군과 안평대군이 마음에 걸렸는지, 신하들에게 홍위를 잘 부탁한다는 말을 여러 번 했다고 한다.

1450년 문종이 왕위에 오르자 홍위는 세자가 되었다. 그리고 2년 뒤 문종은 신하들에게 어린 세자를 부탁하며 숨을 거두었다. 이때 홍위의 나이 겨우 열두 살이었다.

홍위는 천애의 고아나 다름없었다. 스무 살이 안 된 세자가 왕이 되면 대비나 대왕대비가 왕을 도와 정치를 하는 수렴 청정을 하게 되어 있었지만, 홍위는 수렴 청정을 해줄 사람이 없었다. 할아버지,

할머니는 물론 아버지, 어머니 모두 세상을 떠났기 때문이었다. 세종의 후궁과 문종의 후궁이 있긴 했지만, 후궁들은 힘을 가질 수 없었던 것이다. 그래서 홍위는 작은 아버지들인 수양대군과 금성대군(세종의 여섯 번째 아들)을 왕을 도울 왕실의 어른으로 지목했다. 또한 김종서, 황보인 등 세종과 문종의 뜻을 받드는 신하들의 도움으로 나라를 이끌어 갔다.

그러나 홍위의 앞날은 그리 순탄치 않았다. 일찍부터 왕의 자리를 탐내던 수양대군이 서서히 자신의 야망을 드러내기 시작한 것이다.

 단종은 왜 죄인이 되어야 했나

1. 열다섯의 나이로 상왕이 된 홍위

단종은 1452년 5월 조선의 여섯 번째 왕이 되었다. 그러나 그는 두려움 속에서 살아야 했다. 작은아버지인 수양대군에게 나라를 다스리는 일에 도움을 청하긴 했지만 그를 두려워하고 있었다.

'작은아버지가 나를 죽이고, 왕이 되려는 건 아닐까?'

단종은 이러한 생각에 하루도 마음 편할 날이 없었다. 단종은 그렇게 마음을 졸이며 1년이 넘게 왕의 자리를 지키고 있었다.

그러던 1453년 10월 10일, 깊은 밤이었다.

"전하, 전하!"

단종은 잠자리에서 벌떡 일어났다.

단종편

'작은아버지 목소리가 아닌가! 작은아버지께서 이 밤에 웬일로…….'

단종은 가슴이 떨려 왔다. 아무리 작은아버지라지만 이 밤에 자신의 명 없이 궁궐로 들어올 수는 없는 법이었다.

'무슨 일이 일어난 게야. 틀림없어.'

잠시 뒤 수양대군이 성큼성큼 들어왔다.

"전하, 무례를 용서하시옵소서. 하오나 너무나 중대한 일이라 날이 밝을 때까지 기다릴 수 없었사옵니다."

수양대군은 눈을 부릅뜨고 말했다. 단종은 그 모습에 기가 질려 아무 대답도 하지 못했다.

"전하, 김종서, 황보인 등이 전하를 폐하고 안평대군(세종의 셋째 아들)을 왕으로 추대하려고 해 신이 죄인들의 목을 베고 오는 길이옵니다."

"뭐, 뭐라고요?"

단종은 말문이 막혔다. 김종서나 황보인은 할아버지 세종과 아버지 문종의 뜻에 따라 자신을 가까이서 돕고 있는 신하들이었다. 이들은 단종이 가장 믿고 의지하는 사람들이었다. 그런 그들이 자신을 쫓아 내려 했다고는 생각할 수 없었다.

'아, 드디어 작은아버지가 나를 쫓아 내려고 하는구나!'

그러나 어린 단종은 수양대군에게 큰 소리 한 번 칠 수 없었다. 비록 왕의 자리에 있다고 해도 아무 힘이 없는 어린 아이일 뿐이었던 것이다.

이 사건을 '계유정난'이라고 한다. 이를 통해 수양대군은 김종서와 황보인 등의 목을 베고, 안평대군을 강화도로, 금성대군을 순흥으로 귀양 보냈다. 그리고 자신은 영의정을 비롯한 높은 벼슬을 모두 독차지하여 군사권은 물론 나라의 모든 힘을 한 손에 거머쥐었다.

단종은 불안하기 그지없었다. 당장이라도 작은아버지가 칼을 들고 들이닥칠 것만 같았다. 그러던 어느 날이었다.

"전하, 천하가 새로운 임금을 원하고 있사옵니다. 그러니 수양대군께 선위(임금의 자리를 물려줌)하심이 어떠하올지요."

정인지였다. 단종은 눈물을 글썽이며 정인지를 내려다보았다. 정인지가 누구인가! 집현전에서 일하며 할아버지 세종을 모시고, 아버지 문종과도 가까이 지냈던 사람이었다. 세종과 문종이 어린 단종을 부탁할 때 그 자리에 있던 사람이었다.

'아! 정인지마저 저런 지경인데, 누가 나의 편을 들어 주겠는가!'

단종은 점점 기운을 잃어 갔다. 이젠 왕의 자리를 빼앗기는 것은 시간 문제였다. 이대로 있다가는 목숨마저 위태로울 것이 뻔했다.

1455년 여름, 단종은 결국 수양대군에게 왕위를 내놓기로 결심하고 옥새를 수양대군에게 넘겨 주었다. 그러자 수양대군은 눈물을 흘리며 못 이기는 척 옥새를 받았다. 그가 바로 조선의 일곱 번째 왕 세조였다.

왕의 자리를 내준 단종은 상왕으로 높여졌다. 그러나 말이 상왕

단종편

이지 언제나 수양대군에게 감시를 받고 있는 처지였다. 상왕이 되어서도 단종은 마음 편히 지낼 수 없었던 것이다.

2. 상왕에서 노산군으로, 그리고 다시 유배지로

단종이 상왕으로 물러앉은 지 벌써 1여 년이 흐르고 있었다. 갑자기 아내 송씨가 단종에게 달려왔다.

"전하, 전하! 큰일났사옵니다."

"무슨 일이오?"

"성삼문, 박팽년 등이 전하를 다시 왕으로 세우려다 발각되었다고 하옵니다."

"뭐, 뭣이라고?"

단종은 손가락 하나 까딱하지 못했다. 힘없이 왕위를 내준 자신을 다시 왕의 자리로 앉히려는 것은 고마운 일이었다. 하지만, 지금 자신은 왕의 자리에 다시 앉고 싶지 않았다. 작은아버지와 싸워 이길 자신이 없었던 것이다. 억울하고 서러웠지만, 이젠 그저 목숨이나 부지하고 싶을 따름이었다.

'이, 이젠 어떻게 될 것인가! 할아버님, 아버님! 저를 지켜 주시옵소서.'

다음 날 세조가 단종을 찾아왔다. 세조는 눈을 부릅뜨며 말했다.

"상왕 전하, 전하는 분명 그 역적들이 나를 죽이려고 한 것을 알고 있었을 것이오. 그런데도 왜 내게 알리지 않았소."

단종은 눈을 지그시 감았다. 물론 단종은 성삼문, 박팽년 등이 자신을 왕의 자리에 다시 앉히려는 것을 전혀 알지 못했다. 그것은 누구보다도 세조가 더 잘 알 터였다. 단종의 곁에는 늘 세조가 보낸 부하들이 붙어 있었던 것이다.

그러나 단종은 아무 말도 하지 않았다. 모든 것이 다 정해진 순서로만 느껴졌다. 그 뒤 단종은 더욱 마음을 졸이며 살아야 했다. 그리고 그 이듬해 세조의 명이 떨어졌다.

"상왕을 노산군으로 낮추고, 강원도 영월로 유배할 것을 명하노라."

단종은 이제 더 이상 상왕도, 왕도 아니었다. 이제 단종은 죄인 취급을 받으며 귀양살이를 하게 된 것이다. 다만 왕실의 피를 받아 '군'으로 불릴 뿐이었다.

단종은 군졸 50명에게 둘러싸여 궁궐을 나섰다.

영도교(지금의 청계천 7가에 있던 다리)를 지날 때였다. 앞서 가던 단종은 아내 송씨의 손을 잡았다. 송씨는 단종과 동갑내기였다. 비록 세조가 정해 준 아내였지만, 남편과 아내로서 깊이 정든 사람이었다.

"이제 헤어질 때가 되었구료."

단종의 입술이 떨리고 있었다. 송씨의 눈에서도 걷잡을 수 없는 눈물이 흘러내렸다.

"전하, 전하!"

송씨는 말을 마치지 못하고 그 자리에 주저앉고 말았다. 단종은 아내를 일으켜 세웠다.

단종편

"이게 마지막으로 보는 것인지도 모르오. 마지막으로 얼굴이나 제대로 볼 수 있게 해주오."

어느 새 단종의 어깨도 들썩이고 있었다.

아내와 헤어진 단종은 한강 광나루로 향했다. 광나루에서 한강 줄기를 거슬러 타고 경기도 여주를 거쳐 귀양지인 강원도 영월로 가게 되어 있었던 것이다.

나룻배에 몸을 실은 단종은 흘러가는 강물을 내려다보았다. 자신의 지난 시절이 모두 강물에 씻겨 돌아올 수 없는 곳으로 흘러가는 것만 같았다.

 단종은 어떻게 되었을까

1. 활시위로 목을 감고

단종이 귀양 간 영월 청령포는 3면이 강으로 둘러싸여 있고, 한쪽은 깎아지른 듯한 절벽이었다. 열일곱 소년에겐 감옥과도 같은 곳이었다.

귀양살이를 하는 단종은 나무 판자로 얼기설기 지은 세 칸짜리 집에서 살고 있었다. 그 곳은 초라하기 이를 데 없었다. 하지만 단종이 견딜 수 없는 것은 초라함이 아니었다. 그것은 외로움이었다. 말 한 마디 건넬 친구가 없었던 것이다.

단종은 날마다 뒷산 노산대에 올라 한양 쪽을 바라보았다. 그리고 집 앞 소나무를 보고 말하곤 했다.

"내가 왕의 집안에서 태어나지 않았다면 얼마나 좋았을까? 그럼 이렇게 살지 않아도 되었을걸."

"우리 어머니는 날 낳은 지 3일 만에 돌아가셨어. 내가 이렇게 된 건 그 때 벌을 받는 게 아닐까 몰라. 어머니는 날 낳다가 돌아가셨으니까, 내가 어머니를 죽인 죄인이잖아."

그러나 소나무는 아무 대꾸가 없었다. 그저 바람이 불면 뾰족한 잎사귀 몇 잎을 떨어뜨릴 뿐이었다. 사람들은 이 나무를 관음송이라 불렀다. 단종의 행동과 말을 빠짐없이 보고 들은 소나무라는 뜻이었다.

또 단종은 아내가 있는 한양 쪽을 바라보며 돌을 주워 하나씩 하나씩 쌓아올렸다. 돌을 쌓으며 단종은 아내의 얼굴을 떠올렸다.

'나 같은 사람을 만나지 않았다면, 지금쯤 자식도 낳고 잘 살았을 것을……'

여름이 되어 폭우가 쏟아지자 단종은 영월 고을의 객사인 광풍헌으로 옮겨졌다. 단종은 광풍헌의 자규루에 올라 시를 한 수 지었다.

한 마리 원한 맺힌 새가 궁중에서 나온 뒤로
외로운 몸 짝 없는 그림자가 푸른 산 속을 헤맨다.
〈중략〉
하늘은 귀머거리인가?
애닯은 이 하소연 어이 듣지 못하는지
어쩌다 수심 많은 이 사람의 귀만 홀로 밝는고!

단종편

그러던 어느 날 밤이었다.

"홍위야, 홍위야."

단종은 자기 이름을 부르는 소리에 문을 열고 밖으로 나갔다. 마당엔 하얀 소복을 입은 여인이 손짓하고 있었다. 처음 보는 얼굴이었다. 하지만 왠지 단종은 가슴이 두근거렸다.

"호, 혹시 어머니가 아니십니까?"

단종의 말에 여인은 눈물을 글썽이며 고개를 끄덕였다. 그 때였다. 어머니의 뒤에서 아버지의 목소리가 들렸다.

"내 아들아, 어서 이리 오너라."

문종은 두 팔을 활짝 벌렸다. 단종은 부모님의 품으로 뛰어들었다.

"전하, 아침 수라 드시옵소서."

단종은 눈을 번쩍 떴다. 한바탕 꿈이었던 것이다.

'참으로 이상한 꿈이로구나. 어쩌면……'

단종은 자신이 죽을 날이 머지 않았음을 느꼈다.

단종의 예감은 그대로 맞아떨어졌다. 바로 다음 날이었다.

"죄인은 어서 나와 어명을 받으라."

한양에서 한 신하가 사약을 가지고 온 것이었다.

단종은 거세게 문을 열어 젖혔다.

"넌 도대체 어느 나라의 신하이길래 내게 죄인이라고 하느냐? 왕의 자리를 빼앗은 사람이 죄인이더냐, 빼앗긴 내가 죄인이더냐?"

신하는 얼굴을 들지 못하고 우물쭈물거리기만 했다.

잠시 뒤 단종은 마당으로 뚜벅뚜벅 걸어갔다. 마당에는 벌써 세조가 보낸 사약이 놓여 있었다. 하지만 단종은 그것을 마시고 싶지 않았다. 대신 군사들이 가지고 있던 활을 빼앗아 들더니 활시위로 자신의 목을 감았다.

단종은 이렇게 숨을 거두었다. 그 때가 1457년 10월, 그의 나이 열일곱이었다.

2. 태백산으로 간 단종

단종이 죽자, 세조가 보낸 신하는 시신도 수습하지 않고 돌아가 버렸다. 그러나 아무도 단종의 시신을 묻어 줄 생각을 못 했다. 세조에게 노여움을 살까 두려웠던 것이다.

단종의 시신은 강물에 둥둥 떠다녔다. 그러나 신기하게도 시신이 강물에 떠내려가면 다시 그 자리로 돌아오곤 했다. 물 위로 떠오른 고운 열 손가락은 마치 살아 있는 것만 같았다.

"전하의 시신을 그대로 놔둘 수는 없다."

이 때 영월 지방에 살던 엄홍도라는 사람이 나섰다. 주위의 사람들이 모두 말렸지만 엄홍도는 이렇게 말했다.

"옳은 일을 하다가 죽는 것은 자랑스러운 일이오."

엄홍도의 세 아들도 아버지를 따라 나섰다.

엄홍도는 세 아들과 함께 강물에 떠다니는 단종의 시신을 거두어 자신의 선산에 정성껏 묻었다. 그리고 엄홍도와 세 아들은 뿔뿔이

흩어져 어디론가 사라져 버렸다.

　그 때 추익한이란 사람이 있었다. 그는 단종이 영월로 유배되었을 때부터 단종을 돕던 사람이었다. 추익한도 단종의 시신을 거두려고 마음먹고 있었다.

　'내일은 꼭 전하의 시신을 거두리라!'

　그런데 바로 그 날 밤이었다.

　추익한의 꿈에 단종이 나타났다. 단종은 하얀 말을 타고 조용히 웃고 있었다.

　"전하, 어딜 가시옵니까?"

　추익한의 물음에 단종은 손끝으로 태백산을 가리켰다.

　"저 산으로 가는 것이오. 내 시신은 이미 다른 사람이 거두었으니 걱정 마시오."

　단종은 이렇게 말하며 떠났다.

　그 뒤부터 사람들은 단종이 태백산 산신령이 되었다고 믿고 있다. 영월 지방 사람들은 단종에게 제사를 올리는 서낭당을 곳곳에 세우고, 어려운 일이 생기면 태백산 산신령이 된 단종에게 빌었다. 단종은 조선 왕들 가운데 가장 어린 나이에 죽었지만, 이렇게 산신령이 되어 오래오래 백성들 곁에 살아 있었던 것이다.

　하지만 단종은 조선의 왕들에게는 잊혀져 있다가 그가 세상을 떠난 지 200여 년이 지난 1681년(숙종 7년) 노산대군으로 추봉되고, 1698년 다시 단종으로 복위되었다.

단종의 능은 강원도 영월에 있는 장릉이다.

단종 시대의 사람들

뛰어난 예술가 안평대군

조선의 왕자들 가운데는 뛰어난 예술가가 많았다. 그 중 양녕대군은 서예에 능한 사람이었다.

그러나 조선의 왕자 가운데 가장 뛰어난 예술가는 안평대군이라고 할 수 있다. 안평대군은 세종의 셋째 아들이자 단종에게는 수양대군과 같이 작은아버지가 되는 사람이다.

안평대군은 시, 그림, 글씨에 모두 능해 삼절이라고 불리었다. 특히 그의 글씨는 당대 최고의 명필로 꼽혀 많은 사람들이 그의 글씨체를 따라할 정도였다. 뿐만 아니라 그는 음악에도 조예가 깊어 가야금을 잘 탔다고 한다.

그래서 그의 주위에는 언제나 화가와 서예가들이 떠나질 않았는데, 그 대표적인 사람이 바로 안견이다.

안견은 조선 후기 김홍도, 장승업과 함께 조선의 3대 화가로 꼽히는 조선 시대 최고의 화가였다. 안평대군은 안견을 몹시 아꼈는데, 안견은 이에 보답하는 의미로 안평대군을 위해 그림을 그렸다. 그 그림이 바로 '몽유도원도'이다.

안평대군은 이 그림에 글을 써 넣었는데 지금까지 전해 내려오고

단종편

있다. 또한 '세종대왕영릉신도비'의 비문 역시 그의 솜씨이다.

그러나 안평대군의 삶은 그리 평탄하지 않았다.

그는 세종 시절 김종서가 여진족을 몰아 내고 6진을 개척할 때 함께 전쟁터에 나가 공을 세워 일찍부터 이름을 날렸다. 또한 문종 대에는 신하들에게 벼슬을 내리고 빼앗을 수 있는 황표 정사를 장악해 정치에도 깊숙이 관여한 인물이었다. 이로 인해 왕위를 노리고 있는 수양대군과는 사이가 좋지 않았다.

단종이 즉위하고 수양대군이 왕을 도와 나라를 다스릴 왕실 어른이 되자 안평대군의 세력은 위축되었다. 이 때 김종서와 황보인이 안평대군에게 손을 내밀었다. 나날이 커지는 수양대군의 세력을 견제하기 위해서는 안평대군의 힘이 필요했던 것이다.

그러나 안평대군은 수양대군이 김종서와 황보인 등을 제거하기 위해 일으킨 계유정난 때 강화도로 유배되었다. 그리고 얼마 뒤 사약을 받아 36세의 나이로 세상을 뜨고 만다. 그의 죄는 왕위를 넘보았다는 것이었다.

그가 정말 수양대군처럼 왕위를 넘보았는지 아니면 수양대군이 자신에게 대적하는 안평대군을 제거하기 위해 누명을 씌운 것인지는 확실하지 않다. 그러나 어쨌든 그는 정치에 연루되어 짧은 생애를 살다 간 비운의 예술가가 되고 말았다.

1. **몽유도원도**(부분) 몽유도원도는 안평 대군이 꿈에서 본 도원(신선들이 사는 곳) 이야기를 하자 안견이 그 꿈을 바탕으로 그린 것이다. 2. **몽유도원도 발문** 안평 대군이 쓴 것으로, 안견이 이 그림을 3일 만에 그렸다는 내용과 안평 대군의 시가 쓰여져 있다.

사진으로 보는 조선왕조 오백년

1

2

1. **사육신 묘** 조선 제6대 임금 단종의 숙부인 수양대군이 단종을 몰아 내고 즉위하자 단종을 다시 왕으로 세우려다 죽은 여섯 명의 충신 박팽년, 성삼문, 유응부, 이개, 하위지, 유성원, 김문기의 묘. 2. **의절사** 사육신의 추모제를 지내는 곳. 서울 동작구 노량진동에 있다.

사진으로 보는 조선왕조오백년

1. **관풍헌** 옛 영월의 동헌으로 단종이 청령포로 유배되었다가 홍수로 인해 이 곳으로 옮겨와 생활하였다. 단종은 이 곳에서 사약을 받고 열일곱의 나이로 숨을 거두었다. 2. **장릉** 사적 제169호. 조선 제6대 임금 단종의 능. 강원도 영월군 영월읍 영흥리에 있다.

세조

조 선 왕 조 오 백 년

●제7대 왕

1417~1468년
재위 기간 : 1455~1468년

  세조는 어린 조카인 단종을 밀어 내고 왕위에 오른 임금이다.
  세조는 1453년 계유정난을 일으켜 단종을 돕던 김종서, 황보인 등을 죽이고 자신의 아우인 안평대군도 귀양 보낸 뒤 사약을 내려 죽게 했다. 이로써 세조는 권력을 한 손에 쥘 수 있었고, 2년 뒤엔 단종마저 밀어 내고 마침내 왕위에 올랐다.
  이렇게 어린 조카를 밀어 내고 왕위에 앉은 임금이었기에 세조에게는 반대 세력이 많았다. 세조는 왕위에 있는 동안 자신에게 반대하는 신하들을 무자비하게 죽이거나 귀양을 보내고 반대로 자신의 뜻에 따르는 신하에게는 죄가 있어도 벌을 주지 않았다. 또한 나라일을 직접 처리했고, 왕의 비서실이라고 할 수 있는 승정원의 힘을 강화시켰다. 이로 인해 세조는 조선의 왕 가운데 가장 강력한 왕권을 가질 수 있었다.
  세조는 나라의 법을 체계적으로 세우고자 《경국대전》을 편찬하게 하였다. 그리고 불교를 깊이 믿어 불경을 간행하고 한양에 원각사라는 절을 짓기도 했다.

조카의 자리를 빼앗은 세조

조선의 일곱 번째 왕 세조는 1417년 세종의 둘째로 태어났고, 이름은 유이다. 그는 왕자 시절에는 수양대군이라 불리웠다.

세조는 몸이 약했던 형 문종이 죽고 조카인 단종이 어린 나이로 왕위에 오르자, 단종을 밀어 내고 1455년 왕위에 올랐다. 이 과정에서 세조는 자신에게 반대하던 많은 사람들을 죽였다.

그 뒤 세조는 왕권을 강화하고 군사력을 키우기 위해 힘을 쏟았다. 이를 위해 그는 법을 정비하고 조선 왕조의 시각으로 역사를 편찬하게 하였다. 또 관리들에게 불필요하게 나가는 돈을 줄이고, 백성들의 생활을 안정시키기 위해 힘썼다.

그러나 이러한 조치들은 크게 호응을 얻지 못하였다. 세종이나 문종 시대와는 다르게 모든 조치들이 왕의 마음대로 정해졌기 때문이었다. 또한 세조는 자기와 가까운 사람들만 높은 자리에 앉히고, 자신에게 조금이라도 반대하는 사람은 가차없이 쫓아 냈다. 그래서 많은 이들이 '학문과 법이 후퇴하고 강한 권력만 남았다'고 걱정했다.

하지만 세조가 강한 권력을 휘두른 것은 당연한 일이었다. 왕위에 대한 욕심으로 조카를 죽이고 임금의 자리에 앉았던 그가 믿을 수 있는 것은 강한 권력밖에 없었던 것이다.

 세조는 어떤 이들을 죽였나

1. 세조의 생살부

 1452년 9월, 드디어 명나라가 단종을 조선의 왕으로 인정한다는 소식을 보내 왔다. 조선 조정은 이에 대해 답례를 하기 위해 명나라로 사신을 보내기로 했다. 그러자 수양대군이 나섰다.

 "왕실의 종친으로 나이 어리신 주상 전하를 모시는 이 몸이 가는 것이 옳을 듯하오이다."

 수양대군의 말에 많은 이들이 고개를 갸웃거렸다. 수양대군이 왕위에 욕심을 낸다는 것은 누구나가 다 아는 사실이었다. 그런 사람이 명나라에 다녀오겠다니, 알 수 없는 일이었다. 명나라에 다녀오려면 6개월이 넘게 걸리는데, 왕위를 노리는 사람이라면 그렇게 긴 시간 동안 조정을 비워 놓으려 하지 않을 것이기 때문이었다.

 "우리가 수양대군을 잘못 보았나 보오."

 많은 신하들이 이렇게 입을 모았다.

 이 소식을 들은 권람과 한명회가 수양대군의 집으로 달려왔다. 그들은 수양대군이 왕이 되려는 야망을 가지고 있다는 것을 알고 그것을 돕는 데 힘을 쏟는 사람들이었다.

 "명나라에 가시겠다니요? 그 사이 김종서는 나으리의 세력을 다 뽑아 버릴 것이옵니다."

 한명회의 말에 수양대군은 슬며시 웃었다.

"걱정 마시오. 내게 다 생각이 있소."

수양대군은 속으로 이렇게 생각하고 있었다.

'싸움에서 이기려면 먼저 적들의 정신을 해이하게 만들어야 한다. 내가 명나라로 간다면 사람들은 내가 왕 자리에 욕심이 없다고 생각하고 나에 대한 의심을 풀 것이다. 그 때가 바로 내가 적을 쳐야 할 시기이다.'

명나라로 떠났던 수양대군은 이듬해 조선으로 돌아왔다.

수양대군의 생각은 그대로 맞아떨어졌다. 언제나 자신을 경계하던 김종서조차 자신을 의심하지 않는 눈치였다.

김종서는 세종과 문종의 뜻을 받들어 단종을 보호하는 신하들 가운데 우두머리였다. 그는 문관이면서도 무술에 뛰어나서 세종 때는 6진을 개척하여 여진족을 두만강 이북으로 몰아 내기까지 했다. 어린 단종의 자리를 누구도 감히 탐하지 못하는 것은 바로 김종서가 버티고 있기 때문이었다.

그 동안 수양대군은 김종서의 감시에서 벗어나기 위해 몸부림을 쳤는데, 드디어 뜻을 이룬 것이었다. 1453년 10월 10일 수양대군은 드디어 왕이 되려는 계획을 행동으로 옮겼다.

수양대군은 먼저 김종서의 집으로 갔다. 늦은 밤이었지만, 김종서는 아무 의심 없이 수양대군을 맞았다. 수양대군은 그 틈을 노린 것이었다. 수양대군을 따라온 장사들이 갑작스레 김종서와 그의 아들을 철퇴로 내리쳤다. 김종서는 피를 토하며 거꾸러지고 말았다.

"김종서가 죽었으니, 이제 천하는 내 것이로다!"

수양대군은 그 길로 궁궐에 들어가 모든 신하들을 불러들였다.

궁궐 대문 앞에는 한명회가 '생살부'를 들고 신하들을 기다리고 있었다. 생살부란 '살리고 죽일 사람의 명단을 적은 책'을 말한다.

한명회는 허둥지둥 궁궐로 들어오던 영의정 황보인 등 단종을 가까이서 돕던 신하들을 모두 죽였다. 또한 사사건건 수양대군에게 반대하던 안평대군과 그의 아들을 강화도로 귀양 보내고, 단종을 지극 정성으로 돕던 금성대군도 순흥으로 쫓아 냈다.

이 사건을 계유정난이라고 하는데, 계유정난으로 수양대군은 조선의 모든 권력을 한 손에 쥐게 되고, 권람, 한명회 등과 함께 제 마음대로 나라를 움직인다. 그리고 1455년 여름, 단종을 상왕으로 밀어 낸 뒤 마침내 조선의 임금이 된다.

2. 단종은 왜 죽였나

그러나 아직 조정에는 수양대군에게 반대하는 신하들이 많았다. 성삼문, 박팽년, 하위지, 이개, 유성원 같은 집현전 학사와 유응부, 성승 같은 무관들은 단종을 다시 왕으로 세우기 위해 일을 꾸몄다. 그러나 이들의 계획은 발각되고 말았다.

세조는 이들의 죄를 직접 따져 물었다.

"성삼문 네 이놈! 내가 주는 녹을 먹으며 어찌 역모를 꾀할 수 있단말이냐?"

세조의 말에 성삼문은 비웃듯 말했다.
"난 나으리의 녹을 먹은 적이 없소이다. 내 집에 가보시오. 나으리가 준 쌀과 돈이 그대로 있을 것이오."
세조는 눈을 부릅떴다.
"그래, 역적이 어떤 꼴을 당하는지 보여주리라. 여봐라, 뭣들 하느냐!"
세조의 말이 떨어지기 무섭게 군사들이 벌겋게 달구어진 쇠를 성삼문에게 들이댔다. 성삼문의 살이 지글지글 타들어 갔다. 그러나 성삼문은 눈 하나 깜짝하지 않았다.
그 때 성삼문에게 신숙주의 모습이 보였다. 신숙주는 세종 때부터 집현전에서 함께 일한 사이였다. 그러나 신숙주는 성삼문과 달리 세조가 단종을 밀어 내고 왕위에 오르는 것을 도왔다.
"이놈 숙주야. 넌 세종대왕과 문종대왕의 말씀을 벌써 잊었단 말이냐! 이런 비겁한 놈, 네가 죽어 어찌 선왕들을 뵈려 하느냐!"
그러자 세조는 성삼문을 더욱 가혹하게 고문했다. 성삼문의 피와 살이 사방으로 튀었다. 그의 뼈는 모래알처럼 으스러졌다.
다음으로 끌려온 사람은 박팽년이었다. 박팽년은 계유정난이 일어나자 궁궐 연못에 빠져 스스로 목숨을 끊으려 했던 사람이었다. 그러나 그렇게 죽는 것보다는 세조와 싸우는 것이 낫다는 생각에 성삼문과 함께 이번 일을 꾸민 것이었다.
"팽년아! 내가 너를 끔찍이 아꼈고, 너는 내게 신하라고 말하지 않았느냐!"

박팽년은 세조를 똑바로 쳐다보고 소리쳤다.

"난 나으리의 신하가 아니오. 내게 임금이라고는 오직 상왕 전하 한 분뿐이오."

세조는 박팽년에게도 성삼문에게 했던 것과 같은 고문을 했다. 그러나 박팽년은 자기의 뜻을 결코 굽히지 않았다.

하위지, 이개 등도 마찬가지였다. 누구도 세조에게 머리를 숙이지 않았다.

며칠 뒤 그들은 새남터에 있는 사형장으로 끌려가 모두 능지 처참을 당했다. 이들 가운데 박팽년이 지은 시가 아직도 전한다.

까마귀 눈비 맞아 희는 듯 검노매라
야광 명월이야 밤인들 어두우랴
임 향한 일편 단심이야 변할 줄 있으랴

이 때 죽은 성삼문, 박팽년, 이개, 하위지, 유성원, 유응부 등이 바로 사육신이다.

이 일로 세조는 단종을 강원도 영월로 귀양 보냈는데, 그 뒤 단종을 왕으로 세우려는 일이 또 일어났다.

세조가 귀양을 보냈던 동생 금성대군이 귀양지 순흥에서 단종을 다시 왕으로 세우려고 하다 발각되었던 것이다. 이를 안 세조는 금

성대군을 처형했다.

그러자 권람과 한명회가 말했다.

"전하, 이는 모두 상왕이 살아 있기 때문이옵니다. 이런 일이 다시 일어나지 않게 하려면 상왕께 사약을 내리심이 옳은 줄로 아옵니다."

세조는 눈을 지그시 감았다.

'홍위가 누구인가! 형님의 아들이고, 아버님께서 그토록 귀여워 하던 아이가 아닌가!'

그러나 이런 생각이 들었다.

'이런 일이 또 생기면 내가 쫓겨나게 될지도 모르는 일……'

결국 세조는 마음을 독하게 먹었다.

"영월에 사약을 보내라."

세조는 이렇게 단종을 죽이고, 단종을 따르는 신하들도 모조리 없애 버렸다. 그래서 그의 마음 속엔 언제나 죄의식이 있었다. 특히 단종에 대한 죄의식으로 그는 많은 고생을 했다고 한다.

 세조는 죄의 대가를 받았나

1. 귀신이 세자를 데려갔을까

단종이 죽은 다음 날 밤이었다. 책상머리에 앉아 있던 세조는 화들짝 놀랐다.

"아니, 죽은 사람이 어떻게……?"

등줄기로 식은땀이 흘러내렸다. 형수였다. 자신의 형인 문종의 아내이자 단종의 어머니 권씨였다. 권씨는 눈을 치뜨며 말했다.

"너는 내 아들을 쫓아 내고 왕의 자리를 도둑질하더니, 그것도 모자라 이젠 내 아들의 목숨까지 끊어 놓았구나. 나와 무슨 원수를 졌단 말이냐?"

권씨의 입술이 심하게 떨렸다.

"오냐, 좋다. 네가 내 아들을 죽였으니, 나도 네 아들을 죽여 주마."

권씨는 이렇게 말하고는 세조의 얼굴에 침을 뱉았다.

"악!"

세조는 벌떡 일어났다.

다행히도 꿈이었다. 하지만 얼마나 놀랐던지 잠자리가 축축하게 젖어 있었다.

그런데 갑자기 밖에서 다급한 소리가 들려 왔다.

"상감 마마, 상감 마마."

"무슨 일이냐?"

세조는 예감이 좋지 않았다.

"상감 마마, 세자 저하께서 위독하시옵니다."

"뭐라고!"

세조는 서둘러 세자가 있는 동궁으로 향했다. 그러나 세조가 동궁에 닿았을 때 세자는 이미 숨을 거둔 뒤였다.

"이런 괘씸한……."

세조편

세조는 이 모든 것이 권씨의 귀신이 한 짓이라고 생각했다. 그래서 세조는 당장 권씨의 능을 파내 불을 지르게 했다.
　그런데 군사가 막 관에 불을 붙이려 할 때였다. 갑자기 하늘에서 번개가 내리치며 빗줄기가 쏟아져 군사가 든 불이 꺼져 버렸다.
　세조는 온몸을 부들부들 떨었다.
　"저놈의 관을 당장 강에 던져 버려라."
　세조는 뛰는 가슴을 진정시킬 수 없었다. 궁궐에 다시 돌아온 세조의 얼굴은 하얗게 질려 있었다. 그런데 이상한 일이었다. 자꾸 몸이 가려운 것이었다.
　'아니, 이 곳은 꿈에서 침을 맞은 곳이 아닌가!'
　어느 새 꿈에서 권씨가 침을 뱉은 곳에 벌겋게 종기가 나 있었다. 종기는 곧 온몸으로 퍼져 나갔다. 세조의 온몸은 보기에도 흉한 종기투성이었다.
　'내 아들을 데려가더니, 이젠 종기까지!'
　세조는 두렵기만 했다. 모든 것이 이미 오래 전에 죽은 권씨의 복수인 것만 같았다.

2. 세조는 왜 부처님에게 빌었나

　세조는 종기 때문에 고생이 심했다. 정신을 못 차릴 정도로 몸이 가려웠다. 아무리 좋은 약을 써도 소용이 없었다. 세조는 생각 끝에 종기를 낫게 해달라고 부처님께 빌기로 마음먹었다. 세조는 젊은 시절에 불교에 관한 책을 정리했을 정도로 부처의 힘을 믿고 있었던 것이다.

그러던 어느 날 세조는 상원암이란 절에서 부처님에게 기도를 올렸다. 그런데 한여름이라 날씨가 몹시 더웠다. 더위를 견디다 못한 세조는 혼자 몰래 절을 빠져 나와 목욕할 만한 곳을 찾았다.

'옳거니, 저기 좋은 곳이 있군.'

세조는 옷을 훌훌 벗어 던지고 물에 풍덩 뛰어들었다.

'어이구 시원타. 아니, 저기에 웬 아이가?'

세조가 목욕하는 맞은편 바위에 한 어린 아이가 생글생글 웃고 있었다. 세조는 이상하게 여겨 아이를 쳐다보았다. 그러자 아이는,

"전하, 제가 등을 밀어드릴까요?"

하며 물 속으로 뛰어들었다.

"아니, 내가 왕인 줄 어떻게 알았느냐?"

세조가 고개를 갸우뚱하며 물었다. 그러자 아이는 별것 아니라는 듯 말했다.

"어떻게 알긴요, 전하께서 벗어 놓은 옷을 보고 알았죠."

아이는 곧 세조의 등을 밀기 시작했다. 아이는 너무 세지도 그렇다고 너무 약하지도 않게 등을 밀었다. 그런데 아이의 손이 닿는 곳마다 너무나 시원했다.

"애야, 이쪽도 좀 밀어 다오."

세조가 몸을 돌릴 때마다 아이는 정성스레 세조의 몸을 닦았다.

세조는 날아갈 것만 같았다.

목욕을 끝낸 세조가 아이에게 말했다.

"내 몸이 종기투성이라는 걸 절대 말하면 안 된다. 알았지?"

세조는 손가락으로 입을 막는 시늉을 했다. 그러자 아이가 빙그레 웃었다.

"전하, 그럼 전하는 문수보살을 만났다는 말을 절대 하지 마세요."

저고리 고름을 매던 세조의 손이 멈칫했다. 세조는 얼른 아이 쪽으로 고개를 돌렸다. 그러나 아이는 이미 온데간데없이 사라지고 난 뒤였다.

"아, 부처님께서 문수보살을 보내 주셨구나!"

세조는 이렇게 부처님의 도움으로 종기를 고쳤다고 한다. 그러나 세조의 마음속에 자리잡은 종기는 없어질 수 없었다.

그래서 세조는 늘 자기가 언제 죽을지 몰라 불안해 했다. 또 갑자기 죽어 자손들이 자기처럼 왕의 자리에 앉기 위해 피를 흘릴 까봐 두려웠다.

이런 가운데 세조는 1468년 9월 갑작스레 숨을 거두었다. 세조는 죽기 바로 전 날 신하들의 반대를 무릅쓰고 세자에게 왕위를 물려주었다. 마치 자신의 죽음을 미리 알기라도 한 듯 말이다.

세조는 2명의 부인에게서 4남 1녀의 자식을 두었다. 능은 경기도 남양주에 있는 광릉이다.

세조 시대의 사람들

김시습과 생육신

성삼문을 비롯한 사육신 등 많은 신하를 죽인 세조는 능력 있는 인재를 등용하기 위해 힘썼다. 그 때 그의 머리에 떠오른 사람 가운데 김시습이란 사람이 있었다.

'그래, 김시습은 세상이 알아 주는 신동이었지!'

김시습은 세종 시절부터 신동으로 이름난 사람이었다.

김시습은 세 살 때 맷돌로 보리를 가는 것을 보고,

"비는 아니 오는 데 천둥 소리는 어디서 나는가, 누런 구름 조각조각 사방으로 흩어지네."

라고 시를 읊을 만큼 천재였다.

이 소문은 곧 세종에게까지 알려져 김시습은 다섯 살 나던 해 세종의 부름을 받고 궁궐로 갔다. 세종은 김시습을 시험해 보기 위해 비단 한 필을 주며 말했다.

"이건 내가 상으로 주는 것이니 받거라."

세종은 비단을 주며 김시습이 어떻게 하나를 살폈다. 다섯 살짜리 꼬마가 비단 한 필을 들고 집으로 갈 수는 없는 노릇이었기 때문이다.

그러나 김시습은 표정 하나 변하지 않고 감겨 있는 비단을 모두 풀었다. 그리고 비단의 한 끝을 허리에 묶고 집으로 향했다.

세종은 이 모습에 감탄하여 김시습을 무던히도 아꼈다.

그 뒤 김시습은 산을 돌아다니며 학문을 닦고 있었다.

김시습을 생각해낸 세조는 당장 명을 내렸다.

"어서 김시습을 불러오너라."

그러나 김시습은 세조의 부름을 거절했다.

사실 김시습은 세조가 단종을 몰아 내고 왕이 되었다는 소리를 듣고 울분을 참지 못했다.

"세상에 어찌 이런 일이 있을 수 있단 말인가!"

김시습은 그 길로 산으로 들어가 머리를 깎고 중이 되었다. 그런 김시습이 세조의 부름을 달게 받아들일 리 없었다.

그 뒤에도 세조가 계속해서 김시습을 찾자, 김시습은 경주에 있는 금오산실이라는 곳에 들어가 나오지 않았다. 김시습은 이 곳에서 《금오신화》라는 소설을 지었는데, 이것이 우리 나라 최초의 한문 소설이다.

이처럼 세조의 부름을 거절한 사람은 김시습만이 아니었다.

원호, 이맹전, 조려, 성담수, 남효온 등도 벼슬을 버리고 숨어 살거나 귀머거리, 소경 행세를 하며 벼슬길에 나가지 않았다. 그들은 그 뒤 단종의 죽음을 슬퍼하며 평생을 살았다.

김시습을 비롯한 이 여섯 사람을 생육신이라고 한다. 죽어서 단종에 대한 충성을 저버리지 않은 사육신과 비교해 단종에 대한 충성을 지키며 살아갔기 때문이다

조선 시대에도 장관이 있었다

조선의 통치 조직은 의정부와 6조 중심으로 짜였고, 사헌부와 사간원을 두어 왕의 권한을 제한하였다. 원칙적으로 왕은 높은 관리를 임명하거나 법을 바꾸는 것과 같은 중요한 일은 사간원과 사헌부의 의견을 물어야 했다.

조선의 주요 중앙 정치 기구

관부	관장	직무	별칭
의정부	영의정 좌·우의정	국정 총괄	
6조	판서	이조 : 내무, 문관 인사 호조 : 재무, 조세, 호구 예조 : 의례, 교육, 외교 병조 : 국방, 무관 인사 형조 : 형벌, 재판 공조 : 토목	
승정원	도승지	왕명 출납 기관	
홍문관	대제학	궁중 도서 관리, 경연, 교서 작성	3사
사헌부	대사헌	감찰 기관	
사간원	대사간	간쟁 기관	
의금부	판사	특별 사법 기관	
춘추관	지사	역사를 기록하는 기관	
한성부	판윤	한양의 행정·치안 담당	
교서관	제조	서적 간행	4관
성균관	지사	최고 교육 기관	
예문관	대제학	국왕의 교서 작성, 역사 기록	
승문원	도제조	외교 문서 작성	

사진으로 보는 조선왕조 오백년

1. **종묘 정전** 국보 제227호. 조선의 역대 왕 중에서 특별히 공덕이 있는 왕과 왕비의 신주를 모셔 놓고 제사를 지내는 곳이다. 2. **종묘 영녕전** 조선 태조의 4대 조상과 정전에 모시지 않은 왕과 왕비의 신주를 모셔 놓고 제사 지내는 곳. 종묘는 세계 문화 유산으로 지정되어 있다.

사진으로 보는 조선왕조오백년

1. **덕수궁 중화전** 보물 제819호. 덕수궁의 정전으로 나라의 중요한 의식을 행하였고, 고종 황제가 신하들과 조회를 하던 곳이다. 2. **덕수궁 함녕전** 보물 제820호. 고종 황제가 거처하던 침실이다.
3. **덕수궁 석조전** 1909년에 지어진 서양식 석조 건물로 고종이 외국 사신을 접견하던 곳이다.

창릉 예종의 능으로 경기도 고양에 있다.

조선왕조오백년

● 제8대 왕

예종

1450~1469년
재위 기간 : 1468~1469년

    예종은 열아홉 살의 나이로 왕위에 올라 어머니 정희왕후의 수렴 청정을 받았다. 이는 조선 왕조 최초의 수렴 청정이었다.
    예종은 부드럽고 약한 성격을 가진 사람이었다. 그러나 어머니 정희왕후는 여자로서는 드물 정도의 대담성과 결단력을 가지고 있었다. 따라서 비교적 어린 나이로 왕위에 올랐음에도, 예종은 어머니 정희왕후의 든든한 뒷받침 덕에 별다른 어려움 없이 나라를 이끌어 갈 수 있었다. 또한 세자 시절 아버지 세조가 몸이 불편하여 나라일에 참여한 경험이 있어 나라일이 그리 낯선 것도 아니었다.
    하지만 몸이 약했던 그는 왕위에 오른 지 1년 2개월 만에 숨을 거두고 만다.
    예종은 왕위에 있는 동안 부산포, 염포, 제포 등의 삼포에서 백성들이 왜와 개별적으로 무역을 하는 것을 금지시켰다. 또한 둔전(군대에 딸려 있는 나라의 논과 밭)을 일반 백성들이 농사지을 수 있도록 해 백성들의 생활을 도왔다.

처음으로 수렴 청정을 받은 예종

예종은 1450년 세조와 정희왕후의 둘째 아들로 태어났다. 그의 이름은 황인데, 왕자 시절에는 해양대군으로 불리웠다. 그러다 세조의 맏아들 의경세자가 갑작스레 죽자, 여덟 살의 나이에 왕의 자리를 물려받을 세자가 되었다.

자기가 죽은 뒤 왕의 자리를 넘보는 사람들이 있을까 두려워했던 세조는 1468년 6월 7일 신하들의 반대를 무릅쓰고 세자에게 왕위를 넘겨 주었다. 그리고 다음 날 세조가 죽자, 그의 아내 정희왕후가 수렴 청정(임금이 어릴 경우 왕대비나 대왕대비가 임금을 대신하여 나라의 일을 돌보는 일)을 한다. 이것은 조선 왕조 최초의 수렴청정이었다.

예종은 이렇게 정희왕후의 도움을 받아 나라를 다스렸다. 또한 원상들의 도움을 받았다. 세조는 어린 왕을 돕도록 한명회, 신숙주, 구치관 등을 원상으로 임명하고, 그들로 하여금 나라의 어려운 일을 맡아 처리하도록 한 것이었다.

그런데 예종이 등극한 지 얼마 되지 않아 '남이의 역모 사건'이 발생한다. 남이는 태종의 외손자였는데, 함경도에서 반란을 일으킨 이시애의 난을 진압하는 데 큰 공을 세운 사람이었다. 그래서 세조로부터 사랑을 받아, 스물여섯의 나이에 병조 판서가 되어 나라의 군권을 한 손에 쥐고 있었다.

예종은 이런 남이를 곱게만 보지 않았다. 어려서부터 몸이 약했던 예종은 씩씩하고 사내다운 남이가 부러웠던 것이다. 또한 아버지 세조가 남이를 귀여워하는 것에 질투가 나기도 했다. 게다가 군권을 쥐고 있는 남이가 자기를 밀어 내려고 하는 것은 아닐까 하는 의심마저 들었다.

그러한 때 남이를 좋아하지 않았던 유자광이 남이가 역모를 꾀하고 있다고 모함을 했다. 그러자 예종은 남이를 모질게 고문한 끝에 역모를 꾀했다는 거짓 자백을 받아낸 뒤 목을 베었다.

하지만 예종도 이듬해 11월, 스무 살의 나이로 세상을 뜨고 만다. 원래부터 몸이 약한 탓이었다.

그는 2명의 아내에게서 2남 1녀의 자식을 두었으며, 경기도 고양시 창릉에 묻혀 있다.

예종 시대의 사람들

귀신을 쫓는 남이 장군

예종은 고작 1년 2개월 정도 왕위에 머물렀지만, 그 사이 커다란 역모 사건을 겪었다. 그것은 바로 남이의 역모 사건이다.

어느 날 남이를 시기하던 유자광이 예종에게 말했다.

예종편

"전하, 지난 번 여진족을 토벌하러 갔을 때 남이가 이런 시를 지었 사옵니다.

백두산 돌은 칼 갈아 다하고
두만강 물은 말 먹여 없애리.
남아 스물에 나라를 얻지 못하면
후세에 그 누가 대장부라 하리오!"

"뭣이라고!"
예종은 몸을 부들부들 떨었다. '남아 스물에 나라를 얻지 못하면' 이라는 말이 무슨 뜻이란 말인가! 이는 분명 자신을 쫓아 내고 남이가 왕위에 오르겠다는 말과 다름없었다.

그런데 이 시는 유자광이 조금 고친 것이었다. 사실 남이는 '남아 스물에 나라를 얻지 못하면' 이라고 읊지 않고, '남아 스물에 나라를 평정하지 못하면' 이라고 읊었다고 한다.

그런데 유자광이 남이에게 죄를 씌우기 위해 시를 고쳐 예종에게 알린 것이었다.

예종은 곧 남이와 그의 부하들을 잡아 모진 고문을 했다. 그러자 고문을 견디지 못한 남이의 부하가 거짓 자백을 했고, 남이 역시 버텨 보아야 소용이 없음을 깨닫고 죄를 인정했다고 한다. 그 결과 남이와 그의 부하들은 모두 사형당하고 말았는데, 이 때 남이의 나이는 겨우 스물 여덟이었다.

　남이는 이렇게 짧은 생을 살았지만, 백성들 사이에서는 귀신을 쫓는 장군으로 믿어지기 시작했다. 이는 아마도 남이의 소년 시절 이야기 때문일 것이다.

　어느 날, 남이는 길을 가다가 어느 집 종이 커다란 함을 지고 가는 것을 보았다. 그런데 그 함 위에 귀신이 앉아 있는 것이 아닌가!

　남이는 그 종의 뒤를 따라가 보았다. 종은 커다란 기와집으로 들어갔는데, 잠시 뒤 그 집에서 울음소리가 들려 왔다.

　남이는 얼른 그 집으로 뛰어들어갔다.

　"왜 그러시오?"

　"우리 딸이 갑자기 숨이 넘어가려고 하는구려."

　집 주인의 말에 남이는 아가씨의 방으로 들어갔다.

　'역시!'

　남이의 추측대로 귀신이 아가씨의 가슴에 올라앉아 있었다. 남이는 귀신을 향해 크게 소리쳤다.

　"이놈, 여기가 어디라고! 썩 없어지지 못할까!"

　남이의 호통에 귀신은 도망을 쳤다. 그러자 방금까지만 해도 숨이 넘어갈 것 같았던 아가씨는 언제 그랬냐는 듯 정신을 차렸다. 이것이 인연이 되어 남이는 그 처녀와 결혼을 했다.

　이렇게 살아서 귀신을 쫓았던 남이였기에, 백성들이 남이가 죽어서도 귀신을 쫓는다고 믿어 남이의 혼령을 모신 것이다.

선릉 성종과 계비 윤씨의 능으로 강남구 삼성동에 있다.

조 선 왕 조 오 백 년

●제9대 왕

성종

1457~1494년
재위 기간 : 1469~1494년

성종은 조선 시대 최고의 태평 성대를 이룬 왕이다.
성종은 1469년 열세 살의 나이로 왕위에 올라 할머니 정희왕후의 수렴 청정을 받다가 1476년부터 혼자 힘으로 나라를 다스리기 시작한다.
이 때 성종은 조선 전기의 사회 문물의 제도를 거의 완성했다.
성종은 1485년에는 《경국대전》을 완성하여 조선의 법률 제도를 확립하였는데, 성종의 뒤를 이은 조선의 왕들은 이를 토대로 나라를 다스렸다. 그 밖에도 《여지승람》·《동국통감》·《동문선》·《오례의》·《악학궤범》 등 다양한 분야의 책을 펴냈다. 또한 홍문관을 두어 인재를 육성함과 동시에 젊고 능력 있는 선비들을 과감하게 등용하였고, 철저하게 유교 중심의 정치를 펴 나갔다.
한편으로 성종은 두만강 방면의 여진족 소굴을 소탕하였고, 압록강 지역의 야인을 몰아 내어 국방의 안전에도 힘썼다.

조선을 가장 태평스럽게 이끈 성종

성종은 1457년 세조의 맏아들 의경세자와 소혜왕후 한씨 사이의 둘째 아들로 태어났고 이름은 혈이다.

어린 시절 자을산군이라 불리웠던 성종이 왕이 될 수 있었던 것은 할머니 정희왕후(세조의 왕비)의 공이었다.

성종의 아버지 의경세자는 성종이 태어난 지 두 달이 안 되어 죽었는데, 이로 인해 그의 동생 예종이 세조의 뒤를 이었다. 그런데 예종은 스무 살의 나이로 일찍 죽고 말았다. 그러자 정희왕후는 겨우 열세 살이던 자을산군을 왕으로 세우고 자신이 수렴 청정을 했다.

성종은 7년간 정희왕후와 세조가 임명한 원상들의 도움을 받아 나라를 다스렸다. 성종이 혼자 힘으로 나라를 다스리기 시작한 것은 1476년 그가 스무 살이 되면서부터이다.

성종은 자신이 다스리던 기간을 조선 왕조 최대의 태평 성대로 이끌었다. 세종 때도 태평 성대라고 할 수 있었지만, 그 당시는 아직 나라의 기틀이 굳건하게 서지 않았던 때였다. 그러나 성종이 다스리던 때는 이미 조선을 세운 지 100년 가까이 되어 세종 때보다 훨씬 안정되어 있었던 것이다. 성종은 이러한 안정을 바탕으로 나라의 법과 제도를 완성시키고 백성들을 보살폈다. 그래서 그의 묘호도 조선을 완성시켰다는 의미로 '성종'이 된 것이다.

 왜 열세 살밖에 안 된 자을산군이 왕위를 이었을까

1. 할머니 정희왕후와 한명회의 비밀

1469년 정희왕후는 초조하기 그지없었다. 아들 예종의 병세가 뚜렷이 악화되고 있기 때문이었다.

'아무래도 주상의 뒤를 이을 사람을 빨리 정해야겠어.'

예종에게는 아들 제안군이 있었다. 하지만 제안군은 아직 네 살밖에 되지 않은 어린 아이였다. 정희왕후는 고개를 저었다.

'네 살짜리 꼬마가 어찌 왕 노릇을 한단 말인가? 열다섯 단종도 어리다고 쫓겨나지 않았던가?'

왕이 어리다 하여 단종을 내쫓은 사람은 다름 아닌 그의 남편 세조였다. 왕족 가운데 세조 같은 이가 또 나오지 말라는 법은 없었다.

'그래, 의경세자의 아들로 왕위를 잇게 하자.'

그런데 의경세자에게는 월산군과 자을산군, 이렇게 아들이 둘 있었다. 정희왕후는 맏이인 월산군으로 왕위를 잇고 싶었다. 월산군이 세조의 장손이기 때문이었다.

그러나 정희왕후는 이 일을 혼자서 결정할 수 없었다.

'한명회 대감에게 의견을 물어야 해.'

한명회는 세조의 오른팔로 세조가 왕의 자리에 앉는 데 모든 계획을 세운 사람이었다. 또한 지금까지 조정의 모든 신하들을 장악하고 권력을 한 손에 쥐고 있었다. 그런 한명회가 돕지 않는다면 아무리 정희왕후가 세운 왕이라도 힘을 가질 수 없을 것이 뻔했다.

정희왕후는 곧 한명회를 불러들였다.

"주상의 병이 하루가 갈수록 더해 가는구료."

정희왕후의 속마음을 모를 한명회가 아니었다. 그러나 한명회는 잠자코 있었다. 정희왕후는 다시 말을 이었다.

"제안군이 있다 하나 왕위를 잇기엔 너무 어리오. 그래서 죽은 의경세자의 아들로 왕위를 잇게 하려 하는데 경의 생각은 어떻소?"

한명회는 여전히 입을 열지 않았다. 정희왕후는 소리 없이 한숨을 내쉬었다.

'역시 한명회는 자을산군으로 왕위를 잇게 하고 싶어하는군.'

의경세자의 둘째 아들 자을산군은 한명회의 사위였다. 그러니 한명회가 사위를 왕으로 세우고 싶어하는 것은 당연한 일이었다.

하지만 정희왕후는 선뜻 결정을 내릴 수 없었다. 월산군은 세조의 장손으로 의경세자가 살아 있었다면 당연히 왕의 자리를 이을 사람이었다. 게다가 그는 올해 열여섯으로 왕의 자리에 오를 만한 나이였다.

'월산군을 밀치고 자을산군을 왕으로 세우면 신하들이 가만 있지 않을 텐데. 하지만, 한명회가 돕지 않으면……'

아무리 생각해도 한명회가 돕지 않고서는 유지하기 힘든 왕의 자

제9대 성종 가계도

```
세조 ─┬─ 제9대 성종    (자을산군 1457년~1494년
     │              재위 기간: 1469년 ~1494년
정희왕후 윤씨              (25년 1개월)

공혜왕후 한씨(자식 없음)

정현왕후 윤씨 ──────┬── 제11대 중종(진성대군)
                  └── 신숙공주

폐비 윤씨 ────────── 제10대 연산군

명빈 김씨 ────────── 무산군

귀인 정씨 ──────┬── 안양군
              ├── 봉안군
              └── 정혜옹주

귀인 권씨 ────────── 진성군

귀인 엄씨 ────────── 공신옹주

숙의 하씨 ────────── 계성군

숙의 홍씨 ──────┬── 완원군
              ├── 회산군
              ├── 와성군
              ├── 익양군
              ├── 경명군
              ├── 운천군
              ├── 양원군
              ├── 혜숙옹주
              ├── 정순옹주
              └── 정숙옹주

숙의 김씨 ──────┬── 미숙옹주
              ├── 경숙옹주
              └── 미정옹주

숙용 심씨 ──────┬── 이성군
              ├── 영산군
              ├── 경순옹주
              └── 숙혜옹주

숙용 권씨 ────────── 경미옹주
```

성종편

리였다. 또 한편으로는 자을산군이 세자가 되어 왕위를 잇는 것이 정희왕후에게도 나쁘지 않았다. 자을산군의 나이가 어렸기 때문에 정희왕후가 그만큼 더 수렴 청정을 할 수 있기 때문이었다.

정희왕후는 드디어 마음을 정했다.

"좋소. 자을산군으로 왕위를 잇게 합시다."

그제야 한명회의 얼굴에 희미한 미소가 떠올랐다.

이렇게 정희왕후와 한명회의 뜻으로 왕위를 이은 자을산군이 바로 조선의 아홉 번째 왕 성종이다.

성종은 예종이 죽던 바로 그 날 왕이 되었다. 이는 지금까지 없었던 일로 왕의 자리를 두고 말이 많은 것을 염려한 정희왕후의 신속한 조치였다.

정희왕후는 자을산군이 왕위를 물려받는 것에 반대하는 사람들에게 이렇게 말했다.

"이는 모두 돌아가신 세조대왕의 명이오."

2. 태종과 세종을 모두 닮은 성종

태어난 지 두 달 만에 아버지를 잃은 성종은 할아버지 세조의 손에서 자랐다. 세조는 성종을 보고 이렇게 말하곤 했다.

"그 놈 참. 학문을 좋아하는 것을 보면 아버님 세종대왕을 닮았는데, 하는 짓이나 담이 큰 걸 보면 오히려 할아버지 태종대왕을 닮았구나!"

성종은 이렇듯 학문을 좋아했을 뿐만 아니라 시원시원한 성격을 가지고 있었다. 성종이 왕이 되기 전 한 번은 이런 일도 있었다.

성종은 여러 내시와 궁녀들과 함께 궁궐 마당을 거닐고 있었다. 그런데 갑자기 활짝 개어 있던 하늘에 시커먼 구름이 몰려들었다. 내시와 궁녀들은 갑작스런 날씨 변화가 두렵기만 했다. 그 때 시커먼 구름이 쩍 갈라지며 궁궐로 벼락이 내리쳤다. 그와 동시에 성종 바로 옆에 있던 내시 한명이 거꾸러졌다. 벼락이 내시의 머리로 내리친 것이었다.

"아이구머니!"

이를 본 내시와 궁녀들은 모두 그 자리에 주저앉고 말았다. 벼락 맞은 내시의 몸이 숯덩이가 되어 있었던 것이다. 그러나 성종은 얼굴빛 하나 변하지 않았다. 성종은 이처럼 담이 컸다고 한다.

그 뒤 왕이 된 성종은 7년 동안은 할머니 정희왕후와 한명회 같은 원상들의 도움을 받으며 나라를 다스렸다.

정희왕후는 성종이 걱정 없이 나라를 다스릴 수 있도록 민심을 안정시켰다. 또한 성종이 안심하고 왕 노릇을 할 수 있도록 구산군을 유배시켜 버렸다.

구산군은 세종의 넷째 아들인 임영대군의 아들로 세조의 총애를 받았던 사람이었다. 구산군은 이시애의 난을 평정한 공으로 스물여덟 살에 영의정에까지 올랐다. 그러나 정희왕후는 구산군이 혹시 왕의 자리를 탐내는 것이 아닌가 의심스러웠다. 대신들의 생각도 마찬가지였다. 그래서 정희왕후는 구산군을 조정 밖으로 쫓아 내고 종친들은 관료가 될 수 없도록 법으로 정했다. 종친들이 관료가 되어 백성들에게 널리 알려지면 왕의 자리에 욕심을 내기 쉽기 때문이었다. 또한 혹시 성종이 왕이 된 것에 불만을 가질 수 있는 제안군과 월산군을 대군으로 높여 불만을 갖지 않게 했다.

이런 정희왕후의 노력으로 모든 권력이 성종에게 집중될 수 있었다. 성종은 이러한 힘을 바탕으로 1476년 왕으로서의 모든 권한을 가지게 되었다.

 성종 시대의 조선은

1. 성종 시대에 나라가 평안했던 이유

정희왕후의 수렴 청정에서 벗어난 성종의 나이는 스무 살이었다. 아직 어린 나이이기는 했지만, 성종은 누구보다도 나라를 어떻게 다스려야 하는지 잘 알고 있었다. 그런데 그런 성종에게 한 가지 걱정이 있었다.

'지금 나라의 모든 권력은 훈구파에게만 몰려 있다.'

훈구파란 조선 초부터 벼슬을 했던 사대부를 말한다. 이성계를 도와 조선을 세운 정도전이나 권근 그리고 세조가 왕이 되는 데 힘썼던 한명회, 신숙주 같은 이들이 훈구파이다. 이들은 공을 세워 나라에서 주는 공신전 같은 땅을 많이 가지고 있었고, 대대로 벼슬을 했기 때문에 날로 권력이 커졌다.

'훈구파의 힘이 너무 커지고 있다. 이러다가 왕보다 더 큰 힘을 가지게 될지도 모른다. 게다가 나라의 힘이 몇몇 사람에게 집중되어 있으면 권력이 썩기 마련인 법인데…….'

실제로 훈구파들은 권력을 이용하여 재산을 더 늘리고 자신의 자식들이나 아는 사람들에게만 벼슬길을 열어 주었다.

'훈구파를 견제할 세력이 필요해.'

그러나 그들을 견제할 만한 세력은 조정에 없었다. 성종이 왕이 되기 전엔 종친들이 그 역할을 해왔었다. 종친들에게 벼슬을 주어 공신들에게만 권력이 집중되는 것을 막게 한 것이다. 하지만 이젠 그것마저 법으로 금지한 상태였다.

'그래, 사림들을 불러들이자.'

사림이란 조선이 세워지자 벼슬을 멀리하고 시골에서 학문을 닦았던 고려의 충신 길재의 제자들이었다. 이들은 벼슬에 뜻을 두지 않고 학문을 닦고 있었다. 그러나 성종 시대에 들어오면서 이들은 서서히 벼슬길에 나서기 시작했다.

성종은 경상도 선산에서 고을 수령을 하고 있던 김종직을 조정으로 불러들였다. 김종직은 학식과 문장이 뛰어나 사림들이 스승으로 따르던 인물이었다. 성종은 김종직을 불러들임으로써 그를 따르던 사림들을 등용하려 한 것이었다.

조정으로 올라온 사림들은 훈구파들을 비판하기 시작했다.

성종편

"훈구파들은 나날이 부자가 되는데 나라에서는 관리들에게 줄 땅이 모자라오. 이는 모두 훈구파들이 너무 많은 땅을 가지고 있기 때문이 아니오?"

조선은 공신들에게 땅을 주었는데 그 땅은 후손에게 대대로 물려줄 수 있었다. 그런데 공신의 수가 많아져 새로 벼슬을 한 관리들에게 줄 땅이 모자라게 되었다. 또한 공신을 비롯한 양반들은 나라에 세금을 내지 않도록 되어 있어, 공신들의 땅이 넓어질수록 나라에서 거둬들이는 세금은 줄어들 수밖에 없었다.

또한 사림들은 훈구파가 세조를 부추겨 단종을 몰아 냈다며 훈구파를 비판했다.

"세조대왕에게 왕이 되라고 했던 자들은 권력에 눈이 뒤집힌 소인배들이지."

이런 사람들을 훈구파가 좋아할 리 없었다.

"소인배라고? 흥, 시골에서 글이나 읽던 촌뜨기들이 정치가 뭔지 알기나 하나?"

훈구파는 사림들을 내쫓으려 했다. 소인배라고 욕을 먹는 것도 참을 수 없었지만, 더 큰 문제는 사림들이 권력을 잡으면 분명 자신들의 땅을 빼앗으려 할 것이 틀림없기 때문이었다. 그러나 성종은 사림의 편을 들었다.

게다가 성종은 벼슬을 한 관리라도 한 달에 한 번 혹은 세 달에 한 번씩 시를 지어 올리게 했다. 이는 훈구파들 가운데 관리로서 자격이 없는 사람을 가려내기 위함이었다. 이로써 훈구파는 지난 날과 달리 끊임없이 학문을 닦고 관리로서의 자격을 갖추기 위해 노력해야만 했다.

또한 성종은 관리들이 백성들을 잘 다스리는지 점수를 매겨 점수가 떨어지는 관리들에겐 벌을 주거나, 심하면 벼슬까지 빼앗았다. 그리고 1485년 1월 1일, 성종은 《경국대전》을 반포했다. 《경국대전》은 30여 년에 걸쳐 만든 조선의 법으로 그 뒤 성종을 비롯한 조선의 왕들은 이 《경국대전》에 따라 나라를 다스렸다.

이처럼 성종은 관리들에게 끊임없이 학문을 닦게 했고, 법에 따라 나라와 백성들을 다스렸다. 이것이 바로 성종 시대에 나라가 평안했던 이유이다. 따라서 백성들은 어느 때보다 평화롭게 살 수 있었다.

2. 백성들은 임금도 부러워하지 않았다

성종은 백성들의 생활에 큰 관심을 기울였다. 그래서 백성들에게 돈이나 곡식을 꾸어 주고 높은 이자를 받는 장리소를 줄여 백성들의 생활이 보다 안정되도록 힘썼다. 또 궁궐에서 직접 누에를 치는 등 양잠업을 장려하고, 목화밭을 많이 만들었다. 이는 옷감 생산량을 늘려 백성들이 입을거리에 대해 걱정 없이 살 수 있도록 하기 위함이었다.

성종은 백성들의 생활을 직접 살피기 위해 보통 사람의 옷차림을 하고서 궁궐 밖으로 나가는 일도 있었다.

성종이 궁궐을 빠져 나온 어느 날이었다. 성종이 다리를 건너는데 갑자기 소나기가 쏟아지기 시작했다. 성종은 얼른 다리 밑으로 내려갔다. 다리 밑에는 비를 피하러 내려온 사람이 하나 있었다.

"어쩌다 늦은 밤까지 집에 돌아가지 못했소?"

성종의 물음에 백성이 자기 옆에 있는 나뭇짐을 가리키며 말했다.

"나무를 팔러 왔다가 다 팔지 못해 이러고 있습니다. 먼 길을 왔는데 나무를 다 팔지 않고 돌아갈 수는 없지요."

"고생이 많겠구려."

성종이 안됐다는 듯 말했다. 그러자 백성은 피식 웃었다.

"고생은 무슨 고생입니까? 부모님 모두 건강하시겠다, 아이들 무럭무럭 자라겠다, 또 내 몸 건강해서 이렇게 일해 식구들 밥 걱정 없겠다. 이만하면 행복한 것이지요."

성종은 고개를 갸웃했다. 늦은 밤까지 집에 돌아가지 못하고 고생하는 사람의 입에서 저런 말이 나온다니 이해할 수가 없었다.

"그래도 임금이나 양반처럼 살면 더 행복할 것이 아니오?"

성종이 이렇게 묻자 백성은 고개를 저었다.

"임금님이나 양반님네들이 뭐가 행복합니까? 임금님은 날마다 나라 걱정해야지, 양반님들은 언제 벼슬이 떨어질지 몰라 가슴 졸여야지. 그것 보다는 우리네 생활이 훨씬 좋지요. 전 임금님도 안 부럽습니다."

어느 새 비가 그치고 있었다.

백성은 나뭇짐을 등에 지고 다리 위로 걸음을 옮겼다. 그런데 갑자기 뒤를 돌아다보며 이렇게 말했다.

"보아하니 양반님 같은데, 언제 임금님을 만날 일이 있으면 내 말 좀 전해 주십시오. 이렇게 나라를 태평하게 이끌어 주어서 고맙다고 말입니다."

성종은 백성의 모습이 어둠 속으로 사라질 때까지 그 자리에 멍하니 서 있었다.

'정말 왕인 나보다 백성들이 더 행복한지도 모르겠구나!'

성종이 조선을 다스리던 시대는 이렇게 태평 성대였다. 그래서 날마다 백성들의 노랫소리가 끊이질 않았다고 한다.

하지만 이렇게 세상이 좋다 보니, 사회 곳곳에서 퇴폐 풍조도 고개를 들었다. 성종 자신도 나중에는 후궁을 여럿 두고 놀이에 빠지기도 했다고 한다.

그래서 후궁들을 질투하던 왕비 윤씨가 성종의 얼굴에 손톱 자국을 내는 일까지 벌어졌다. 이 윤씨가 바로 연산군의 어머니인데, 윤씨는 결국 왕비의 자리에서 쫓겨나 사약을 받았다. 그러나 이러한 일은 성종이 한 훌륭한 일에 비하면 극히 작은 부분이었다. 성종 시대는 조선 어느 시대보다도 안정되고 태평스러운 때였던 것이다.

백성들에게 성군으로 불리던 성종은 1494년 12월, 안타깝게도 서른여덟이라는 젊은 나이로 숨을 거두었다. 성종은 12명의 아내에게서 16남 12녀의 자녀를 두었다. 그의 능은 선릉으로 서울 강남

성종편

구 삼성동에 있다.

성종 시대의 사람들

중국 견문록을 엮은 최부

1488년 6월의 어느 날, 성종은 최부라는 신하를 만났다.

"정말 수고가 많았소이다!"

성종은 최부를 놀라운 눈으로 바라보았다. 그도 그럴 것이 최부는 구사 일생으로 살아 돌아온 사람이었다.

최부는 전라도 나주 사람으로 도망간 죄인을 잡아 오는 관리였다. 그런데 아버지가 돌아가셨다는 소식을 듣고 날씨가 좋지 않은데도 바다에 배를 띄웠다가 결국 풍랑을 만나고 말았다.

"그래, 풍랑을 만난 뒤 어떻게 되었소? 지난 이야기를 들려 주시구려."

성종의 말에 최부는 자신이 겪은 일을 들려 주었다.

"풍랑을 만난 뒤 일행 43명과 13일 동안을 바다에서 표류했사옵니다. 그러다가 육지에 오르게 되었는데 그 곳은 중국의 강남 지방이었사옵니다."

그 뒤 최부는 중국 관원들에게 심문을 받아야 했다. 당시는 왜구들이 중국 바닷가를 자주 침입하고 있던 때였다. 그래서 중국 사람들은 최부가 왜구인 줄 알고 죄인 취급을 했던 것이다.

최부는 중국 관원들에게 심문받던 이야기로 말을 이었다.

"우리가 조선의 관리라고 하자, 중국의 관원들은 제 말이 진짜인지를 알기 위해 조선의 도읍이 어디이며 조선의 역사에 관해 꼬치꼬치 물어 보았사옵니다."

최부는 그 물음에 거침없이 대답했다. 그는 김종직 등과 함께 《여지승람》 등의 책을 지을 만큼 학식이 깊었던 것이다.

"중국 관원들은 그제야 저희 말을 믿어 주었사옵니다. 그리고 북경으로 데려가 이렇게 조선으로 다시 돌아올 수 있게 해주었사옵니다."

최부의 말에 성종은 고개를 끄덕였다.

"그래, 조선으로 돌아오는 길은 어땠소?"

최부는 웃으며 대답했다.

"저희 일행이 가는 곳마다 중국의 학자들이 찾아와 후한 대접을 했사옵니다. 저는 중국의 학자들과 학문을 논하고 시를 주고받았사옵니다."

"그럼, 중국에 관해 보고들은 것이 많겠구려?"

"그렇사옵니다."

성종은 잠깐 생각한 끝에 최부에게 명을 내렸다.

"그대가 중국에서 조선으로 돌아오며 보고 들은 것을 책으로 엮도록 하시오. 그러면 다른 학자들도 더 넓은 시야를 갖게 될 것이 아니겠소."

그런 다음 성종은 최부를 비롯한 중국에서 돌아온 최부의 일행에게 푸짐한 음식을 내렸다.

성종의 명에 최부는 곧 책을 지었다. 그 책의 이름은 《표해록》이다. 최부가 《표해록》을 올리자, 성종은 최부를 칭찬하며 상을 내렸다.

"최부가 죽을 고생을 하면서도 나라를 빛냈으니 옷과 가죽신을 내리노라."

최부가 지은 《표해록》은 이탈리아의 마르코폴로가 지은 《동방견문록》에 비길 만한 중국 표류기로 오늘날까지 이름이 높다.

 조선은 어떤 법으로 나라를 다스렸나

성종 대인 1485년 드디어 조선의 법인 《경국대전》이 완성됐다. 그 뒤 조선의 왕을 비롯한 신하들은 이 《경국대전》을 기초로 나라를 다스렸다.

《경국대전》의 내용 일부를 살펴보면 다음과 같다.

- 첩의 자식은 문과 생원시와 진사시를 볼 수 없다.
- 천민이 양인과 결혼을 하여 얻은 자식은 천민이 된다.
- 노비를 사고 팔 때는 관청에 신고해야 하며 이를 어겼을 때는 그 노비 및 대가로 받은 물건을 모두 빼앗는다. 나이 16세 이상 50세 이하는 가격이 저화 4천 장(저화는 공양왕 때 처음 만든 종이돈으로 저화 4천 장은 면포 2백 필에 해당한다)이고, 15세 이하 50세 이상은 3천 장이다.

- 종묘 사직과 관련된 문제나 불법적인 살인을 제외하고는 아전이나 하인이 자기 관청의 관리를 고발하거나, 백성이 관찰사나 고을 수령을 고발하는 경우는 받아들이지 않고, 장 100대에 징역 3년에 처한다.
- 가장이 모반을 했거나 반역을 일으켰을 경우를 제외하고 노비가 가장을 고소하면 모두 교수형에 처한다.

이처럼 《경국대전》은 신분을 엄격하게 구별하였고, 자식이 부모를, 노비가 주인을, 백성이 수령을 고소할 수 없게 하였다. 이를 통해 우리는 조선의 법은 양반을 중심으로 만들어졌다는 것을 알 수 있다. 또한 집안의 가장에 대한 효를 중요시 여겼음도 알 수 있다. 이는 조선 시대 왕과 양반들이 성리학을 지배 이념으로 삼았기 때문이다.

성리학은 모든 것의 으뜸을 효라 여기고, 임금은 백성의 어버이라고 가르쳤다. 삼강 오륜을 보면 성리학의 기본 사상을 알 수 있을 것이다.

삼강

군위신강(君爲臣綱) : 임금과 신하 사이에 마땅히 지켜야 할 도리.
부위자강(父爲子綱) : 부모와 자식 사이에 마땅히 지켜야 할 도리.
부위부강(夫爲婦綱) : 남편과 아내 사이에 마땅히 지켜야 할 도리.

오륜

부자유친(父子有親) : 부자 사이에는 친애가 있어야 한다.
군신유의(君臣有義) : 임금과 신하 사이에는 의리가 있어야 한다.
부부유별(夫婦有別) : 남편과 아내 사이에는 분별이 있어야 한다.
장유유서(長幼有序) : 어른과 아이 사이에는 순서가 있어야 한다.
붕우유신(朋友有信) : 친구 사이에는 믿음이 있어야 한다.

사진으로 보는 조선왕조 오백년

1. **조선왕조실록** 국보 제151호. 조선 역대의 역사적 사실을 기록한 책. 조선 제1대 왕 태조 때부터 철종에 이르는 25대 472년간의 역사가 왕별로 연월일 순서에 따라 기록되어 있다. 모두 1893권 888책으로 되어 있다. 2. **단종 실록** 3. **세조 실록**

1. **태백산 사고** 조선왕조실록을 보관하던 조선 후기 사고의 하나로, 경상 북도 봉화군 석현리에 있었다. 2. **오대산 사고** 조선왕조실록을 보관하던 곳으로 6·25 때 불타 버리고 비석만 남아 있다. 현재의 건물은 옛 모습대로 다시 지은 것이다. 강원도 평창군 진부면 동산리.

사진으로 보는 조선왕조 오백년

연산군 묘 서울 도봉구 방학동에 있다.

조 선 왕 조 오 백 년

● 제10대 왕

연산군

1476~1506년
재위 기간 : 1494~1506년

    연산군은 광해군과 더불어 조선 왕조의 왕으로 인정받지 못했다.
    그는 왕위에 오른 초기의 몇 년을 빼고는 오로지 폭정만 일삼았다. 1498년 연산군은 자신의 잘못을 비판하는 사림들이 귀찮아 무오사화를 일으켰다. 이는 조선 시대 최초의 사화이다. 무오사화로 인해 수많은 사림들이 모진 고문을 받고 죽거나 귀양 갔다. 또 1504년에는 생모인 폐비 윤씨가 성종의 후궁인 정씨와 엄씨의 모함으로 내쫓겨 죽었다고 해서 자기 손으로 두 후궁을 죽이고 할머니인 인수대비마저 머리로 받아 죽게 하였다. 또 윤씨를 쫓아 내는 데 찬성했던 수십 명의 신하들을 살해하는 등의 엄청난 일을 저질렀다.
    그리고는 전국에서 미녀와 좋은 말을 구해 오게 하고, 성균관의 학생들을 몰아 내고 그 곳을 놀이터로 삼았다.
    이렇게 폭정을 일삼던 연산군은 1506년 중종반정에 의해 왕위에서 쫓겨난다.

아버지와 너무 다른 연산군

연산군은 성종의 큰아들로 이름은 융이다. 그는 1476년에 태어났는데, 네 살이 되던 해 어머니 윤씨가 왕비의 자리에서 쫓겨나 계모 정현왕후 윤씨의 손에서 자랐다.

그는 학문을 싫어하고 학자들을 멀리했다. 또 성격이 괴팍하고 고집이 셌으며 변덕이 심했다. 그래서 세자로 책봉될 때 성종을 비롯한 여러 대신들이 그가 세자감이 아니라고 생각했었다고 한다. 하지만 그는 여덟 살 되던 해인 1483년 세자로 책봉되었다. 이 때까지 성종에게는 왕비가 낳은 아들이 연산군밖에 없었기 때문이었다.

이러한 우려 속에서 연산군은 1494년 열아홉의 나이로 임금의 자리에 앉았다. 그러나 그는 수렴 청정은 받지 않았다. 왕이 된 달이 12월이라 한 달만 지나면 성년이 되기 때문이었다.

왕이 된 연산군은 처음에는 나름대로 나라를 잘 이끌어 나갔다. 전국 방방곡곡에 암행 어사를 파견하여 올곧지 못한 관리들을 처벌하는 한편, 과거를 통해 나라를 이끌어 갈 인재를 많이 뽑았던 것이다. 그러나 이는 성종 대에 벼슬에 오른 사람들의 주장을 물리칠 수 없었기 때문이다.

연산군은 왕위에 오른 지 4년째 되던 해 폭군으로서의 모습을 드러내기 시작했다. 그는 두 번의 사화로 조정에서 사림들을 몰아 내고 궁궐을 놀이터로 만들었다.

 연산군은 왜 두 번의 사화를 일으켰을까

1. 연산군은 왜 사림을 죽였나

연산군이 왕이 된 지 4년째 접어드는 어느 날이었다. 훈구파를 대표하는 유자광과 이극돈이 연산군을 찾아왔다. 이극돈이 입을 열었다.

"전하, 김일손이 김종직의 조의 제문을 사초에 실었사옵니다."

사초란 왕과 신하들의 말과 행동을 적어 놓은 조정의 일기와 같은 것이다. 왕이 죽으면 그 왕대에 쓰여진 사초를 기초로 왕조 실록을 편찬하는데, 이극돈은 성종의 실록을 편찬하는 일을 맡고 있어 성종 대의 사초를 볼 수 있었다.

"뭐라고, 김종직의 조의 제문을?"

김종직의 조의 제문은 세조가 단종을 밀어 내고 왕위를 빼앗은 것을 비판하는 글이었다.

"전하, 세조대왕을 비판하는 것은 전하를 우습게 보는 것과 마찬가지옵니다. 세조대왕이 누구시옵니까? 바로 전하의 조부님이 아니시옵니까?"

유자광이 마치 충성을 다하는 신하처럼 말했다.

하지만 유자광과 이극돈에게는 다른 속셈이 있었다. 그들은 연산군이 사림들을 싫어하는 것을 이용하여 사림들을 몰아 내려고 하는 것이었다.

"그렇지. 나를 우습게 보지 않고서는 어찌 세조대왕을 비판할 수 있단 말이냐! 당장 그 놈들을 잡아들여라!"

연산군은 몹시 화가 난 듯 말했다. 그러나 그는 속으로 웃고 있었다.

'이 기회에 사림인가 뭔가 하는 놈들을 조정에서 모조리 쫓아 내고 말 테다.'

연산군은 사림들이 지긋지긋했다. 그들은 날마다 이래라 저래라 참견이 많았다. 왕이라도 잘못된 점이 있으면 고쳐야 한다며 날마다 귀찮게 했다. 그래서 연산군은 기회를 봐서 사림들을 모조리 조정에서 쫓아 내려고 벼르고 있었다. 그런 때에 유자광과 이극돈이 사림파를 없앨 구실을 주었던 것이다.

이 일로 젊고 올곧은 사림파들이 모진 고문을 당하고 죽거나 귀양을 갔다. 또한 이미 죽은 김종직의 무덤을 파헤쳐 그 시신을 찢기까지 했다. 이 사건을 무오사화라고 한다. 사화란 '사림들의 화(재앙)'란 뜻이다.

"하하, 사림파들을 쫓아 내고 나니 시원하구나!"

그 뒤 연산군은 나라일은 제쳐 두고 날마다 기생을 끼고 술만 마셨다. 이 기생들은 전국에서 뽑아온 미인들이었는데, 연산군은 기생들을 궁궐에 머물게 하고 이들을 흥청이라 불렀다. 우리가 돈을 물쓰듯이 하며 노는 것을 '흥청망청'이라고 하는데 이는 연산군이 전국에서 뽑아온 기생들인 흥청에서 유래된 말이다.

2. 놀려면 돈이 필요하다

그 뒤 5년이 흘렀다. 연산군이 날마다 잔치를 열며 노는 탓에 나랏돈이 거덜나고 말았다. 백성들이 살고 있는 집을 빼앗아 사냥터를 만들고, 터무니없는 세금을 만들어 거두어들였지만, 잔치에 쓰이는 돈을 감당할 수 없었다.

"왕이 돈이 없어 놀 수 없다니, 무슨 좋은 수가 없을까?"

생각 끝에 연산군은 신하들의 재물을 빼앗기로 마음먹었다. 무오사화로 사람들이 쫓겨난 뒤 조정은 모두 훈구파들 판이었다.

"훈구 대신들은 거의 공신전을 가지고 있지."

공신전이란 나라에서 공을 세운 신하에게 주는 땅이었는데, 자손대대로 물려주도록 되어 있었다.

"조상이 나라에 공을 세웠다고 나라에 아무 도움도 주지 못한 이들까지 공신전을 가지고 있는 것은 말이 되지 않소."

연산군의 말에 신하들의 얼굴이 벌개졌다.

'아니, 우리들의 재산을 빼앗으려 들어?'

사림들이 쫓겨난 뒤 훈구파는 한 번도 연산군을 나무라지 않았다. 연산군이 백성들의 땅과 재물을 빼앗았을 뿐 자기들에게 피해는 주지 않았기 때문이었다. 그러나 이번에는 가만히 있을 수 없었다. 그냥 있다가는 애써 모은 재산을 왕에게 빼앗길 것이 뻔했던 것이었다.

훈구파들은 그제야 연산군을 비판하기 시작했다.

"전하, 잔치를 줄이시옵소서."

"전하, 백성들의 피와 같은 세금을 낭비하면 아니 되옵니다."

그러자 연산군은 발끈했다.

'흥, 이제까지 가만 있던 놈들이 마치 충신이라도 된 것 같군. 다 쫓아 내 버려야지. 그런데 뭔가 이유가 있어야 하지 않겠는가!'

연산군이 이렇게 신하들을 쫓아 내려고 벼르고 있던 때였다. 어느 날 임사홍이 연산군을 찾아왔다. 임사홍은 많은 대신들을 밀어내고 자기 혼자 권력을 쥐려는 사람이었다.

"무슨 일이오?"

"전하의 어머님에 관한 일이옵니다."

순간 연산군의 얼굴에 핏기가 사라졌다. 지금까지 아무도 자신의 친어머니에 대해 말해 주는 이가 없었다. 그것은 아버지 성종이 앞으로 폐비 윤씨에 대한 이야기는 꺼내지 말라고 명령한 때문이었다.

그런데 임사홍은 눈물을 글썽이며 폐비 윤씨가 억울하게 죽었다며 말문을 열었다.

"전하, 전하의 어머님께서는 폐비가 되신 뒤 잘못을 깊이 뉘우치

고 계셨습니다. 그래서 성종대왕께서 다시 궁궐로 불러들이려고 하셨지요. 하지만 할머니이신 인수대비와 다른 후궁들이 전하의 어머님이 반성은커녕 날마다 왕을 욕한다고 모함하였사옵니다. 그래서 결국 돌아가시고 말았사옵니다."

임사홍은 이렇게 말하며 윤씨의 어머니 즉 연산군의 외할머니가 가지고 있던 피묻은 수건을 보여주었다. 그것은 폐비 윤씨가 사약을 받고 죽을 때 쏟은 피가 묻은 수건이었다.

"내가 지금까지 내 어머니를 죽인 놈들과 한 하늘 아래서 살고 있었구나!"

연산군은 곧 윤씨를 죽이는데 가담했던 신하들을 샅샅이 찾아 내어 모두 죽여 버렸다. 이것이 갑자사화로 1504년의 일이다.

그 뒤 연산군은 신하들에게 이런 글을 새긴 패를 차고 다니게 했다.

"입은 재앙을 초래하는 문이오, 혀는 몸을 죽게 하는 도끼이다."

이는 자기를 비판하는 사람은 가차없이 죽여 버리겠다는 무시무시한 말이었다. 신하들은 연산군 앞에서 더욱 몸을 낮추었다. 이로써 연산군은 조선 역사상 가장 지독한 폭군이 되었다.

 연산군은 왜 폭군이 되었을까

연산군은 어려서부터 성격이 괴팍하고 포악했다. 그리고 한 번 원한을 품으면 반드시 복수하고 마는 성격이었다. 이는 연산군이 왕위에 오르자마자 자신의 스승이었던 조자서를 죽인 일로도 알 수 있다.

연산군은 어려서부터 조자서를 몹시 싫어했다. 날마다 공부를 하라며 귀찮게 하는 데다 공부를 열심히 하지 않으면 성종에게 알리겠다고 으름장을 놓았기 때문이었다. 연산군은 조자서에게 이를 부득부득 갈았다. 그리고 왕이 되자마자 조자서를 죽여 버렸다.

이러한 연산군의 성격은 타고난 것이기도 하겠지만, 그의 어린 시절이 몹시 불우했기 때문이기도 했다.

연산군이 네 살 되던 해 친어머니인 윤씨가 궁궐에서 쫓겨나자 연산군은 정현왕후의 손에서 자랐다. 그러나 연산군은 정현왕후를 따르지 않았다. 정현왕후에게서는 어머니의 따뜻한 정이 느껴지지 않았던 것이다.

할머니 인수대비 역시 연산군에게 꾸중만 했다. 게다가 정현왕후가 진성대군(나중에 중종이 되는 왕자)을 낳자 인수대비는 진성대군만 귀여워했다. 그래서 연산군의 어린 시절은 외롭기만 했다.

'아, 내 어머니는 어떤 분이었을까?'

연산군은 어머니에 대한 그리움이 컸다. 그러나 그는 어머니 윤씨가 어떻게 죽었는지 알 수 없었다. 아무도 연산군에게 어머니의 이야기를 해주지 않았던 것이다.

그렇게 자란 연산군은 남에게 자신의 속마음을 잘 드러내지 않았다. 다만 마음속에 켜켜이 앙심을 쌓아 두고 있었다.

'어디, 내가 왕이 된 뒤에 두고 보자.'

이렇게 마음먹고 있던 연산군은 왕이 되자 두 번의 사화를 일으키는 등 온갖 폭정을 서슴지 않았다. 그리고 어머니가 억울하게 죽은 것을 안 연산군은 당장 할머니 인수대비를 찾아갔다.

"할머니가 내 어머니를 죽인 사람이었구려!"

연산군은 이렇게 말하며 인수대비를 머리로 들이받아 넘어뜨렸다. 그렇지 않아도 병에 시달리던 인수대비는 그 일로 곧 숨을 거두고 말았다.

연산군은 인수대비와 함께 어머니 윤씨를 죽이는 데 앞장섰던 성종의 후궁들과 그의 자식들도 가만 두지 않았다. 그들을 궁궐 뜰 안에서 때려 죽인 것이다.

그러고도 연산군은 분이 풀리지 않은 듯 부들부들 떨었다.

'나쁜 놈들, 나쁜 놈들. 내 어머니를 죽인 놈들은 모조리 다 없애 버릴 테다.'

그러나 사람들이 이를 두고만 보지 않았다.

1506년 9월, 박원종, 성희안 등이 군사를 일으켜 연산군을 몰아내고 진성대군을 새 왕으로 세운 것이다. 이 일을 중종반정이라고 하는데, 중종반정으로 연산군은 왕자의 신분으로 강등되어 강화도로 귀양 갔다.

연산군은 강화도로 쫓겨난 지 두 달 만에 숨을 거두었다. 그 때 연산군의 나이 31세였다.

연산군의 묘는 서울 도봉구 방학동에 있는데, 다른 왕들의 무덤과는 달리 아무 장식도 없이 초라하다. 또 연산군에게는 다른 왕들에게 붙여 주었던 '조' 혹은 '종'의 칭호도 붙이지 않았다. 이는 연산군을 조선의 왕으로 대우하지 않았기 때문이다.

연산군 시대의 사람들

조선 시대 3대 도적 홍길동

연산군 6년 10월 22일의 일기를 보면 영의정 한치형 등이,

"도적 홍길동을 잡았으니, 나머지 무리를 소탕하심이 옳은 줄로 아옵니다."

라고 연산군에게 말하는 내용이 나온다.

그 뒤 중종과 선조의 실록에도 신하들이 '홍길동의 예를 따라 도적들을 소탕하는 것이 옳다'고 왕에게 말하는 내용이 있다.

이는 광해군 대 허균이 지은 소설의 주인공인 줄만 알았던 홍길동이 실제로 살아 있었던 인물임을 말해 준다.

실제의 홍길동이 활동하던 시기는 연산군 시대였다. 그는 전라도 장성 출신으로 충청도 지역을 중심으로 활동하였는데, 경기도는 물론 한양까지 들락거렸다고 한다.

한치형은 다음과 같이 연산군에게 보고했다.

"홍길동은 옥관자를 붙이고 홍대를 차고 다니며 스스로를 첨지라

고 했다 하옵니다. 그리고는 벌건 대낮에도 무리들을 이끌고 한양 거리는 물론 관아에까지 출입하였습니다."

이처럼 홍길동은 도둑의 신분임에도 거리를 당당하게 활보하였다. 이는 당시 백성들이 홍길동에게 나쁜 감정을 품지 않았기 때문이다.

잘 알다시피 연산군은 백성들의 땅과 재물을 빼앗았다. 게다가 흉년이 겹쳐 백성들은 고향을 버리고 이리저리 떠돌아다니며 방랑 생활을 해야 했다. 그 가운데는 산으로 들어가 도적 행세를 하는 사람도 있었다. 스스로 원해서가 아니라 배고픔 때문에 어쩔 수 없이 도적이 되었던 것이다.

백성들이 홍길동을 나쁘게 보지 않은 이유는 바로 이 때문이다. 자신들도 언제 홍길동과 같은 도적이 될 지도 모르는 상황이었던 것이다. 게다가 홍길동은 백성들을 괴롭히는 양반들의 재물만을 털었는데, 백성들은 아마도 이를 통쾌하게 여겼을 것이다.

그래서 조정에서 홍길동을 극악 무도한 도적이라고 했던 반면 백성들은 홍길동을 의적이라고 불렀다.

조선 시대에는 홍길동 말고도 백성들 사이에서 의적이라고 일컬어지는 인물이 많았다.

그 대표적인 사람이 임꺽정과 장길산이다.

임꺽정은 명종 시대에 황해도 지방을 중심으로 도적의 무리를 이끌던 사람이다. 그는 갈대로 그릇을 만드는 고리 백정이었다. 그런

데 조정에서 갈대밭을 나라의 땅으로 삼고 고리 백정들에게 갈대를 사서 쓰게 했다. 그로 인해 고리 백정들은 살길이 막막해졌고, 이에 임꺽정은 도적이 되어 관군을 괴롭혔다. 그러나 임꺽정은 도적이 된 지 3년 만에 부하였던 서림의 배신으로 잡혀 처형되었다.

　장길산은 그보다 훨씬 뒤인 숙종 시대의 도적이다. 장길산 역시 천민 계층의 광대 출신으로 그는 조선 왕조를 무너뜨리고 새로운 나라를 세우려고 했다. 장길산은 조선뿐만 아니라 중국까지 손에 넣으려는 원대한 계획까지 가지고 있었다. 조정에서는 이 장길산을 잡기 위해 눈에 불을 켰지만, 끝내 잡지 못하고 장길산은 그 뒤 어디론가 사라졌다고 한다.

　조선 후기의 실학자인 이익은 자신이 지은 《성호사설》이란 책에서 연산군 시대 홍길동과 명종 시대 임꺽정 그리고 숙종 시대의 장길산 이 세 사람을 조선의 3대 도적이라고 했다.

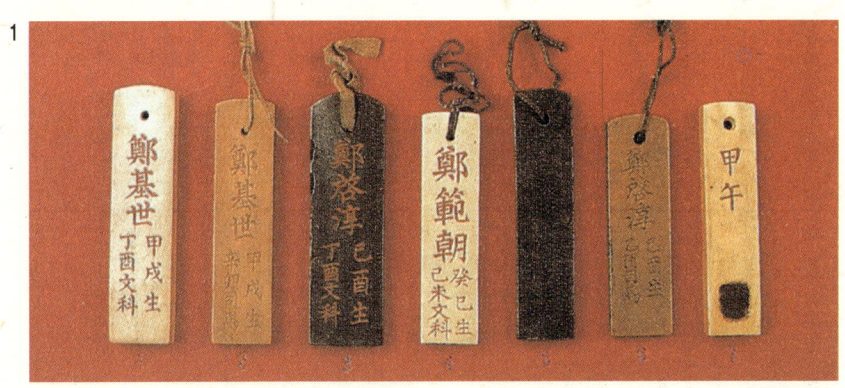

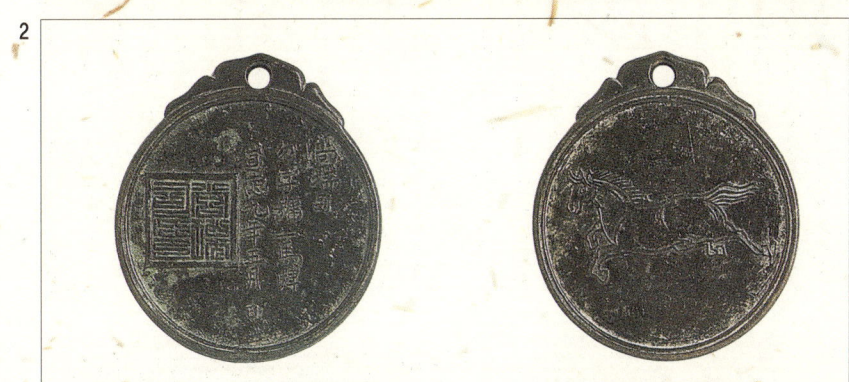

1. **호패** 조선 시대에 16세 이상의 남자가 신분을 증명하기 위해 차고 다니던 패. 신분에 따라 호패의 재료와 기록 내용이 다르다. 2. **마패** 조선 시대의 관리가 출장 중에 사용했던 역마 사용 패. 3. **상평통보** 조선 시대 중기에 사용하였던 화폐.

사진으로 보는 조선왕조 오백년

1. 홍길동전 조선 시대 중기의 문신이자 소설가인 허균이 지었다고 전하는 우리 나라 최초의 한글 소설. 2. 홍길동전 표지 3. 심청전 조선 시대에 쓰여진 작가와 연대가 알려지지 않은 고대 소설. 효녀 심청이 장님인 아버지를 지극한 효심으로 눈을 뜨게 하였다는 내용이다.

사진으로 보는 조선왕조 오백년

1. **춘향전** 조선 영조·정조 시대 전후의 작품으로 작자는 알려져 있지 않으며, 우리 나라 고대 소설의 대표작이라 할 수 있다. 2. **구운몽** 조선 숙종 때 김만중이 지은 국문 소설. 김만중이 남해의 외딴섬으로 귀양 갔을 때 늙은 어머니를 위해 지은 것이다.

정릉 중종의 능으로 서울 강남구 삼성동에 있다.

조 선 왕 조 오 백 년

●제11대 왕

중종

1488~1544년
재위 기간 : 1506~1544년

중종은 성희안, 박원종 등이 일으킨 반정에 의해 왕위에 올랐다. 이처럼 신하들의 힘으로 왕이 되었기 때문에 중종은 언제나 공신들의 눈치를 보아야 했다.

중종은 왕위에 오른 뒤 연산군 대 흐트러진 나라의 기강을 바로잡기 위해 힘썼지만 성희안, 박원종 등의 반정 공신들의 세력에 밀려 자신의 뜻을 이룰 수 없었다. 그러자 중종은 조광조 등의 사림 세력을 끌어들여 공신 세력을 제압하고 잘못된 정치를 개혁하려 했다.

중종은 조광조 등의 개혁 세력에 힘을 실어 주며 박원종 등의 공신 세력을 밀어 내기 위해 안간힘을 썼다. 하지만 조광조의 개혁이 너무 급진적이어서 공신들의 반발을 불러일으킨 데다, 중종도 조광조의 정치에 싫증을 느끼기 시작했다. 결국 중종은 기묘사화를 일으켜 조광조 등을 죽이고 만다.

기묘사화 이후 조정은 간신들의 판이 되어 나라는 다시 어지러워지기 시작했다.

신하들의 눈치만 보던 중종

1488년 성종과 정현왕후 사이에서 태어난 중종은 연산군과는 어머니가 다른 형제이다. 그의 이름은 역으로 왕자 시절에는 진성대군으로 불리웠다. 중종은 열아홉 되던 해인 1506년 성희안·박원종 등이 일으킨 반정으로 왕이 되었다. 따라서 중종은 자신을 왕으로 추대한 박원종을 비롯한 공신 세력들의 눈치를 봐야 했던 것이다.

한때 중종은 조광조 등 신진 사림 세력을 등용하여 연산군 대의 정치를 개혁하고 공신 세력을 눌러 왕권을 강화하려고 했지만, 기묘사화가 일어남으로써 실패로 돌아가고 만다. 공신들의 세력이 만만치 않았거니와, 중종 스스로 자신의 생각을 밀어붙일 만한 능력이 부족했던 것이다.

이로 인해 중종은 권력을 잡으려는 신하들에게 이리저리 끌려다니는 왕이 되고 심지어는 사랑하는 아내마저 내쫓아야 했다.

 ## 중종은 왜 아내를 버려야 했나

"날 믿으시오. 내 반드시 다시 부를 것이오."

중종은 잡고 있던 아내 신씨의 손을 놓지 못했다. 신씨는 힘없이 손을 빼며 말했다.

"전하, 저는 전하가 다시 부르실 날만 기다리겠사옵니다."

신씨는 가마로 향했다. 그 모습을 보는 중종의 눈이 부옇게 흐려졌다.

1506년 9월 박원종, 성희안 등은 연산군을 쫓아 내리려고 반정을 일으켰다. 궁궐을 손에 넣은 그들은 먼저 정현왕후를 찾아갔다.

"마마, 신들은 연산군을 폐하고 마마의 아드님이신 진성대군을 새 왕으로 모시려 하옵니다."

"연산군에게는 아들이 있지 않소?"

정현왕후의 말에 박원종은 고개를 저었다.

"연산군의 아들이 왕이 되면 아버지의 원수를 갚으려 할 것이 틀림없사옵니다."

그제야 정현왕후는 고개를 끄덕였다.

"그럼 경들의 뜻대로 하시오."

중종은 이렇게 반정 공신들의 힘으로 왕이 되었다.

그런데 며칠이 지난 뒤였다. 반정 공신들이 중종을 찾아와 말했다.

"전하, 역적의 딸을 중전의 자리에 있게 할 수는 없사옵니다."

그 말에 중종은 이를 꼭 깨물었다. 드디어 올 것이 오고 만 것이었다.

중종의 아내 신씨는 연산군 밑에서 우의정을 지낸 신수근의 딸이었다. 그런데 신수근의 여동생은 연산군의 아내였다. 그래서 신수

제11대 중종 가계도

```
성종
 ├──────── 제11대 중종 (진성대군 1488 ~ 1544)
정현왕후 윤씨              재위 기간 : 1506년~1544년
                                (38년2개월)

단경왕후 신씨(자식 없음)

장경왕후 윤씨 ──────┬── 제12대 인종
                    └── 효혜공주

문정왕후 윤씨 ──────┬── 제13대 명종(경원대군)
                    ├── 의혜공주
                    ├── 효순공주
                    ├── 경현공주
                    └── 인순공주

경빈 박씨 ──────────┬── 복성군
                    ├── 혜순옹주
                    └── 혜정옹주

희빈 홍씨 ──────────┬── 금원군
                    └── 봉성군

창빈 안씨 ──────────┬── 영양군
                    ├── 덕흥대원군(선조 아버지)
                    └── 정신옹주

숙의 홍씨 ────────── 해안군

숙의 이씨 ────────── 덕양군

숙의 이씨 ──────────┬── 정순옹주
                    └── 효정옹주

숙원 김씨 ────────── 숙정옹주
```

조선왕조 오백년

근은 누구보다도 연산군과 가까이 지냈고, 그로 인해 중종반정 때 역적으로 몰려 죽었다.

반정 공신들은 신수근의 딸인 신씨를 그냥 두어서는 안 된다고 생각했다. 만일 신씨가 아들을 낳아 왕이 된다면 신씨가 아버지의 원수를 갚으려 할 수도 있기 때문이었다.

공신들은 날마다 신씨를 폐하라고 왕에게 상소를 올렸다. 중종은 이러한 신하들의 주장을 물리칠 수 없었다. 그보다 신하들이 더 큰 힘을 가지고 있기 때문이었다.

가마 안으로 들어가는 신씨는 고개를 푹 수그린 채 얼굴을 보이지 않았다. 신씨는 그렇지 않아도 자기 때문에 마음이 어지러운 중종에게 눈물까지 보이고 싶지 않았던 것이다.

중종은 아내가 곁에 있는 것처럼 속삭이듯 중얼거렸다.

"내, 반드시 다시 부르겠소."

다음 날부터 중종은 신씨가 있는 집 쪽을 멍하니 바라보았다. 그 소식을 들은 신씨는 집 근처 뒷동산에 있는 커다란 바위에 올라 날마다 중종이 있는 쪽을 바라보았다고 한다.

그러나 중종의 바람은 쉽게 이루어질 수 없었다. 그런 때 공신들은 그렇지 않아도 마음이 어지러운 중종을 끊임없이 괴롭혔다. 그들은 앞다투어 자신들의 딸을 중종의 후궁으로 들여보내려고 했다. 자기 딸이 아들을 낳아 중종의 뒤를 잇는다면 임금이 부럽지 않을 것이기 때문이었다. 또한 중종이 자신들의 말을 듣지 않으면 은근

한 협박도 서슴지 않았다. 이로 인해 왕의 권위는 땅에 떨어져 있었다.

'이렇게 신하들의 눈치만 볼 수는 없다. 그러고서 어찌 내가 이 나라의 왕이라 할 수 있단 말인가!'

중종은 공신들의 힘을 꺾을 방법을 궁리하기 시작했다.

 중종은 왜 조광조를 불러들였나

중종은 드디어 공신 세력을 견제할 방법을 찾아 냈다.

'그래, 아버님께서 하신 방법을 쓰는 거야!'

중종은 아버지 성종이 사림을 등용하여 훈구 세력을 눌렀던 것을 떠올렸다. 중종을 왕으로 내세운 공신 세력은 모두 훈구 대신들이었다. 연산군 대에 두 번의 사화로 사림은 조정에 남아 있지 않았던 것이다. 중종은 성종처럼 사림을 이용하면 공신 세력을 누를 수 있을 것이라고 판단했다. 또한 사림들과 함께 나라를 이끌어 나가면 아버지 성종처럼 훌륭한 정치를 펼 수 있으리라 생각했다.

'그럼, 아내도 다시 불러올 수 있겠지?'

1510년 공신 가운데 으뜸이었던 박원종이 죽자, 중종은 사림의 우두머리라 할 수 있는 조광조를 불러들였다.

"지금 이 나라는 임금이 누구인지 알 수 없게 되었소. 내가 떨어진 왕권을 세우고 백성들이 걱정 없이 살 수 있는 나라를 만들도록 공이 도와주시오."

중종의 입술이 떨렸다. 조광조는 그 모습에서 나라를 제대로 세우려는 중종의 마음을 알 수 있었다.

"전하, 전하께옵서 저를 내치시지 않는 한 몸과 마음을 다해 전하의 뜻을 따르겠나이다."

조광조는 곧 공신들의 힘을 꺾고 연산군이 어지럽혀 놓은 나라를 바로잡기 위한 정책을 마련했다. 그는 먼저 현량과를 실시했다. 현량과는 추천으로 관리를 뽑는 제도였다. 과거는 그 사람의 인격과 상관없이 문장만 좋으면 관리로 등용될 수 있는 데 반해 현량과는 학문뿐만 아니라 인격까지도 보고 관리를 뽑는 제도였다. 이를 통해 조광조는 자신과 함께 중종을 도울 인재를 뽑으려는 것이었다.

공신들이 이를 모를 리 없었다. 공신들은 거세게 들고 일어났다.

"현량과로 관리를 등용한다면 조정은 온통 사림들의 판이 될 것이 아닌가!"

그러나 중종은 꿈쩍도 하지 않았다. 조광조는 그런 중종의 모습을 보며 몹시 기뻐했다.

'전하께서는 분명 어떠한 어려움에도 굴하지 않으실 거야.'

조광조는 중종이 성종과 같은 성군이 될 거라고 굳게 믿었다.

그러던 어느 날이었다. 중종은 조광조를 불러 나지막히 입을 열었다.

"내 한 가지 청이 있소."

"무엇이옵니까?"

"폐비가 된 신씨를 다시 궁궐로 불러올 수 있게 도와주시오."

조광조는 고개를 끄덕였다.

"폐비가 되신 신씨는 아무 잘못이 없사옵니다. 다시 왕비의 자리에 오르심이 마땅하옵니다."

"고맙소. 고맙소."

그러나 이 일은 쉽게 해결되지 않았다. 공신들은 이렇게 생각하고 있었다.

'전하가 조광조를 내세운 것은 우리를 내치기 위함이다. 하지만 전하는 본래 의지가 강한 분이 아니지. 게다가 전하는 조광조가 폐비 신씨를 불러들일 것이라 믿고 있어. 그러나 만약 조광조가 신씨를 불러들이지 못하면 전하는 조광조를 더 이상 감싸지 않을 것이다.'

그래서 공신들은 다른 것은 다 양보해도 신씨 문제만은 한 발도 물러서지 않았다.

공신들의 생각은 곧 맞아떨어졌다.

"전하, 임금은 백성들을 자식처럼 여겨야 하옵니다.

"다 집어치우시오."

신씨를 불러들이는 일이 계속 늦춰지자 중종은 조광조에게 화를 내기 시작했다. 게다가 조광조의 끝 모를 학문의 깊이와 지칠 줄 모르는 나라 걱정에 주눅이 들기도 했다. 중종은 조광조를 만나는 것이 점점 지겨워지기 시작했다.

그러던 어느 날 조광조가 새로운 계획을 마련해 왔다.

"전하, 반정 공신 가운데는 공을 세우지 않고도 공신이 된 자가 많사옵니다. 이 사람들을 모두 가려 내어 공을 삭제해야 할 것이옵니다."

순간 중종의 얼굴이 굳었다.

'이는 쉽게 처리할 일이 아니야.'

물론 조광조의 말이 옳았다. 그러나 이 문제는 현량과와는 비교도 되지 않을 정도로 중대한 것이었다. 공신들의 공을 깎는다는 것은 결국 그들 모두를 쫓아 내겠다는 선전 포고와 다름없기 때문이다. 공신들이 이를 앉아서만 당하고 있을 리 없었다.

중종의 예상대로 공신들은 조광조에게 이를 부득부득 갈았다.

"이젠 더 이상 참을 수가 없구려. 조광조 이놈이 이젠 우리를 죽이려는 작정을 한 것이오."

공신들은 조광조를 없애기 위한 일을 꾸몄다.

어느 날 후궁의 처소를 들른 중종은 이상한 나뭇잎을 발견했다. 그것은 벌레가 갉아먹은 것이었는데, 벌레는 '走肖爲王(주초위왕)'이라는 글자가 새겨지도록 나뭇잎을 갉아먹은 것이었다. 주초위왕이란, 주초(走肖)는 조(趙)를 분리한 글자로 조씨가 왕이 된다는 뜻이었다.

이는 조광조를 모함하기 위해 공신 세력인 심정, 남곤, 홍경주 등

중종편

이 꾸민 일이었다. 나뭇잎에 꿀로 글자를 써넣어 벌레가 꿀을 따라 나뭇잎을 갉아먹게 한 것이다.

'어찌 이럴 수가 있단 말인가! 하늘이 조화를 부린 것인가!'

그것을 알 리 없는 중종은 조광조에 대한 믿음까지 흔들리기 시작했다. 혹시 조광조가 왕이 되려는 것이 아닌가 의심이 생긴 것이다. 그러한 때에 남곤, 심정, 홍경주 등이 중종을 찾아왔다.

"전하, 지금 장안에는 조광조가 나타나면 임금께 머리를 조아리듯이 모두 꿇어앉는다고 하옵니다."

"조광조를 임금이라 부르는 백성도 많다 하더이다."

중종의 얼굴이 새파랗게 질렸다. 중종은 조광조가 자신을 믿은 만큼 조광조를 믿지 못했던 것이다.

1519년 중종은 결국 조광조를 비롯하여 김식, 김정 등 사림 세력들에게 역적죄를 씌워 죽였다. 이를 기묘사화라고 한다.

기묘사화 이후 조정은 다시 공신들의 판이 되었다. 공신들은 서로 권력을 다투었다. 그래서 날마다 크고 작은 옥사가 끊이질 않았다. 게다가 남쪽에서는 왜구들이 기승을 부리기 시작했다. 또한 북쪽의 야인들도 두만강을 넘어 들어와 백성들의 재물을 노략질해 갔다. 그러나 신하들은 세력 다툼에만 눈이 멀어 이에 아랑곳하지 않았다. 이렇게 중종이 다스리던 조선은 조정 공신들의 세력 다툼으로 어지럽기만 했다.

또한 중종의 집안 역시 혼란스러웠다. 중종에게는 10명이나 되

조선왕조 오백년

는 아내가 있었는데, 중종은 두 번째 왕비인 장경왕후에게서 태어난 아들을 세자로 책봉하였다. 하지만 후궁들은 자신의 아들이 중종의 뒤를 이을 수 있다는 생각을 버리지 않았다. 게다가 장경왕후가 죽은 뒤 새로 왕비가 된 문정왕후는 자신이 아들을 낳자 그를 임금으로 세우려고 갖은 애를 다 쓰기 시작했다.

중종은 이렇듯 나라는 물론 집안까지 어려운 상황에서 1544년 57세의 나이로 숨을 거두었다. 그의 능은 서울 강남구 삼성동에 있는 정릉이다.

중종 시대의 사람들

서원을 만든 주세붕

중종이 왕이 된 지 36년의 세월이 흘렀다. 이 때 중종은 주세붕이라는 사람을 경상도 풍기의 군수로 보냈다.

군수가 된 주세붕은 백성들 사이에서 일어나는 크고 작은 일들을 잘 처리했다. 한 번은 재물을 빼앗기 위해 형이 아우를 관가에 고발하는 일이 일어났다.

'어찌 형이 아우를 고발한단 말이냐!'

주세붕은 곧 아우를 고발한 형을 불러 이렇게 명했다.

"너는 지금부터 네 아우를 업고 종일 뜰을 돌아라."

아우를 업고 관가의 뜰을 돌다 지친 형은 그만 자리에 주저앉고 말았다.

　이를 본 주세붕은 큰 소리로 꾸짖었다.

　"너는 아우가 어려서 업어 기를 때도 재물을 빼앗을 생각을 하였느냐!"

　주세붕의 말에 형은 동생의 재산을 빼앗으려던 자신의 잘못을 크게 뉘우쳤다.

　그러던 어느 날 이극온이란 사람이 또다시 제 아우를 관가에 고발하는 일이 생겼다.

　주세붕은 이극온을 불러 종이에 이(理)자와 욕(欲)자를 써서 주며 말했다.

　"네 행동이 옳다고 생각하면 이자 아래에 네 이름을 쓰고 그렇지 않으면 욕자 아래에 네 이름을 쓰거라."

　주세붕의 말에 이극온은 부끄러움을 느끼며 욕자 아래에 자기 이름을 쓰고 달아나 버렸다.

　주세붕은 5년 동안 풍기 지역을 다스리며 이처럼 백성들이 사이 좋게 살도록 다스렸다.

　또한 그는 풍기 지역이 고려 시대의 성리학자인 안향의 고향임을 알고 안향의 옛 집에 백운동 서원을 만들어 안향의 제사를 지냈다. 그리고 책을 마련하여 학생들을 모아 가르치기 시작했다.

　그 뒤 명종은 이 백운동 서원에 책과 땅, 노비 등을 내려 서원의 운영을 도와주었다.

이처럼 나라에서 운영을 도와주던 서원을 사액 서원이라고 하는데, 백운동 서원이 우리 나라 최초의 사액 서원이다. 명종은 백운동 서원에 직접 '소수 서원'이라는 편액을 써서 내리기도 했다.

그래서 백운동 서원을 소수 서원이라고도 부른다.

주세붕이 백운동 서원을 만들자 나라 곳곳에 서원이 생겨났다. 이 서원들은 지방의 사림들이 모여 공부하는 곳이 되었고, 각 지방의 백성들은 서원의 가르침에 따라 생활해 나가게 되었다. 또한 서원은 연산군과 중종 시대에 사화로 인해 어려움을 당한 사림들의 근거지가 되었다.

서원이 많아짐에 따라 성리학은 더욱 널리 보급되고 발전될 수 있었다. 그 동안 지방에 사는 양반들은 공부하기가 어려웠지만 서원이 생김에 따라 서원에서 성리학을 깊이 있고 폭넓게 공부할 수 있었던 것이다.

그러나 시간이 흐름에 따라 서원은 자신과 뜻이 같은 사람들만끼리끼리 모이는 장소가 되었고, 붕당이 발생한 뒤에는 당파 싸움의 근거지가 되었다. 또한 서원의 양반들이 백성들에게 횡포를 부리는 일도 많았다.

그래서 그 뒤 왕들은 서원을 감시하기 위해 노력했다. 특히 조선 말기 흥선대원군은 백운동 서원 등 40여 개만을 남기고 서원을 모두 없애 버렸다.

사진으로 보는 조선왕조 오백년

1. **소수 서원** 사적 제55호. 조선 중종 때 풍기 군수로 부임한 주세붕이 세운 우리 나라 최초의 서원. 경상 북도 영주시 순흥면 내죽리에 있다. 2. **도산 서원** 사적 제170호. 조선 선조 때 퇴계 이황의 학문과 덕행을 추모하기 위해 그의 제자들이 세웠다. 경상 북도 안동시 도산면 토계리.

1. 옥산 서원 사적 제154호. 경상북도 경주군 안강읍 옥산리에 있는 서원으로, 소수 서원, 도산 서원과 함께 우리 나라 3대 서원으로 꼽힌다. **2. 자운 서원** 율곡 이이의 학문과 덕행을 추모하기 위해 1615년 세워졌다. 경기도 파주시 법원읍 동문리에 있다.

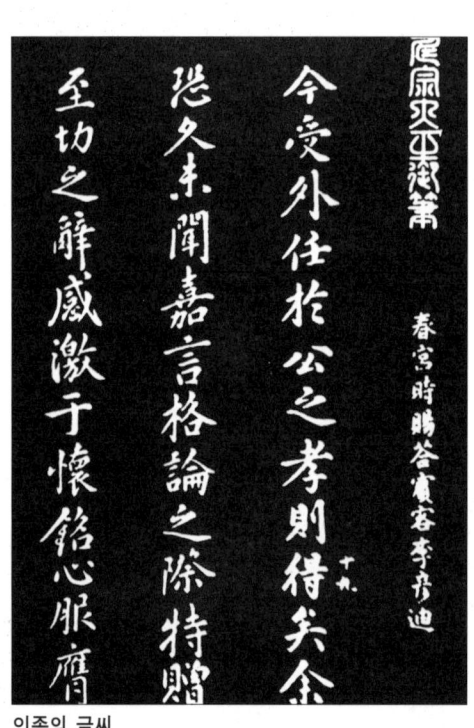

인종의 글씨

조 선 왕 조 오 백 년

●제12대 왕

인종

1515~1545년
재위 기간 : 1544~1545년

  인종은 조선의 왕 가운데 가장 짧게 왕 노릇을 하였다.
  인종이 왕이 되었을 때 조정은 몹시 혼란스러웠다. 기묘사화로 사림들이 쫓겨나 조정에는 간신들만 남아 있었고, 인종의 계모인 문정왕후는 자신이 낳은 아들 경원대군을 왕으로 세우기 위해 인종을 죽이려고 하는 등의 문제를 일으킨다.
  그러나 인종은 문정왕후를 미워하지 않고 극진히 대접했다. 또 바른 정치를 펴기 위한 노력도 아끼지 않았다.
  어려서부터 어질고 학문을 좋아했던 인종은 조정을 바로 세우기 위해서는 먼저 인재를 등용해야 한다고 생각했다. 그래서 조광조가 만들었던 현량과를 부활시키고 기묘사화 때 죽음을 당한 조광조를 비롯한 사림들의 죄를 벗겨 주었다.
  인종은 이처럼 인재를 등용하고 잘못된 정치를 바로잡아 나라의 기강을 바로 세우려 했다. 그러나 왕이 된 지 9개월 만에 숨을 거두어 자신의 뜻을 펼치지 못했다.

가장 짧게 왕 노릇을 한 인종

　인종은 1515년 중종의 맏아들로 태어났으며, 이름은 호이다. 어머니 장경왕후가 그를 낳은 지 7일 만에 숨을 거두었기 때문에, 인종은 계모 문정왕후의 손에서 자랐다.
　인종은 세 살 때부터 책을 읽을 정도로 총명하였다. 그래서 여섯 살의 나이로 세자에 책봉되었고, 여덟 살 때부터는 날마다 성균관에 나가 공부를 했다. 이렇게 어려서부터 학문을 좋아했던 인종은 성품 역시 너그럽고 인자했으며 효성이 지극했다.
　그러나 문정왕후는 인종을 괴롭혔다. 자기 아들을 왕의 자리에 앉히고 싶었기 때문이다. 문정왕후는 1534년 서른다섯의 나이로 경원대군(명종이 되는 왕자)을 낳았다. 하지만 그 때는 이미 인종이 스무 살이 된 때였기 때문에 경원대군이 중종의 뒤를 잇기는 어려운 상태였다. 그러나 문정왕후는 욕심을 버리지 않았다.
　인종이 세자 시절 때의 일이었다. 세자의 거처인 동궁이 갑자기 불길에 휩싸였다. 이 불은 문정왕후가 지른 것이었는데 인종은 이를 알고 있었다. 인종은 어머님이 그토록 자기가 죽길 원한다면, 죽는 것이 효성을 다하는 일이라고 생각했다. 그래서 밖으로 나가자는 아내의 손을 뿌리쳤다. 인종은 밖에서 아버지 중종이 애타게 부르는 소리를 듣고야 불길을 빠져 나왔다. 불에 타 죽는 것이 어머니에게는 효나, 아버지에게는 불효라는 생각이 뒤늦게 들었기 때문이었다.

　이렇게 세자 시절부터 문정왕후의 등쌀에 시달려 왔지만 인종은 마침내 1544년에 서른 살의 나이로 왕의 자리를 물려받았다. 그 뒤에도 문정왕후가 틈만 나면 자기와 경원대군을 언제 죽일 거냐며 생트집을 잡았지만 인종은 문정왕후를 미워하지 않았다. 오히려 모든 것이 자신의 효성이 부족한 탓이라며 문정왕후에게 더욱 정성을 다했다.

　그러던 이듬해 인종은 갑자기 몸져눕고 말았다. 언제나 쌀쌀맞게만 대하던 문정왕후가 상냥하게 웃으며 대접한 음식을 먹은 뒤 생긴 병이었다. 문정왕후가 음식에 몹쓸 약을 탄 것이었다.

　시름시름 앓던 인종은 1545년 7월 왕이 된 지 겨우 9개월 만에 결국 숨을 거두고 말았다. 인종에게는 2명의 아내가 있었지만 자식을 두지 못했다.

　인종의 능은 효릉으로 경기도 고양시에 있다. 그의 효성이 지극한 것을 기리기 위해 능의 이름을 효릉이라 지은 것이다.

明宗실록

조 선 왕 조 오 백 년

●제13대 왕

명종

1534~1567년
재위 기간 : 1545~1567년

　명종은 12살의 나이로 왕위에 올라 어머니 문정왕후의 수렴 청정을 받았다. 그러나 문정왕후는 예종과 성종 대에 수렴 청정을 했던 정희왕후와는 영 다른 사람이었다. 명종이 왕위에 오르자 문정왕후는 자신의 동생인 윤원형 등과 함께 인종을 따랐던 신하들을 죽이기 위해 을사사화를 일키는 등 잇단 옥사를 만들었다. 또 나라 법을 어겨 가면서까지 승려 보우에게 높은 벼슬을 주었다.
　윤원형과 보우는 문정왕후를 믿고 벼슬을 팔아 재산을 늘렸다. 또 백성들의 재물을 함부로 빼앗아 백성들의 원성을 샀다. 그러나 명종은 문정왕후가 무서워 이들을 벌 줄 수가 없었다. 게다가 중종 대부터 극성을 부리던 왜구들이 1555년 을묘왜변을 일으키고 북쪽에서는 여진족이 빈번하게 침입하여 민심이 크게 흔들렸다.
　명종은 1565년 문정왕후가 죽은 뒤에야 나라의 기강을 제대로 세우려고 노력할 수 있었지만 뜻을 이루지 못하고 2년 뒤 세상을 뜬다.

어머니를 무서워했던 명종

1534년 중종과 문정왕후 사이에서 태어난 명종은 1545년 7월 형인 인종의 뒤를 이어 열두 살의 나이로 조선의 왕이 되었다. 그의 이름은 환이며, 왕자 시절에는 경원대군으로 불리웠다.

명종이 왕이 된 것은 문정왕후가 인종을 못살게 굴어 일찍 죽게 했기 때문이다. 명종이 왕이 되자 문정왕후는 명종이 스무 살이 될 때까지 8년 동안 수렴 청정을 했다.

문정왕후는 명종이 자기 말을 따르지 않으면 마구 욕을 해대고 심지어는 뺨을 때리기도 했다. 이로 인해 왕의 체면은 말이 아니었다. 이러한 어머니의 등살에 명종은 제 뜻을 펴지 못한 채 눈물로 세월을 보내야 했다.

 어머니 때문에 한숨지은 명종

1. 명종은 왜 세월이 가기만 기다렸나

1545년 명종이 왕이 된 지 얼마 되지 않은 때였다. 문정왕후와 그의 동생 윤원형은 인종의 외삼촌인 윤임을 죽이려는 계획을 세웠다.

문정왕후와 윤원형은 윤임을 몹시 미워했다. 인종이 세자로 있었던 때부터 명종을 왕으로 세우려던 문정왕후와 윤원형에게 인종을 보호하려는 윤임이 곱게 보일 리 없었던 것이다. 하지만 중종과 인종 대에는 윤임에게 손을 쓸 수 없었다.

그러나 인종이 일찍 죽고, 명종이 그 뒤를 잇자 이제 세상은 고스란히 문정왕후와 윤원형의 손에 놓이게 되었다. 문정왕후와 윤원형은 곧 윤임을 없앨 계획을 행동으로 옮겼다.

"전하, 윤임이 전하를 몰아내고 봉성군(중종의 여덟째 아들)을 새로운 왕으로 세우려 하였나이다."

어린 명종은 깜짝 놀라 어머니 문정왕후를 바라보았다.

"뭣이라고? 윤임이 역적 짓을 하다니, 당장 잡아들이도록 하라."

문정왕후는 기다렸다는 듯이 윤임을 잡아들였다. 그리고 윤임을 죽이고 그와 가까운 신하들을 귀양 보내 버렸다. 이 일을 을사사화라고 하는데 이는 윤임과 가까운 사람들 가운데에 사림 세력들이 많아 사람들이 화를 당했기 때문이다.

문정왕후와 윤원형은 그 뒤에도 윤임의 무리들을 모조리 잡아 죽이거나 귀양을 보냈다. 또한 봉성군도 귀양 보낸 뒤 사약을 내려 죽게 했다. 이로써 조선의 모든 권력은 문정왕후와 윤원형의 일파에게 돌아갔고, 이제 조선은 바야흐로 왕의 외척이 모든 권력을 손에 쥐고 흔드는 시대가 되어 버렸다.

"하하하, 이제야 두 발 뻗고 잠을 잘 수 있게 되었구나!"

문정왕후의 말에 윤원형도 배를 쓸어 내렸다.

"그렇다마다요, 누님."

그 말을 듣고 있던 명종은 고개를 수그렸다. 아무리 나이가 어리다고는 하지만, 어머니와 외삼촌의 행동이 옳지 못하다는 것을 알고 있었던 것이다. 그 때 문정왕후가 명종에게 말했다.

"주상, 주상은 누구 덕으로 왕이 되었는지를 꼭 기억하셔야 하오. 이 에미와 외삼촌이 없었던들 주상이 무슨 수로 왕이 되었겠소?"

어린 명종은 문정왕후에게 아무런 대꾸도 할 수 없었다.

문정왕후가 이렇게 제 마음대로 나라를 움직이자 윤원형의 기세는 하늘을 찌를 듯했다. 윤원형은 권력을 이용하여 많은 재산을 모았다. 한양에만 집이 15채나 되었고, 전국 방방곡곡의 땅을 사들였다. 또한 윤원형은 자신에게 재물을 바치고 아첨하는 사람들에게만 벼슬을 주었다.

그러나 누구도 윤원형을 비판하지 못했다. 윤원형의 뒤를 든든하게 바치고 있는 문정왕후가 두려웠던 것이다. 명종도 윤원형의 죄를 잘 알고 있었지만, 어머니에게 외삼촌을 벌해야 한다고 하지 못했다.

생각 끝에 명종은 자신의 아내인 인순왕후의 외삼촌인 이량을 등용했다. 이량을 이용해서 윤원형의 힘을 빼앗으려고 한 것이다.

그러나 이량도 윤원형과 마찬가지였다. 그도 윤원형처럼 자신의 권력을 이용해 재물을 쌓기에만 바빴던 것이다.

'빨리 세월이 흘러 스무 살이 되어야 할 텐데……'

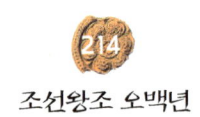

명종은 이렇게 어머니의 수렴 청정에서 벗어나기만을 손꼽아 기다렸다.

2. 명종은 왜 어머니에게 뺨을 맞았나

하지만 문정왕후는 수렴 청정이 끝난 뒤에도 나라일에 사사건건 참견을 했다.

그러던 어느 날이었다.

"아니, 이것이 무엇이냐?"

"대비 마마께서 보내신 편지이옵니다."

명종은 어머니가 보낸 편지를 뜯어 읽었다. 그 편지는 보우라는 중을 병조 판서로 임명하라는 내용이었다. 명종은 저절로 한숨이 나왔다.

'아! 나라의 국방을 돌보는 병조 판서의 자리에 어찌 중을 앉힌다는 말인가!'

문정왕후가 이렇게 편지를 보내온 것은 한두 번이 아니었다. 문정왕후는 자기의 요구를 편지로 써서 명종에게 보내곤 했던 것이다.

문정왕후는 명종이 자신의 뜻을 따르지 않으면 삿대질을 하며 소리를 질렀다.

"아니! 네놈이 누구 덕에 왕이 되었는데, 벌써 내 공을 잊었단 말이냐?"

아무리 왕의 어머니라고 해도 왕에게는 반말을 할 수 없는 것이 나라의 법이었다. 그러나 문정왕후는 그런 법 따위는 아랑곳하지 않았다. 심지어는 명종이 자신의 말을 듣지 않으면 회초리까지 들었다.

한 번은 이런 일도 있었다. 명종은 문정왕후의 뜻을 따를 수 없음을 알리러 대비전으로 갔다.

"뭣이라고? 내 뜻을 거역하겠다고? 불효 막심한 놈 같으니."

문정왕후는 이렇게 말하며 명종의 뺨을 후려쳤다.

그 소식을 들은 신하들은 고개를 설레설레 저었다.

"아무리 왕의 어머니라 하지만 어찌 용안(왕의 얼굴)에 손을 댄단 말인가!"

"누가 조선의 왕인지 모를 일이로다."

문정왕후의 이러한 행동으로 명종의 체면은 땅에 떨어졌다. 그리고 더 나아가 왕의 권위도 곤두박질치고 말았다.

그러나 누구도 문정왕후의 횡포를 막을 수 없었다. 감히 왕의 어머니를 나무랄 수 없었던 것이다. 또한 왕이기 이전에 자식이었던 명종도 어머니를 벌할 수는 없는 노릇이었다.

명종은 결국 보우에게 병조 판서의 자리를 주고 말았다. 그러자 보우는 문정왕후와 자신의 벼슬을 이용해 재물을 모으고 백성들을 괴롭혔다. 또 하나의 윤원형이 나타난 것이다.

'아, 나는 언제나 왕 노릇을 제대로 할 수 있을까?'

명종의 한숨은 더 깊어지기만 했다.

또한 모든 이들도 이렇게 생각했다.
'어서 문정왕후가 돌아가셔야 할 텐데……'

 제대로 왕 노릇을 하려 했더니

조정이 문정왕후의 치맛바람에 흔들리는 동안 백성들은 관리들의 횡포에 시달려야만 했다. 윤원형이나 보우에게 잘 보이기만 하면 좋은 자리를 차지하는 마당에 관리들이 백성들의 생활을 돌볼 리 없었던 것이다. 관리들은 저마다 백성들을 쥐어짜 재물을 모을 궁리만 했다.

백성들의 살림은 나날이 궁핍해져만 갔다. 게다가 엎친 데 덮친 격으로 남쪽에서는 왜구들이 극성을 부렸다. 하지만 조선은 왜구들을 제대로 막아 내지 못했다. 나라의 기강이 제대로 서지 않은 때 자신의 목숨을 걸고 외적을 물리칠 사람이 없었던 것이다. 그러니 자연 백성들은 나라와 관리들에게서 등을 돌렸다.

그러자 백성들 사이에서 '임꺽정'이란 도둑이 영웅으로 떠받들어졌다.

"임꺽정은 동에 번쩍 서에 번쩍한다는구먼."

"못된 관리놈들을 혼내 주고, 억울하게 옥에 갇힌 사람들도 다 풀어 준다네."

"그뿐인줄 아나? 양반에게서 빼앗은 곡식과 재물을 백성들에게 나누어 준다는구먼."

임꺽정의 소문은 백성들의 입에서 입으로 전해졌다. 백성들은 관군이 나타나면 임꺽정을 숨겨 주기도 했다. 이 덕에 임꺽정은 1559년에서 1562년까지 조정을 벌벌 떨게 했다. 그러나 그는 1562년 관군에게 잡혀 숨을 거두었다.

이러한 와중에도 명종은 늘 문정왕후에게 시달렸다. 명종은 어떻게 해서든 인재를 등용하고 나라의 기강을 바로 세우려고 했지만, 문정왕후의 등쌀에 제 뜻대로 나라를 이끌어 갈 수 없었다. 문정왕후가 살아 있는 한 명종은 어머니의 치마폭에서 헤어나지 못하는 어린 아이에 불과했던 것이다.

그러던 1565년, 마침내 문정왕후가 숨을 거두었다.

물론 어머니의 죽음에 명종도 많은 눈물을 흘렸다. 하지만 명종은 슬퍼하고만 있지 않았다.

'이제야말로 나라를 제대로 다스려야 할 때다.'

명종은 먼저 윤원형과 보우의 죄를 물었다.

"비록 내 어머님의 사랑을 한몸에 받은 이들이기는 하나, 그 죄가 무거우니 벌하지 않을 수 없다."

명종은 윤원형과 보우를 귀양 보냈다. 그 뒤 윤원형은 스스로 목숨을 끊었고 보우는 귀양지에서 병들어 죽었다.

'인재를 찾아 나라를 맡겨야 한다.'

이렇게 생각한 명종은 곧 전국에 숨어 있던 올곧은 선비들을 조

정으로 불러들였다. 그 가운데 하나가 이황이었다. 명종은 인품과 학식이 높은 이황을 진심으로 존경했다. 명종은 안동에 내려가 있는 이황에게 높은 벼슬을 주어 한양으로 불러들이려 했다. 하지만 이황은 벼슬을 하기엔 건강이 좋지 않고 나이도 많다며 명종의 청을 거절했다.

'아쉬운 노릇이지만 할 수 없는 일.'

명종은 이렇게 생각하며 더욱더 나라일에 힘을 쏟았다.

하지만 1567년 명종은 그만 세상을 뜨고 말았다. 어머니 문정왕후가 죽은 뒤 2년 만이었다. 겨우 문정왕후의 치마폭에서 벗어나 제대로 왕 노릇을 해보려던 꿈이 허무하게 무너져 버린 것이다.

명종은 1명의 아내에게서 1명의 아들을 두었으나, 그 아들이 어린 나이에 숨을 거두어 결국 자손을 남기지 못하였다.

명종의 능은 서울 노원구 공릉동에 있는 강릉이다.

명종 시대의 사람들

이황과 이이

어느 날 명종은 화공 한 사람을 불렀다. 화공이란 오늘날의 화가를 말한다.

"어서 안동의 도산 서원으로 내려가 그 서원을 자세하게 그려 오시오."

도산 서원은 퇴계 이황이 있는 서원이었다. 퇴계 이황은 그 곳에서 학문을 닦으며 책을 짓는 데 열중하고 있었다. 명종이 여러 차례나 조정으로 들어오라고 청했지만, 이황은 병을 핑계로 받아들이지 않았다.

그러나 명종은 이황을 너무나도 곁에 두고 싶었다.

'그런 분이 내 곁에 있어야 나라가 제대로 설 텐데……'

하지만 몸이 아파 조정 일을 볼 수 없다는 이황을 명종도 어찌할 수가 없었다. 그래서 명종은 가까운 신하들과 함께 '현인을 불러들이려 했으나 오지 않으니 한탄스럽구나!' 라고 시를 짓기도 했다. 이번에 도산 서원에 화공을 보낸 것도 이황이 머물고 있는 도산 서원을 그린 그림으로 병풍을 만들어 놓고 이황에 대한 그리움을 달래기 위함이었다.

명종의 뒤를 이은 선조 역시 이황에 대한 애정이 남달랐다고 한다. 선조는 이황이 죽자 3일 동안이나 나라일을 미루고 이황의 죽음을 슬퍼했을 정도였다.

이처럼 왕들이 이황을 사랑했던 것은 그의 성품과 학식이 뛰어났기 때문이었다.

태어난 지 7개월 만에 아버지를 잃은 이황은 어머니의 극진한 보살핌 아래 학문을 닦았다. 20대에 들어서는 잠자고 밥 먹는 것도 잊을 정도로 공부에만 열중해 건강을 해치게 되었다.

그래서 그는 평생 몸이 약했다.

그는 한때 조정에 나가 벼슬을 하기도 했지만, 벼슬길보다는 학자로서 학문을 연구하고 책을 짓는 데에 더 열중하고 싶어했다. 그러나 왕들이 잡고 놓아 주지 않는 통에 뜻을 이루지 못하다가 50세 이후에야 본격적으로 학문에 힘쓰기 시작하여 위대한 학문적 업적을 이루고 수많은 제자들을 길러냈다. 또한 그가 연구한 성리학은 조선뿐만 아니라 중국에까지 알려져 중국에서도 그의 학문을 높이 평가하고 연구하는 사람들이 많았다.

이황과 함께 조선 성리학을 대표하는 사람을 꼽으라면 단연 율곡 이이를 꼽을 수 있을 것이다.

이이는 1536년 태어났는데, 그의 어머니 신사임당은 바다에서 까만 용이 집으로 날아드는 꿈을 꾸고 이이를 낳았다고 한다. 그래서 이이는 어렸을 때 현룡이라고 불리웠다.

이이는 말보다 글을 먼저 배웠을 정도로 신동이었다고 한다. 그는 여덟 살 때부터 시를 지어 사람들을 놀라게 하였고, 13살 어린 나이로 진사 시험에 합격하였다. 그 뒤 28살 때 사마시 문과에 장원으로 합격하고 벼슬길에 나서기 시작했다.

그런데 이 때는 남쪽의 사정이 심상치가 않았다. 중종 대부터 왜구들이 남쪽 지방에서 폭동을 일으켰던 것이다.

1510년 왜구들은 삼포(왜구들이 들어와 무역을 할 수 있도록 허가해 준 부산 동래의 부산포, 웅천의 제포, 울산의 염포)에서 난을 일으켰고, 1544년엔 사량진에서 난을 일으켰다.

또한 명종이 즉위한 뒤인 1555년엔 전라도 해안 지방을 침입하여 난동을 부렸다. 이를 을묘왜변이라고 한다.

이처럼 왜구들의 움직임이 심상치 않자 당시 병조 판서인 이이는 '10만 양병설'을 주장하였다. 군사를 양성하여 왜구들의 침략에 대비하자는 것이다. 그러나 조정에서는 이이의 이러한 주장을 받아들이지 않았다.

만약 이이의 주장이 받아들여졌다면 임진왜란이 일어났을 때 그토록 우왕좌왕하지 않았을지도 모를 일이다.

이이 역시 이황처럼 제자들이 많았다. 이이의 제자들은 이황의 제자들과 더불어 조선 중기 이후 학자들의 양대 산맥을 형성한다. 조선 중기 이후 조선의 학자들은 모두 이황 혹은 이이의 제자라고 해도 지나친 말이 아닐 것이다.

1. 도산 서당 도산 서원내에 있는 가장 오래된 건물로, 퇴계 이황이 손수 지어 제자들을 가르치던 곳이다. **2. 오죽헌** 보물 제165호. 조선 시대의 대학자인 율곡 이이가 이 곳에서 태어나 자랐다. 뒤뜰에 검은 대나무가 자라고 있어 오죽헌이라는 이름이 붙여졌다.

선조의 그림

조 선 왕 조 오 백 년

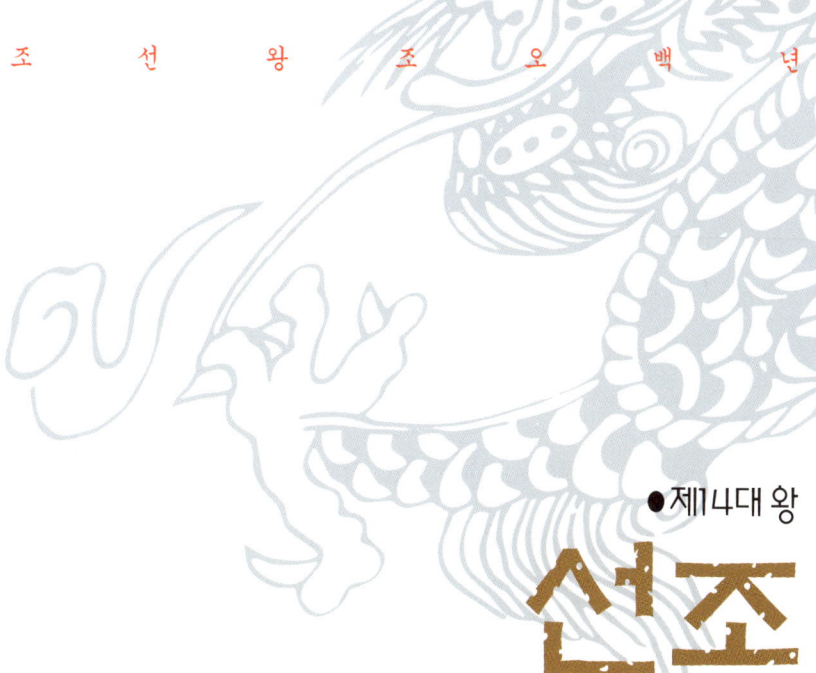

● 제14대 왕

선조

1552~1608년
재위 기간 : 1567~1608년

    선조는 40여 년의 재위 기간 가운데 7년 동안을 임진왜란으로 시달렸다.
    임진왜란이 일어나기 전 선조는 이황과 이이 같은 인재를 등용하여 명종 대 어수선했던 나라를 바로잡으려고 노력했고 유학을 크게 장려했다. 그리고 신하들이 동인과 서인으로 나뉘자 그 사이에서 중심을 잡아 나라를 이끌어 나가려고 했다. 그러나 신하들은 선조의 뜻과 다르게 나라의 이익보다는 자기가 속한 당파의 이익에만 매달렸다. 상대 당을 궁지에 몰아넣기 위해 거짓말도 서슴지 않았다.
    그러던 1592년 임진왜란이 일어났다. 임진왜란 초기 선조는 압록강이 내려다보이는 의주까지 피난을 가는 등 커다란 어려움을 겪었지만, 이순신과 의병 등의 활약으로 왜구를 물리치고 나라를 지킬 수 있었다.
    임진왜란 후에 선조는 전쟁으로 황폐화된 국토를 정비하고 국가 재정을 바로잡기 위해 힘썼다. 그러나 전쟁으로 인한 피해를 마무리짓지 못하고 세상을 떠나고 만다.

명나라로 도망치려 했던 선조

선조는 1552년 중종의 막내 아들인 덕흥군의 셋째 아들로 태어났다. 그의 이름은 공이며, 왕이 되기 전까지는 하성군이라 불리웠다.

선조는 원래 왕의 자리와는 거리가 먼 사람이었다. 왜냐 하면 그의 아버지 덕흥군은 중종의 후궁에게서 난 아들이었고, 당시까지 후궁에게서 난 왕자가 왕이 된 일이 없었기 때문이다. 하지만 아들을 두지 못한 명종이(명종에게는 순회세자라는 아들이 있었으나 어린 나이에 일찍 죽고 말았다) 선조를 후계자로 정하고 세상을 떠나자 명종의 왕비 인순왕후가 선조를 양자로 삼아 왕위를 잇게 했다.

이로써 선조는 1567년 조선의 열네 번째 왕의 자리에 오른다. 이때 그의 나이가 열여섯 살이었기 때문에 인순왕후가 수렴 청정을 하였다. 그러나 인순왕후는 이듬해 수렴 청정을 거둔다. 선조에게 혼자서 나라를 다스릴 만한 능력이 있다고 생각했기 때문이다.

이 후 선조는 대학자인 이황과 이이 같은 이들을 나라의 스승으로 섬기며 조선을 이끌어 갔다. 그는 억울하게 죽은 조광조 같은 사림들에게 벼슬을 내리고, 남곤과 윤원형 같은 이들의 부풀려진 공을 깎았다. 또 명종 때까지 판을 치던 외척 세력을 몰아내고, 인재들을 등용하여 정치를 안정시켰다.

그러나 선조가 왕이 된 지 25년 되던 해인 1592년 임진왜란이 일어난다. 그래서 선조하면 임진왜란을 떠올리고, 선조는 전쟁의 소용돌이 속에서 우왕좌왕했던 왕으로 기억되고 있다.

 의주까지 피난을 가야 했던 선조

1. 임금이 어찌 백성들을 두고 도망칠 수 있는가

1592년 4월 13일, 일본을 다스리던 도요토미 히데요시는 20만의 군대를 보내 조선을 침략했다. 임진왜란이 일어난 것이다.

조총으로 무장한 왜군은 하늘을 찌를 듯한 기세로 한양을 향해 치고 올라왔다. 왜군은 보름여 만에 충주성을 손에 넣었다.

"전하, 이러고 계실 때가 아니옵니다."

"그럼, 어쩌란 말이오. 한양을 버리고 도망이라도 가야 한단 말이오."

선조는 땅이 꺼져라 한숨을 내쉬었다.

"전하, 평양으로 잠시 몸을 피하시옵소서."

선조는 힘없이 눈을 내리감았다.

"평양으로 가서 또 왜군이 밀고 들어오면 어디로 가오?"

"의주로 가셔야 할 것이옵니다."

"의주로 가서 그 곳마저 위험해지면 명나라로 가면 되겠구려?"

신하들은 아무 대꾸도 할 수 없었다. 선조의 말처럼 왜군에게 온 나라가 짓밟히면 명나라로 갈 수밖에 없었기 때문이다.

　그러나 결국 선조는 4월 30일 평양성으로 몽진(임금이 피난을 가는 것)을 떠났다. 죽기를 각오하고 한양을 지켜야 한다는 신하들도 있었지만, 지금 당장 왜군과 싸워 이길 수 없다고 판단했던 것이다.

　왕과 신하들이 한양을 버리자, 거리 곳곳에서 백성들이 뛰어나와 울부짖었다.

　"백성들을 버리고 혼자 도망가는 왕이 어디 있단 말이오!"

　"저희들끼리 무리져서 싸움만 일삼더니, 결국 나라 꼴을 이렇게 만들었구나!"

　"전하, 전하는 그 동안 무얼 하셨단 말이옵니까!"

　선조는 밀려드는 백성들에게서 애써 고개를 돌렸다.

　몽진 길에 오른 선조의 모습은 초라하기 그지없었다. 어느 새 신하들은 하나둘씩 모습을 감추었다. 목숨을 바쳐 왕을 지켜야 하는 병사들의 수도 부쩍 줄어 있었다. 모두 왜군이 무서워 도망쳐 버린 것이었다.

　충주를 지나 한양으로 올라온 왜군들은 한양성을 코앞에 두고 잠시 머뭇거렸다. 거칠 것 없이 여기까지 올라오긴 했지만, 그래도 한 나라의 서울을 빼앗는 데는 그만큼 힘이 들 것이라고 생각했기 때문이었다.

　그런데 이상한 일이었다. 한양에서는 검은 연기만 쉼 없이 피어

오르고 있었다.

"장군, 한양성은 쥐새끼 한 마리 없이 비어 있습니다."

부하의 보고에 왜군의 장수는 알 만하다는 듯 코방귀를 뀌었다.

"왕과 신하들이라는 이들이 벌써 도망을 간 게로군. 그건 그렇고, 저 연기는 무엇이냐?"

"저 연기는 조선의 백성들이 지른 불 때문에 피어 오르는 것이옵니다."

"하하, 그래? 그럼 우린 그냥 걸어 들어가면 되겠구나."

왜군은 이렇게 한양에 피 한 방울 흘리지 않고 들어올 수 있었다. 그들이 한양에 들어왔을 때 한양은 이미 잿더미가 되어 있었다. 성난 백성들이 궁궐과 관청에 불을 지른 것이었다. 또한 궁궐의 노비들은 노비 문서를 모조리 태워 버렸다.

그 동안 선조는 임진강을 건너 평양성으로 들어갔다. 선조는 서둘러 광해군을 세자로 정했다. 만에 하나 자신에게 무슨 일이 생길 때를 대비한 것이었다. 그리고 그 해 6월 평양마저 위험해지자 선조는 광해군에게 왕비와 후궁, 그리고 그 밖의 왕족들을 거느리고 함경도 쪽으로 향하게 했다. 그리고 자신과 신하들은 의주로 떠났다.

2. 누가 선조를 구했는가

의주까지 쫓겨간 선조는 이제 더 이상 도망칠 곳이 없었다. 그런데 그 때 반가운 소식이 들어왔다.

"전하, 이순신이 바다에서 왜군을 무찌르고 있다 하옵니다."

임진왜란이 일어난 뒤 처음으로 듣는 승리의 소식이었다.

이순신은 바다를 굳건히 지켰다. 바다를 지킨다는 것은 커다란 의미가 있었다.

왜군은 경상도를 통해 곧바로 북쪽으로 올라가기에 바빴다. 한양을 손에 넣고, 왕을 사로잡아야 전쟁을 빨리 끝낼 수 있기 때문이었다.

왜군은 북쪽으로 올라간 군사들에게 바닷길로 식량을 나를 생각이었다. 육지보다 배로 나르는 것이 훨씬 빠르고 편했기 때문이다. 그리고 나중엔 전라도 지역을 손에 넣어 그 곳에서 얻은 쌀로 군사들을 먹일 생각이었다.

그러나 이순신이 바닷길을 막아 배로 식량을 옮길 수가 없었다. 또한 군사들이 모두 북쪽에 치우쳐 있어 전라도 지역을 손에 넣을 수도 없었다. 이로써 왜군은 생각지도 못한 어려움에 빠진 것이었다. 이 때 명나라의 이여송이 군사를 이끌고 압록강을 건너왔다.

이에 힘을 얻은 조선은 명나라 군사들과 힘을 합쳐 왜군을 밀어내기 시작했다. 1593년 2월 조선은 평양성을 다시 빼앗았다. 그리고 4월, 행주 산성에서 권율 장군이 이끄는 조선군이 왜군에 맞서 싸워 큰 승리를 거두었다. 이를 행주대첩이라고 한다. 그리고 이 때 성 안에 피난하고 있던 아낙네들이 앞치마로 돌을 나르며 싸워, 훗날 이 앞치마를 행주치마라고 부르게 되었다. 이 싸움으로 선조는 다시 한양으로 돌아갈 수 있었다.

행주대첩에서 볼 수 있듯이 조선의 백성들은 왜군을 물리치기 위해 남녀노소 할 것 없이 모두 떨쳐 일어났다. 특히 임진왜란이 일어난 해인 1592년 6월부터 일어난 의병들은 왜군에게 큰 위협이 아닐 수 없었다

북쪽으로 밀고 올라가기에만 바빴던 왜군들은 자신들이 빼앗은 성들을 지킬 군사들을 제대로 남겨 놓지 못했다. 그래서 만약 의병들에게 남쪽의 성을 빼앗기면 자칫 북쪽과 남쪽 양쪽에서 조선군과 싸워야 하는 위험이 있었던 것이다.

이에 왜군은 곧 모든 군사를 남쪽으로 불러들였다. 그리고 울산과 진주 사이에 긴 성을 쌓고, 싸움을 끝내기 위한 회담을 열자고 했다. 그 뒤, 3년여 동안의 회담에서 일본은 다음의 네 가지 요구를 들어 주면 군사를 물리겠다고 했다.

첫째, 명나라 황제의 딸을 도요토미 히데요시의 후궁으로 줄 것
둘째, 일본과 무역을 할 것
셋째, 조선의 8도 가운데 4도를 일본에게 줄 것
넷째, 조선의 왕자와 대신 12명을 인질로 보낼 것

조선은 물론 명나라가 이 같은 요구를 들어 줄 리 없었다.
그러자 도요토미 히데요시는 1597년 1월 다시 15만 명의 군대

를 보내 조선을 침략했다. 정유재란이 일어난 것이다.

그러나 3여 년의 회담 기간 동안 전쟁에 대한 방비책을 마련한 조선은 이번에는 쉽게 밀리지 않았다. 왜군은 임진왜란 때와는 달리 충청도 북쪽 땅을 밟지 못했다.

왜군은 1598년 도요토미 히데요시가 숨을 거두자 그 해 11월 비로소 군사를 물렸다. 이로써 7년이나 계속되었던 전쟁이 끝나게 되었다.

임진왜란을 치른 조선은 폐허와 다름없었다. 땅은 황무지로 변해 농사지을 땅이 임진왜란 이전의 3분의 1도 되지 않았다. 또한 전쟁 기간 동안 수많은 사람들이 목숨을 잃은 것은 물론 일본으로 끌려간 사람만도 10만 명이 넘었다. 한 마디로 임진왜란은 조선 왕조가 생긴 뒤 가장 비극적인 사건이었던 것이다.

그래서 임진왜란을 막아내지 못한 선조가 무능한 왕처럼 느껴지기도 한다

 선조는 정말 무능한 왕이었을까

1. 임진왜란이 일어난 이유

임진왜란이 일어나기 3년 전인 1589년 일본에서 통신사를 보내 달라는 요청을 해왔다.

"뭐, 도요토미 히데요시가 또다시 그 같은 요구를 한다고!"

선조는 이맛살을 찌푸렸다.

도요토미 히데요시는 수십 년 동안 분열되었던 일본을 통일한 사람이었다. 그런데 그는 '명나라를 정복하겠다'며 큰소리를 치고 있었다.

그 소리에 선조를 비롯한 조선의 신하들은 코방귀를 뀌었다.

"하룻강아지 범 무서운 줄 모른다더니."

"섬나라 놈들이 뵈는 것이 없나 보구려. 감히 어디를 넘봐."

이렇게 생각한 선조와 신하들은 그 동안 도요토미 히데요시가 몇 번이나 통신사를 보내 달라고 요구했지만 들은 척도 하지 않고 있었다.

그런데 한 신하가 말했다.

"전하, 미리 준비하면 걱정이 없다고 했사옵니다. 그러니 일본의 상황이 어떠한지, 그리고 도요토미 히데요시란 자가 어떤 생각으로 명나라를 정복하겠다고 큰소리를 치는지 알아보는 것도 나쁘진 않을 것 같사옵니다."

그 말을 옳게 여긴 선조는 이번엔 일본으로 통신사를 보내기로 마음먹었다.

"황윤길을 통신정사로, 김성일을 통신부사로 하여 일본으로 통신사를 보내시오."

1590년 일본으로 떠나간 통신사 일행은 1년 만에 조선으로 돌아왔다.

"그래, 일본의 상황은 어떻소? 도요토미 히데요시란 자는 어떤 인물이었소?"

선조의 말에 황윤길이 먼저 입을 열었다.

"전하, 일본은 전쟁 준비를 하는 것이 분명하옵니다. 곳곳에서 병선을 만들고 군사를 기르고 있었사옵니다."

"그것이 정말이오?"

선조는 김성일에게 눈을 돌렸다.

"신이 보기에는 그렇지 않사옵니다. 도요토미 히데요시란 자는 키가 작은 데다 원숭이처럼 우습게 생겼사옵니다. 그런 사람이 어찌 큰일을 저지르겠사옵니까?"

김성일의 말에 선조를 비롯한 신하들은 말문이 막혔다.

"아니, 어찌 같은 곳에 다녀온 사람들의 말이 다르단 말이오?"

선조는 판단을 내릴 수 없어 다른 신하들의 의견을 물었다.

그런데 신하들 역시 두 편으로 갈라졌다. 당시 조정은 동인과 서인으로 나뉘어졌는데 서인들은 같은 서인인 황윤길의 말이 옳다고 했고, 동인들 역시 자기 파인 김성일의 말이 맞다고 주장했다.

그런데 당시는 동인들이 더 많은 힘을 가지고 있었다.

"어찌 조그만 섬나라 따위가 쳐들어오겠사옵니까?"

"전하, 전쟁을 준비한다는 소문이 돌면 백성들이 불안에 떨 것이옵니다."

동인들이 저마다 전쟁 준비에 반대하고 나섰다.

선조는 결국 동인들의 말을 따르기로 했다. 그러나 이듬해 임진왜란이 일어나고 말았다.

이로 인해 임진왜란이 일어난 까닭이 꼭 조선의 신하들이 당쟁을 일삼았고, 선조가 신하들에게 이리저리 끌려다녔기 때문이라고 생각할 수도 있다. 그러나 임진왜란의 원인은 조선이 아니라 일본에 있었다.

도요토미 히데요시는 일본을 통일하기는 했지만, 커다란 걱정거리가 있었다. 아직까지 자기에게 반대하는 자들이 많았기 때문이었다. 그러자 도요토미는 사람들의 관심을 밖으로 돌리기로 마음먹었다. 전쟁을 일으켜 자기에 반대하는 무리를 밖으로 보내고, 동시에 조상 대대로 꿈꾸었던 대륙으로 나가려는 욕심까지 이루려 했던 것이다.

임진왜란은 바로 이와 같은 일본의 상황에서 비롯되었다.

그러나, 임진왜란이 일어나기 바로 전 해에 통신사까지 보내고서도 전쟁에 대비하지 않은 것은 패를 갈라 싸우느라 국방을 소홀히 한 조선 신하들의 잘못이다. 또 왕으로서 신하들의 당파 싸움을 막지 못한 선조에게도 큰 잘못이 있다고 할 수 있을 것이다.

2. 선조는 왜 당파 싸움을 막지 못했나

조선에 당파가 생긴 것은 1575년 무렵부터였다. 이 때 김효원이 전랑이라는 벼슬에 추천되었다. 그러자 인순왕후의 동생 심의겸이 나섰다.

"전랑직은 비록 높은 벼슬은 아니나 벼슬 자리를 결정하는 중요한 직책이오. 그런 자리를 김효원에게 주다니요. 김효원이 명종 시절에 윤원형에게 빌붙어 아부하던 사람이란 걸 모르시오?"

그러나 심의겸의 반대에도 김효원은 전랑 자리에 앉게 되었다. 그런데 얼마 되지 않아 김효원이 다른 자리로 옮겨가게 되고, 전랑 자리에 심의겸의 동생인 심충겸이 추천되었다. 그러자 이번엔 김효원이 반대하고 나섰다.

"심충겸은 대비 마마(인순왕후)의 동생 아니오! 외척에게 전랑직을 맡길 순 없소. 벌써 외척 세력들이 횡포를 부리던 때를 잊었소?"

이러한 시비로 김효원과 심의겸은 서로 이를 가는 사이가 되었다. 그리고 이로 인해 조정의 대신들과 사림들도 각각 두 사람을 지지하는 세력으로 나뉘었다. 사람들은 김효원을 따르는 이들을 동인, 심의겸을 따르는 이들을 서인이라고 불렀다.

선조가 이를 모를 리 없었다. 그러나 선조는 그것을 그리 걱정하지 않았다.

"신하들이 사소한 시비로 두 패로 갈라진 것은 바람직한 일이 아니다. 하지만 이것을 바탕으로 해서 올바른 붕당 정치로 나아간다면 좋은 일 아닌가?"

붕당 정치란 뜻이 맞는 신하나 사람들끼리 당을 만들어 정치에 참여하는 것을 말한다. 오늘날로 말한다면 뜻을 같이 하는 사람끼리 당을 만들어 정치하는 것과 마찬가지라 할 수 있다.

"사소한 일에도 저마다 생각이 다르거늘 나라를 이끌어 가는데 어찌 모든 신하들의 뜻이 같을 수 있겠는가."

선조는 신하들끼리 의견이 달라 다투는 것을 문제로 여기지 않았다. 그러한 다툼 속에서 나라를 이끌어 갈 보다 더 좋은 방법이 나올 수 있다고 생각했기 때문이었다. 또 상대 당보다 더 좋은 의견을 내기 위해서 신하들이 나라일에 더욱 적극적일 것이라고 생각했다. 하지만 전혀 문제가 없는 것은 아니었다.

"하지만 신하들이 제 욕심만 채우려고 당을 만들 수도 있는 일이 아닌가!"

선조는 이 문제를 곰곰이 생각하지 않을 수 없었다. 자칫하다가는 조정이 제 이익만 채우려는 신하들의 싸움터가 될 수도 있기 때문이었다.

그러나 선조는 자신감을 가졌다.

"그러기에 왕이 있는 것이다. 왕이 진정 나라를 위해 애쓰는 당이 어느 당인가를 올바로 가려내고 그들의 편을 들어 준다면 제 욕심만 채우려는 사람은 조정에서 찾아볼 수 없게 될 것이다. 바로 그것이 이 나라의 왕인 내가 할 일이다."

이러한 생각으로 선조는 붕당(뜻을 같이 하는 사람끼리 뭉친 당파)을 만든 신하들의 죄를 묻지 않았다. 오히려 선조는 이제야말로 조

선조편

선의 정치도 왕과 몇몇 신하들이나 외척들에 의해 이루어지는 것이 아니라, 정책의 대결로 이루어져야 한다고 생각한 것이다. 그래서 선조는 붕당을 막지 않았고, 실제로 임진왜란이 일어나기 전까지는 외척이 판을 치던 명조 대에 비해 훨씬 정치가 안정되어 있었다. 다만 아직 붕당 정치가 올바로 자리매김을 하지 못해 각당이 서로 자기 세력을 키우는 데에 급급해 국방에 관심을 기울일 수 없었던 것이다.

그러나 그런 때에 터진 임진왜란은 붕당 정치가 제대로 자리잡고, 선조가 그것을 효과적으로 이용해 나라를 다스릴 기회를 앗아가 버렸다.

선조는 임진왜란이 끝난 뒤 숨을 거둘 때까지 10여 년간 나라를 재정비하고 백성들을 안정시키려고 무던히 애를 썼다. 자신 스스로 먹고 입는 것부터 줄이고 검소하게 생활했다. 그러나 한 번 흐트러진 나라가 제자리를 잡는다는 것은 쉬운 일이 아니었다. 뿐만 아니라 흉년까지 계속되어 임진왜란으로 어려워진 조선의 사정은 그리 나아지지 않았다.

선조는 결국 전쟁의 상처를 수습하지 못하고 1608년 2월 59세의 나이로 숨을 거두고 말았다. 그는 8명의 아내에게서 14남 11녀의 자녀를 얻었다.

선조의 능은 경기도 구리시에 있는 목릉이다.

 선조 시대의 사람들

진주성을 지켰던 사람들

1592년 12월 5일, 선조는 경상우도 관찰사 김성일이 보낸 경상도 지역의 전투 상황에 대한 보고서를 받아 보았다.

"아, 관군이 드디어 승리를 거두었구나!"

선조의 머릿속에는 진주성을 지키던 김시민과 군사들의 모습이 그려졌다.

1592년 10월, 1만 명의 왜군이 진주로 쳐들어왔다.

'큰일이구나. 우리 진주성에는 군사가 적을 뿐만 아니라, 무기도 부족한데……'

진주 목사 김시민은 걱정이 이만저만이 아니었다. 그러나 그는 당황하지 않았다.

"성문을 꼭 걸어 잠궈라."

진주성이 위태롭다는 소식이 전해지자, 곽재우 등의 의병들이 진주성으로 향했다.

곽재우는 임진왜란이 일어나자 경상도 의령에서 처음으로 의병을 일으킨 인물이었다. 그는 붉은 옷을 입어 '홍의 장군'이라고 불렸는데, 왜군들이 붉은 옷만 봐도 겁을 먹고 도망칠 정도로 유명한 의병장이었다. 왜군들이 곡창 지대인 호남 지방으로 진격하지 못한 것도 바다의 이순신과 더불어 홍의 장군 곽재우가 호남으로 가는 길목을 지켰기 때문이었다.

　진주성 가까이에 다다른 곽재우는 부하에게 산에 올라가 횃불을 들고 나팔을 불며 진주성을 향해 이렇게 외치게 했다.

　"내일 아침 전라도의 원병 1만여 명과 의령의 홍의 장군이 합세하여 적을 쳐부수기로 하였다."

　이 소리를 들은 성 안의 군사들은 부쩍 힘을 얻었다.

　싸움이 시작된 지 5일째 되던 밤, 왜군은 세 갈래로 나뉘어 동문, 북문, 서문을 동시에 공격하기 시작했다.

　"적들이 사다리를 타고 성 안으로 들어오려고 합니다."

　"적들이 성 밑을 파들어 오고 있습니다."

　잇달아 들어오는 보고에 김시민은 침착하게 말했다.

　"당황하지 말라. 끓는 물을 부어 사다리를 타고 기어오르는 적들을 막아라!"

　김시민은 맨 앞에 서서 군사들의 사기를 북돋웠다.

　그런데 적의 기세가 한풀 꺾였다 싶었을 때였다.

　"윽!"

　김시민의 이마에서 시뻘건 피가 흘러내렸다. 왜군이 쏜 총탄이 김시민의 이마를 맞혔던 것이다.

　김시민은 이렇게 숨을 거두었다. 그렇지만 진주성에 남은 군사들은 목숨을 아끼지 않고 왜적을 무찔렀다.

　그 결과 왜적은 수많은 사상자를 내고 물러났다. 이 싸움이 바로

'진주대첩'이다. 진주대첩은 임진왜란이 일어난 뒤 관군이 육지에서 거둔 최초의 승리였다. 또한 이순신이 이끈 '한산대첩' 권율이 이끈 '행주대첩'과 함께 임진왜란 3대 대첩의 하나이기도 하다.

진주대첩을 떠올리던 선조에게 한 신하가 말했다.

"전하, 김시민과 진주성을 지킨 사람들에게 큰 상을 내리시옵소서."

선조는 말 없이 고개를 끄덕였다.

그러나 진주성 싸움은 이것으로 끝나지 않았다.

이듬해 왜와 싸움을 끝내기 위한 회담이 막 시작될 즈음이었다. 왜군은 다시 진주성을 공격하기 시작했다. 그러자 김천일 등의 의병들이 진주성으로 향했다.

그러나 왜군의 수에 비해 진주성을 지키는 조선 군사의 수는 비교가 되지 않을 만큼 적었다. 게다가 쏟아져 내린 비로 성벽이 무너져 내려 진주성은 곧 적의 손에 넘어갈 처지였다.

하지만 진주성을 지키던 사람들은 죽는 순간까지 왜군을 쓰러뜨리며 죽어 갔다. 김해 부사 이종인 같은 이는 죽으면서 적군을 다리 사이에 끼고 물로 뛰어들었다. 김천일은 진주성이 함락되자 아들과 함께 진주 남강에 몸을 던져 스스로 목숨을 끊었다.

진주성을 지키려는 마음은 관군과 의병들만 가지고 있었던 것이 아니다. 진주의 기생 논개는 왜군들이 진주성 싸움에서 승리한 것을 축하하는 잔치를 열자 그 잔치에 나가 적장을 끌어안고 남강으로 뛰어들어 함께 죽었다. 진주 촉석루에 있는 '의기사'는 바로 논개를 기리기 위한 사당이다.

 ## 조선 시대에는 어떤 당파가 있었나

선조 이후 사림들은 당파를 형성했다. 이들은 태어난 지방이나 학문적으로 뜻이 맞는 사람들끼리 당파를 만들었다. 이들이 당파를 형성하고 싸우게 된 근본 원인은, 관직의 수는 한정되어 있는데 벼슬을 하려고 하는 사람들이 많았기 때문이었다.

그러면 어떤 당파가 있었는지, 그리고 이들이 왜 나뉘어지게 되었는지를 간단한 표를 통해 살펴보자. 선조 이후의 조선 시대를 이해하는 데 도움이 될 것이다.

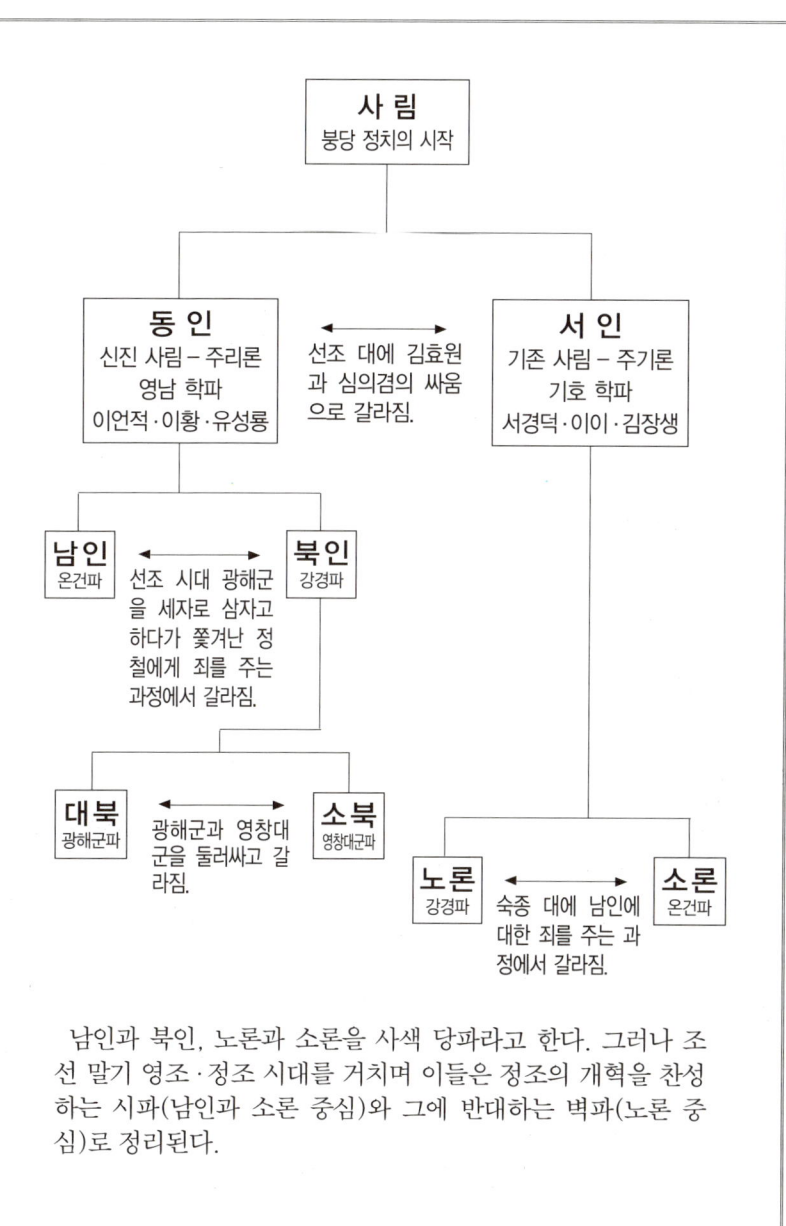

　남인과 북인, 노론과 소론을 사색 당파라고 한다. 그러나 조선 말기 영조·정조 시대를 거치며 이들은 정조의 개혁을 찬성하는 시파(남인과 소론 중심)와 그에 반대하는 벽파(노론 중심)로 정리된다.

사진으로 보는 조선왕조 오백년

동래부순절도 보물 제392호. 1592년 임진왜란을 당하여 부산 동래성에서 왜군의 침략을 받아 싸우다 순절한 동래 부사 송상현과 군민들의 전투 모습을 그린 그림이다. 동래성의 구조와 치열한 전투 상황이 사실적으로 잘 나타나 있다.

사진으로 보는 조선왕조오백년

1. **홍의 장군 곽재우** 임진왜란 때 왜군을 쳐부수는 곽재우 장군과 의병들(민족기록화). 곽재우 장군은 붉은 옷을 입고 활약하여 홍의 장군이라 불렸다. 2. **진주성 싸움** 김시민 장군의 지휘 아래 왜군과 싸우는 진주성 주민들(민족기록화).

사진으로 보는 조선왕조 오백년

1. **명량대첩비** 보물 제503호. 이순신 장군이 12척의 배로 133척의 일본 수군을 명량에서 크게 무찌른 것을 기념하여 세운 비. 전남 해남군 문내면 학동리. 2. **행주대첩비** 임진왜란 때 권율 장군이 행주 산성에서 왜군을 크게 물리치고 승리를 거둔 것을 기념하기 위해 세웠다.

1

2

1. **김시민 장군 전공비** 임진왜란 때 진주성에 쳐들어온 왜적을 물리치고 승리를 이끈 김시민 장군의 공적을 기리는 비이다. 경남 진주시 본성동. 2. **칠백 의총** 사적 제105호. 임진왜란 때 왜적을 무찌르다 장렬히 전사한 조헌 등 칠백 의병의 유해를 모신 묘소. 충남 금산군 금성면 의총리.

광해군 묘

조 선 왕 조 오 백 년

●제15대 왕

광해군

1575~1641년
재위 기간 : 1608~1623년

    광해군은 연산군과 함께 조선의 왕으로 인정받지 못했다. 그러나 광해군을 연산군과 같은 폭군이라고 볼 수는 없다.
    광해군이 다스리던 때, 중국은 커다란 변화를 겪고 있었다. 여진족이 세운 후금이 명나라를 밀어내며 중국의 주인으로 우뚝 서고 있었던 것이다.
    광해군은 명나라와 후금 사이를 이용해 조선의 실리를 찾으려고 했는데, 이로 인해 많은 신하들과 등을 지게 되었다. 오랫동안 명나라를 섬기던 신하들이 광해군의 외교 정책에 반대하고 나선 것이다.
    그러던 때 광해군이 선조의 두 번째 왕비인 인목대비를 폐하고 영창대군을 죽이자, 광해군에 반대하던 신하들은 광해군의 조카가 되는 능양군(후에 인조가 되는 사람)과 손을 잡고 광해군을 왕의 자리에서 쫓아냈다.
    이로써 광해군은 조선 왕조의 왕으로 인정받지 못하게 되었다.

폭군 아닌 폭군 광해군

　조선의 열다섯 번째 임금 광해군은 1575년 선조의 둘째 아들로 태어났으며 이름은 혼이다.

　광해군의 어머니는 공빈 김씨였다. 광해군도 선조와 마찬가지로 후궁에게서 태어난 왕자이다. 게다가 맏이도 아니었던 광해군은 임진왜란의 전쟁 중에 세자로 책봉되었다. 그리고 1608년 선조가 세상을 떠나자, 인목대비(선조의 두번째 아내)에 의해 어렵게 왕위에 올랐다.

　그러나 광해군은 어린 시절부터 왕이 될 만한 재목임을 보여주었다. 임진왜란 동안에는 세자로서의 역할을 훌륭히 해냄으로서 많은 이들로부터 믿음을 얻었다. 또한 전쟁이 끝난 뒤에는 혼란한 나라를 안정시키는 데 큰 역할을 했다. 아버지인 선조가 아들 광해군을 시기할 정도였다고 한다.

　왕이 된 뒤 광해군은 왕권 강화에 힘쓰고 백성들의 생활을 안정시키기 위해 노력했다. 세금을 적게 거두고, 농사짓는 땅을 넓히는 데 많은 힘을 쏟았다. 한편, 밖으로는 새로 일어난 중국의 후금에 대비하여 성을 정비하는 등 나라의 안정을 꾀하였다.

　이러한 광해군의 노력으로 조선은 서서히 안정을 찾기 시작했다.

조선왕조 오백년

그러나 1623년 인조반정에 의해 왕위에서 쫓겨나고, 조선의 역대 왕들 가운데 연산군과 함께 묘호를 받지 못한 불행한 왕이 되고 말았다.

 광해군은 뭘 그리 잘못했나

1. 어머니가 후궁인 것이 죄였다.

어느 날 선조는 왕자들을 불러모았다. 열세 명이나 되는 왕자들이 선조 앞에 단정히 무릎을 꿇었다.

"이 세상에서 가장 맛있는 것은 무엇이냐?"

선조의 물음에 왕자들이 한 사람씩 대답했다.

"너비아니이옵니다."

"신선로이옵니다."

너비아니란 쇠고기를 얇게 져며 양념하여 구운 음식을 말하고, 신선로란 신선로라는 그릇에 생선과 채소 등을 넣어 끓인 음식을 말한다.

왕자들은 저마다 자기가 좋아하는 음식을 말했다. 그런데 그 중 한 왕자가 이렇게 말하는 것이었다.

"이 세상에서 가장 맛있는 음식은 소금이옵니다."

이 말에 선조는 슬며시 웃음을 지으며 그렇게 대답한 까닭을 물었다.

"소금이 없으면 아무리 맛있는 음식이라 해도 맛을 낼 수 없기 때문이옵니다."

선조는 가만히 고개를 끄덕였다.

'저 녀석이 내 뒤를 이을 만하구나.'

소금이 이 세상에서 가장 맛있는 음식이라 대답한 왕자가 바로 광해군이었다. 선조는 이러한 광해군의 총명함이 마음에 들었다. 그러나 선조는 광해군을 선뜻 세자로 앉히고 싶지 않았다.

'후궁에게서 태어난 왕자가 왕이 된다면 왕의 권위가 제대로 서겠는가!'

자신 역시 후궁에게서 난 왕자였던 선조는 어떻게 해서든 왕비에게서 난 왕자를 세자로 삼고 싶었다. 그러나 선조의 나이 마흔이 넘도록 선조의 아내 의인왕후는 아들을 낳지 못했다.

그러자 1591년 신하들이 세자를 세워야 한다고 주장했다.

"전하, 어서 세자를 정하심이 옳은 줄로 아옵니다."

그런데 동인들은 이 일을 이용해서 서인들을 조정에서 밀어내고자 했다. 동인이었던 영의정 이산해는 서인의 우두머리였던 좌의정 정철에게 광해군을 세자로 세우자고 해놓고는, 뒤로는 선조가 지극히 아끼던 인빈 김씨를 찾아갔다.

"인빈 마마, 서인들이 광해군을 세자로 정하고, 마마와 아드님을 죽이려고 하옵니다."

이 말을 들은 인빈이 가만히 있을 리 없었다. 인빈은 선조에게 이

산해의 말을 그대로 전했다.

　이것을 알 리 없었던 정철은 임금이 여러 대신들과 함께 나라일을 토론하는 자리에서 광해군을 세자로 정해야 한다고 말했다.

　"인빈의 말이 사실이었구나!"

　크게 노한 선조는 정철을 비롯한 서인들을 모두 조정에서 쫓아내고 말았다. 그런데 그 이듬해 임진왜란이 일어났다. 왜군을 피해 평양성으로 몽진을 간 선조는 그제야 세자 정하는 일을 서둘렀다.

　'전쟁 중에 내가 어떻게 될지 아무도 모르는 일. 만약을 위해 내 뒤를 이을 세자를 정해야 한다. 그래야 내가 죽어도 나라가 흔들리지 않을 것이다.'

　이렇게 생각한 선조는 광해군을 세자로 정했다.

　'광해군이 비록 후궁에게서 태어난 왕자이긴 하나, 왕의 재목임은 틀림없어.'

　광해군을 세자로 정한 선조는 이를 곧 명나라에 알렸다.

　그러나 명나라는 광해군을 조선의 세자로 인정하지 않았다. 후궁에게서 난 자식인 데다, 광해군 위로 형인 임해군이 있기 때문이었다. 그래도 광해군은 전쟁 중에 세자로서의 역할을 훌륭하게 해내고, 그로 인해 신하들로부터 인정받을 수 있었다.

　그러나 전쟁이 끝난 뒤 생각지도 못한 일이 벌어졌다. 의인왕후가 죽어 선조가 인목왕후를 새 왕비로 맞아들였는데, 4년 뒤에 인목왕후가 영창대군을 낳은 것이다.

선조는 영창대군을 세자로 삼고 싶었다. 후궁이 아닌 왕비에게서 태어난 왕자로 하여금 자신의 뒤를 잇게 하고 싶었던 것이다. 그러자 신하들은 광해군을 따르는 대북파와 영창대군을 새로운 세자로 세워야 한다고 주장하는 소북파로 갈라졌다.

그러한 때 선조가 병석에 눕고 말았다. 선조는 영창대군으로 하여금 자신의 뒤를 잇게 하고 싶었지만, 현실적으로 불가능하다는 것을 깨달았다. 영창대군의 나이가 겨우 세 살이었기 때문이다. 그래서 선조는 영의정 유영경에게 광해군에게 왕의 자리를 넘겨 주겠다는 교지(임금이 신하에게 내리는 사령장)를 내렸다.

하지만 소북파였던 유영경은 교지를 자기 집에 숨겨 버렸다. 이를 안 신하들이 유영경에게 죄를 물어야 한다고 했는데 선조는 그만 숨을 거두고 말았다. 그러자 이제 다음 왕을 결정하는 권한은 인목대비가 가지게 되었다. 유영경은 인목대비에게 영창대군을 왕으로 앉히고 수렴 청정을 하라고 권했다. 하지만 인목대비는 광해군을 왕으로 정했다. 세 살짜리 어린 아이를 왕으로 세워 보았자 그 자리를 지킬 수는 없다고 생각한 것이다.

인목대비는 광해군에게 언문(한글을 낮춰 부르는 말)으로 쓴 교지를 내렸다.

이렇게 광해군은 명나라로부터 세자로도 인정받지 못한 데다, 정식 교지가 아닌 왕비의 언문 교지로 왕의 자리에 올랐다. 이 때가 1608년 2월, 광해군의 나이 서른네 살 때의 일이었다.

2. 광해군은 왜 불효를 저질렀나

광해군은 왕이 되자마자 기가 막힌 소식을 들었다.

"전하, 전하께서 어떻게 형님 되시는 임해군을 젖히고 왕위에 올랐는지를 조사하기 위해 명나라에서 사신을 보낸다 하옵니다."

"뭣이라고?"

광해군은 부들부들 떨리는 몸을 진정시킬 수 없었다. 명나라가 자신을 우습게 여기지 않고서는 있을 수 없는 일이었기 때문이다. 그러나 광해군이 분노한 것은 명나라가 자신을 우습게 여긴 때문만이 아니었다.

'이는 나뿐만이 아니라 우리 조선을 우습게 보는 것이다. 우리 조선을 자기 나라에 딸린 신하의 나라로 보지 않고서야 어찌 이럴 수 있단 말인가!'

그러나 분노한다고 해결될 문제가 아니었다. 명나라 사신들은 우선 임해군을 만날 것이 분명했다. 광해군은 임해군을 그냥 놔둘 수 없었다. 임해군은 광해군이 자신의 자리를 빼앗았다고 공공연히 떠들고 다니곤 했던 것이다. 광해군은 결국 친형인 임해군을 죽이고 말았다.

이 일로 광해군은 그 동안 참았던 화를 폭발하고 만다.

"이 모두 소북파가 명나라의 힘을 빌어 나를 쫓아 내려 했기 때문이다."

광해군은 소북파를 조정에서 몰아 냈다. 그리고 그에 반대하는 성균관 유생들도 모두 내쫓았다.

이처럼 광해군은 왕이 되면서부터 자신을 쫓아 내려는 사람들 때문에 언제나 가시 방석에 앉은 기분이었다.

그런데 1613년 인목대비의 아버지인 김제남이 사람을 모아 영창대군을 왕으로 세우려 한다는 소문이 퍼졌다. 이는 영창대군을 끼고 권력을 잡으려는 다른 당파를 모함하기 위해 대북파가 꾸민 것이었다. 이를 알 리 없던 광해군은 김제남에게 사약을 내리고 영창대군을 강화도로 귀양 보내 버렸다.

그러자 인목대비는 광해군을 원망하기 시작했다. 게다가 이듬해인 1614년 대북파가 영창대군을 살해하자 인목대비는 광해군을 원수로 생각하게 되었다. 이 모두가 다 광해군이 시킨 일이라고 생각한 것이다.

인목대비가 광해군에게 칼을 갈고 있음을 안 대북파는 1618년 인목대비를 자리에서 물러나게 해야 한다고 주장했다. 이는 인목대비 주변으로 광해군에 반대하는 세력들이 모여들고 있기 때문이었다.

광해군은 인목대비를 폐하지는 않았다. 그 대신 서궁에 가두어 버렸다. 왕위를 지키기 위해서는 어쩔 수 없는 일이었다.

이처럼 광해군은 왕위에 올라서부터 자신을 몰아내려는 사람들과 힘겨운 싸움을 벌여 나가야 했다. 이 과정에서 형과 동생을 비롯한 많은 사람들을 죽인 것은 물론 어머니까지 가두게 되었다. 이 가운데 특히 어머니 인목대비를 가둔 것은 광해군을 왕의 자리에서

몰아내는 중요한 이유가 되었다. 효를 으뜸으로 여기는 조선 사회에서 어머니를 내쫓는 것은 있을 수 없는 일이기 때문이었다.

게다가 광해군은 임진왜란으로 불타 없어진 경복궁 등의 궁궐을 다시 지었는데 이 과정에서 백성들의 불만이 쌓이게 되었다.

이러한 까닭에 광해군은 폭군으로 몰려 왕의 자리에서 쫓겨나게 되었다. 그러나 사실 광해군이 쫓겨난 이유는 다른 데 있었다.

 광해군을 폭군이라고 하는 진짜 이유

왕위를 지키기 위해 생명을 빼앗은 임금은 광해군만이 아니었다. 태종도 그랬고, 세조도 수많은 사람들을 죽이고 왕의 자리에 앉았다. 그런데 왜 광해군을 폭군이라고 했을까? 이는 광해군이 명나라를 섬기지 않았기 때문이었다.

임진왜란 전부터 명나라는 힘을 잃고 있었다. 대신 북쪽의 오랑캐인 여진족이 세운 후금(나중에 청나라로 이름을 바꿈)이 하루가 다르게 성장하고 있었다.

그러던 1619년 후금과 싸움을 벌이고 있던 명나라는 조선에 급하게 구원병을 요청했다. 그러나 광해군은 명나라를 돕고 싶지 않았다.

"명은 망해 가는 나라이다. 하지만 후금은 날이 갈수록 그 기세가 하늘을 찌를 듯하다. 이 때 명을 돕는다면 후금이 가만 있을 리 없다. 잘못하다가는 또 한 번 조선에 전쟁의 회오리가 몰아칠 수도 있는 일."

게다가 광해군은 중국의 어지러운 상황이 조선에게는 좋은 기회를 가져다 줄지 모른다고 생각했다.

"그 동안 우리 조선은 명나라에 조공을 바치며 신하의 나라로 지내왔다. 하지만 명과 후금의 싸움을 잘 이용한다면 명나라에 조공을 바치지 않을 수 있을 것이다. 또 후금과 좋은 관계를 가진다면 이후 우리는 후금과 대등한 나라로 설 수 있을 것이다."

그러나 명나라의 요구를 듣지 않을 수는 없는 일이었다. 생각 끝에 광해군은 강홍립을 몰래 불렀다. 그리고 자신의 생각을 강홍립에게 설명해 주었다.

"전하, 지당하신 말씀이옵니다. 그럼 제가 어찌해야 하겠사옵니까?"

강홍립은 가만히 광해군의 말을 기다렸다.

"장군은 군사를 이끌고 명나라로 가시오. 그러나 싸우는 척하다 적당한 기회를 봐서 후금에 항복하시오."

강홍립은 곧 군사를 이끌고 압록강을 건넜다. 그리고 광해군의 지시대로 움직였다.

그러자 조정은 발칵 뒤집혔다.

"전하, 강홍립은 의리를 저버린 역적이옵니다. 강홍립의 식구들을 모두 잡아 죽이도록 하심이 옳은 줄로 아옵니다."

"전하, 벌써 잊으셨사옵니까? 명나라의 도움 없이 우리가 어찌 임진왜란을 이겨낼 수 있었겠사옵니까?"

뿌리 깊게 명나라를 섬겨 온 조선의 신하들로서는 어쩌면 당연한 말이었다. 하지만 의리만으로 나라를 유지하고 발전시킬 수는 없는 일이었다. 명나라가 조선을 도운 것은 사실이었지만, 한편으로 조선은 해마다 조공을 바쳐야 했고, 그 조공을 바치느라 수많은 백성들의 피와 땀을 쥐어짜야 했다. 이로 인해 그 동안 조선이 숱한 어려움을 겪은 것 역시 사실이었다.

광해군은 강홍립을 벌해야 한다는 신하들의 말을 듣지 않았다. 이로 인해 광해군은 더 많은 적을 만들 수밖에 없었다. 목에 칼이 들어와도 의리를 저버려서는 안 된다고 믿었던 당시 신하들의 눈에 광해군은 의리를 저버리고 오랑캐를 따르는 배신자였다. 그러한 배신자를 임금으로 섬길 수는 없는 노릇이었다.

게다가 광해군을 누구보다도 미워하는 사람이 하나 있었다. 바로 능양군(뒤에 인조가 되는 사람으로 선조의 손자)이었다. 능양군은 1615년 역모를 꾀한 죄로 죽은 능창군의 형이었다. 그래서 능양군은 동생을 죽인 광해군을 쓰러뜨리기 위한 계획을 비밀스럽게 진행시키고 있었다.

능양군은 김류, 이귀, 김자점 등 광해군 반대 세력을 모아 1623년 반정(임금을 물러나게 하고 새 임금을 세우는 일)을 일으켰다. 이를 인조반정이라 한다.

인조반정으로 광해군은 임금의 자리에 오른 지 16년 만에 죄인이 되어 아내와 세자 질, 그리고 빈궁과 함께 강화도로 쫓겨나고 말았다. 이 때 그의 나이 마흔아홉이었다.

 유배지에서의 18년

1. 자식을 가슴에 묻고

강화도로 쫓겨온 지 어느 새 세 달 가까이 흘러가고 있었다.

해가 질 무렵, 광해군은 서쪽 하늘을 바라보았다. 바다를 붉게 물들이며 해는 조금씩 바닷물 속으로 잠겨들고 있었다.

'질아!'

광해군은 아들의 이름을 가만히 불러보았다.

질은 세 달 전만 해도 이 나라의 세자였다. 광해군을 이어 이 조선을 다스릴 사람이었다. 그러나 이제 질은 이 세상 사람이 아니었다.

한 달 전의 일이었다.

"빈궁, 저 나무에 올라 바깥을 잘 살피고 계시오."

세자 질은 빈궁을 떠받쳐 나무에 오르게 했다. 그리고 자신은 담 밑을 파 들어가기 시작했다. 인조와 인목대비는 광해군과 세자 질을 강화도의 동쪽과 서쪽에 각각 머물게 하고는 집을 빙둘러 높은 담을 쳐놓았다. 누구도 나가지도 들어오지도 못하게 한 것이다.

아직 한창 나이였던 세자 질은 아버지 자리를 빼앗은 인조를 몰아낼 계획을 세웠다.

'평양 감사는 분명 내 뜻을 따라 줄 거야.'

질은 강화도를 탈출해 평양 감사에게 도움을 청하려고 마음먹은 것이었다.

담밑의 땅을 파는 질의 손놀림이 점점 빨라졌다. 어느 새 손끝에서 빨갛게 피가 배어나고 있었다. 하지만 잠시 뒤 땀으로 범벅된 질의 얼굴에 설핏 웃음기가 돌았다. 울타리 바깥이 팔뚝 굵기 만큼 보이기 시작했던 것이다.

조금 뒤, 겨우 몸이 빠져 나갈 만큼 구멍이 나자 질은 준비해 둔 보퉁이를 옆구리에 끼고는 구멍을 통해 울타리 밖으로 나갔다. 질은 곧 어둠 속으로 묻혀 버렸다.

'저하, 무사하셔야 하옵니다.'

빈궁은 하늘을 올려다보았다.

'달아, 제발 구름 밖으로 나오지 말아다오.'

어느 새 구름 속에 몸을 숨겼던 달이 슬며시 얼굴을 내밀기 시작한 것이었다. 달은 곧 구름 속에서 완전히 벗어나 사방으로 파리한 빛을 뿜어냈다.

그 때였다.

"악."

빈궁은 소스라치게 놀라 나무에서 떨어지고 말았다. 누군가 끌려오고 있었던 것이다. 그건 분명 질의 모습이었다. 어두운 밤에도, 아무리 먼 곳에서도 알아볼 수 있는 남편의 모습이었다.

세자 질이 도망치려 했다는 소식은 금세 인조와 인목대비의 귀에 들어갔다. 그들은 질을 죽이기로 했다.

이 소식을 들은 질과 빈궁은 스스로 목숨을 끊었다.

'아마도 역적의 손에 죽기 싫었던 모양이지?'

광해군은 자기도 모르게 이렇게 내뱉고 있었다.

그러나 곧 광해군의 얼굴에 씁쓸한 웃음이 떠올랐다.

'역적, 역적이 따로 있나? 싸움에서 진 내가 바로 역적이 아닌가!'

광해군은 방으로 들어가려고 몸을 일으켰다. 바닷물은 빛마저 잃은 해를 마지막까지 삼키고 있었다.

광해군은 이렇게 강화도에서 아들과 며느리를 잃었다. 또 이듬해엔 아내마저 세상을 뜨고 말았다.

2. 어머니 곁에 묻어 다오

세월은 참으로 빨랐다. 광해군은 강화도에서 태안으로, 그리고 다시 강화도로 이리저리 귀양을 다녀야 했다. 그 동안 인조와 인목대비는 여러 차례 광해군을 죽이려고 했다. 그러나 그 때마다 몇몇 신하들의 반대로 광해군은 목숨을 부지할 수 있었다.

그 사이 조선은 또 한 번 외적의 말발굽에 짓밟혔다. 광해군이 걱정한 대로였다.

명나라는 후금에게 망하고 후금이 중국의 주인이 되었다. 명나라만을 섬기려 했던 조선은 후금의 미움을 사고, 결국에는 후금의 말발굽 세례를 받아야 했던 것이다.

후금과의 전쟁이 끝나자 광해군은 또다시 제주도로 옮겨졌다. 하루 종일 벗할 것이라고는 바닷바람과 파도 소리가 전부였다.

광해군은 점점 말을 잃어 갔다. 자신을 감시하는 관리가 큰방을 쓰고 자신을 아랫방으로 내쫓았지만 광해군은 아무 말도 하지 않았다. 시중드는 나인이 '영감'이라고 불러도 광해군은 먼 산만 바라볼 뿐이었다.

그렇게 18년이란 세월이 흘러간 것이었다. 살아 있어도 산 사람같지 않게 산 18년이 떴다 지는 해처럼 흘러갔다.

어두운 방에 반듯이 누워 있던 광해군의 눈에 사람들의 모습이 나타났다. 아버지 선조의 얼굴이 보였다. 그리고 꽃다운 나이에 스스로 목숨을 끊은 아들이 달려오고 있었다. 귀양 생활 1년 반 만에 숨을 거둔 아내는 기운이 없는 듯 야윈 손으로 손짓만 하고 있었다.

그런데 그들 뒤에 한 여인이 희미하게 웃고 있는 것이 보였다. 어머니였다. 광해군은 알 수 있었다. 세 살 되던 해 세상을 뜬 어머니였지만, 광해군은 그 여인이 어머니임을 똑똑히 알 수 있었다.

검버섯이 핀 광해군의 눈가에 한 줄기 눈물이 흘러내렸다. 광해군은 힘겹게 입을 열었다.

"날 어머니 발치에 묻어 주시오."

이것이 광해군의 마지막 말이었다. 한때 조선의 왕이었으며 만백

광해군편

성들의 어버이였던 광해군이 갈 곳은 세 살 때 세상을 뜬 어머니 곁밖에는 없었던 것이다.

이 때가 1641년으로 광해군의 나이 67세였다.

광해군은 2명의 아내에게서 세자 질과 옹주 하나를 얻었다. 그러나 세자 질은 이미 세상을 뜬 뒤였고, 옹주만이 광해군의 유일한 핏줄이었다.

광해군은 그의 유언대로 경기도 남양주에 있는 어머니 묘 아래에 묻혀 있다.

광해군 시대의 사람들

허준과 동의보감

광해군이 왕위에 오른 지 2년째 되던 해의 여름이었다.

"전하, 허준이 드디어 의학책을 완성했다고 하옵니다."

"뭣이라고!"

광해군은 여간 기쁜 것이 아니었다.

허준은 선조 대부터 어의(궁궐에서 왕과 왕족의 병을 돌보는 의사)를 지냈던 사람이다. 그는 선조를 비롯한 왕자와 왕족들의 병을 고쳐 선조의 큰 신임을 받았다. 임진왜란 때도 선조의 곁을 떠나지 않았고, 전쟁이 끝난 뒤에도 가까이에서 선조의 건강을 돌보았다. 그래서 허준은 남들이 질투를 할 만큼 선조의 사랑을 받으며 높은 벼슬에까지 올랐다.

하지만 허준은 틈만 나면 어의직에서 물러나고 싶어했다.

'옛날부터 의술은 인술이라고 했다. 진정한 의원은 소수를 위해 의술을 펼치는 것이 아니라 대다수 백성들을 위해 의술을 펼쳐야 한다.'

허준은 왕보다는 백성들을 위한 의사가 되고 싶었던 것이다. 또한 그에게는 남모르게 키우는 꿈이 있었다.

'우리 나라의 의학책은 모두 중국의 것을 그대로 풀어쓴 것이라고 해도 틀린 말이 아니지. 하지만 중국에서 나는 약재와 우리 나라에서 나는 약재가 다르고 중국 사람들의 체질과 우리 조선 사람의 체질이 달라. 그런데 어떻게 중국 의학책에 나온 대로 처방을 할 수 있단 말인가! 하루빨리 우리 조선에 맞는 의학책을 만들어야 한다.'

그러나 선조는 허준을 놓아 주지 않고, 이렇게 말했다.

"그대가 정 원한다면 여러 어의들과 함께 우리 조선에 맞는 의학책을 짓도록 하라."

이렇게 해서 허준은 의학책을 만들기 시작했다. 그러나 정유재란이 일어나 의학책을 만드는 일은 중단되고 말았다. 하지만 허준은 의학책을 만들려는 꿈을 접지 않았다.

'나 혼자의 힘으로라도 기필코 만들어 내리라.'

그것이 15년이 지난 광해군 대에 완성된 것이었다.

광해군편

"허준이 큰일을 해냈구나. 내 허준에게 말 한 필을 상으로 내리겠다."

광해군은 허준에게 상을 내리고 허준이 만든 의학책을 인쇄하라고 명했다. 이 책이 바로 《동의보감》이다.

동의보감은 당시까지 나온 의학책을 총망라한 책이었다. 그래서 다른 책을 보지 않아도 그 동안 나온 의학책을 두루 보는 것과 똑같은 효과가 있었다. 또한 오랜 실험을 바탕으로 증상에 따라 어떻게 약을 만들어야 하는지, 약을 만들 때 약재의 양은 어느 정도가 적당한지 등을 자세히 설명해 놓았다. 게다가 일반 사람들이 부르는 약재의 이름을 모두 한글로 표기해 백성들도 쉽게 이용할 수 있도록 하였다.

동의보감은 그 뒤 중국과 일본으로까지 전해졌다. 우리 나라 사람이 지은 책으로 동의보감만큼 중국과 일본 사람들이 많이 읽은 책은 없다고 한다.

 조선 사람들은 어떻게 세금을 냈나

조선 시대에는 백성들에게 세금을 거두어들여 나랏돈으로 썼다.

세금은 크게 땅에 대한 세금인 전세, 군대에 나가거나 궁궐을 짓거나 성을 쌓을 때 나가서 일해야 하는 역, 그리고 지방의 특산물을 내는 공납으로 나뉜다.

전세는 농민이 생산한 곡식의 일부를 바치는 것으로, 수확의 10분의 1이 원칙이었다. 그러나 수확은 토질과 기후에 따라 크게 달라질 수 있다. 그래서 세종 때에는 전세를 공정하게 부담시키기 위해 토지를 6등급으로 나누어 메마른 토지에는 세금을 적게 매기는 전분6등법과 풍년과 흉년에 따라 전세를 다르게 부담시키는 연분9등법을 실시하였다. 그러나 관리가 마음대로 세금의 양을 결정하는 일이 많이 일어나 그 뒤엔 1결당 4두로 세금의 양을 고정시킨 영정법이 시행되었다.

역에는 국가의 토목 공사 등에 동원하는 부역과 국방을 위해 군대에 나가는 군역이 있었다. 역은 16세에서 60세까지의 남자에게 주어 지는 의무였다. 그러나 16세기에 와서는 군역 대신 군포 2필을 바치는 제도가 실시되었고 이후에는 군포의 양을 2필에서 1필로 내렸다.

공납은 각 지방의 특산물을 바치게 하는 것이었다. 각 고을을 단위로 하여 국가나 왕실에서 필요로 하는 지방 특산물을 그 지방의 수령이 거둬 바치게 하였다. 공납은 현물로 바쳐야 하기 때문에 보관과 운반에 어려움이 많아 농민들에게 큰 고통을 주었다. 그래서 광해군은 대동법을 실시해 현물 대신 쌀로 공납을 대신하게 하였다.

조선의 백성들은 이렇게 나라에 바치는 세금 말고도 양반이나 지주에게도 세금을 내야 했다. 대부분의 백성들은 땅을 가지고 있지 못했기 때문에 지주나 양반들에게 땅을 빌려 농사를 지었는데, 땅을 빌린 값을 내야 했던 것이다. 또한 고을의 관리들이 제멋대로 세금을 거둬들여 백성들이 실제로 내는 세금은 나라에서 정한 것보다 훨씬 많았다고 한다.

> 乙つ中斷楚
> 江開碧水東
> 流至小迴豕

인조의 글씨

조 선 왕 조 오 백 년

● 제16대 왕

인조

1595~1649년
재위 기간 : 1623~1649년

　인조는 병자호란으로 청나라에 무릎을 꿇는 수모를 당한 왕이다.
　1623년 인조는 김자점, 이귀, 이괄 등과 함께 인조반정을 일으켜 광해군을 쫓아내고 왕위에 올랐다.
　그는 명나라와 후금 사이에서 중립을 지키던 광해군과 달리 노골적으로 명나라를 도와줘 결국 정묘호란, 병자호란 등 두 차례나 후금의 침입을 받았다. 이로써 조선은 청나라의 신하 나라가 되었고, 거듭되는 전쟁으로 인해 나라의 경제 사정은 크게 어려워졌다.
　그 뒤 인조는 여진족과의 관계를 생각하여 국경 지대인 중강, 회령, 경흥 등지에 시장을 열어 백성들이 여진족과 무역을 할 수 있게 하였다.
　또 1628년 네덜란드 사람인 벨테브레 등이 제주도에 표류해 와 서양 사정을 알게 되었고, 정두원과 소현세자 등을 통하여 서양의 문물에 접하게 되었다.

오랑캐에게 무릎 꿇은 인조

인조는 1595년 선조의 다섯째 아들 정원군의 장남으로 태어났다. 그러니까 광해군에게는 어머니가 다른 동생의 아들로 조카인 셈이다.

젊은 시절 능양군이라고 불리웠던 인조는 1623년 3월 이귀, 김류, 김자점 등의 서인들과 함께 광해군을 몰아내고 왕의 자리에 오르는데 이를 인조반정이라고 한다.

왕이 된 인조는 광해군이 실시한 정책을 그대로 따른다. 대동법을 강원도까지 확대하여 실시하고, 숨겨 둔 땅을 찾아 세금을 매겨 나랏돈을 늘렸다. 또한 군역을 세금으로 대신할 수 있게 했으며, 노비나 일반 백성들이 돈을 내면 신분을 높여 주기도 했다. 인조는 이렇게 함으로써 부족한 나랏돈을 메우고, 백성들의 생활을 안정시키려 했다.

그러나 대외 정책에 있어서는 광해군과 정반대의 길을 걷는다. 명나라와 후금과의 사이에서 중립을 지켰던 광해군과는 달리 후금과 관계를 끊고 명나라를 공공연히 도왔던 것이다.

이로 인해 후금은 조선 침략의 구실을 찾게 되었고, 임진왜란을 겪은 지 30년도 안 되어 조선은 또다시 전쟁의 소용돌이에 휩싸이게 되었다.

 ## 인조는 왜 광해군을 몰아냈는가

　1623년 3월 12일 어둠을 타고 한 떼의 군사들이 궁궐로 향하고 있었다. 이들은 김자점, 김류, 이괄 등이 이끄는 반정 군사들이었다. 궁궐을 지키고 있던 군사들과 이미 줄이 닿아 있던 이들은 쉽게 궁궐 안으로 들어갈 수 있었다.
　궁궐로 들어서자 미리 와 있던 능양군이 이들을 맞았다. 능양군은 궁궐을 장악하는 한편 서궁에 갇혀 있는 인목대비에게 반정 사실을 알렸다. 그리고 광해군을 찾기 위해 궁궐 안을 샅샅이 뒤졌다.
　날이 밝도록 광해군을 찾아내지 못하자 능양군은 불안해지기 시작했다.
　"벌써 궁궐 밖으로 도망친 것이 분명하다. 집집마다 빠짐없이 수색하라."
　능양군은 이렇게 말하고 옥새를 가지고 인목대비를 찾아갔다. 인목대비는 눈물을 흘리며 능양군을 맞았다.
　"그간의 원수를 능양군이 갚아 주는구려."
　인목대비는 옥새를 능양군에게 주고 그를 왕으로 삼는다고 온 천하에 알렸다. 조선의 열여섯 번째 왕이 탄생하는 순간이었다. 이 왕이 바로 인조이다.
　다음 날 군사들이 광해군을 잡아 오자 인조는 광해군을 쏘아보며 말했다.

"죄인은 선왕(선조)을 독살하고, 어머니인 인목대비를 서궁에 가두었다. 그리고 형인 임해군, 아우인 영창대군을 죽이는 등 차마 입에 담을 수 없는 죄를 저질렀다. 또한 궁궐을 짓는다며 백성들을 혹사시켜 백성들의 원망이 하늘을 찌를 듯했다. 그뿐인가! 그 동안 우리 조선을 돕고 임진왜란 때는 군사까지 보내 조선을 도와 준 명나라를 배신하고 오랑캐를 따르려 했다. 이 죄는 죽어 마땅하나 은혜를 베풀어 강화도로 위리 안치(죄인을 귀양지에서 달아나지 못하도록 집 주변에 울타리를 쳐 그 안에 가두어 둠)시키노라."

광해군을 강화도로 귀양 보낸 인조는 늦은 밤까지 편전(임금이 평소에 거처하는 궁전)을 떠나지 않았다. 인조는 편전에 홀로 앉아 지난 5년을 되돌아보았다.

1615년 인조는 자신이 아끼던 아우 능창군을 잃어야 했다.

인조와 능창군의 아버지인 정원군은 선조의 사랑을 한몸에 받았던 인빈 김씨의 아들이었다.

광해군은 인빈 김씨와 사이가 좋지 않았다. 정철이 광해군을 세자로 세워야 한다고 주장했을 때, 인빈 김씨는 그것을 방해했다. 자신의 아들을 세자로 삼고 싶었던 인빈 김씨가 선조에게 광해군이 세자가 되어 자신과 자기 아들들을 해치려 한다고 말한 것이다. 이 때문에 광해군은 인빈 김씨는 물론 인빈 김씨의 아들들과도 사이가 좋지 않았다.

그런데 광해군이 왕이 되고 난 뒤 정원군의 아들 능창군이 왕이 될 재목이라는 소문이 퍼졌다. 그로 인해 광해군이 능창군에게 사약을 내리자 인빈 김씨 자손들과 광해군 사이엔 더 깊은 골이 파이게 되었다. 특히 동생을 잃은 인조는 누구보다도 광해군을 원수처럼 여겼다고 한다.

이러한 인조의 깊은 원한은 당시 조정에서 쫓겨났던 서인 세력들과 맞아떨어졌다. 서인들은 1613년 광해군이 영창대군을 강화도로 귀양 보내려 하자 목숨을 걸고 들고일어났다. 그 때문에 서인들은 대부분 조정에서 쫓겨났고, 그로 인해 광해군과 그 당시 조정을 장악하고 있던 북인들을 미워했다.

또한 서인들은 명나라를 은인처럼 여기고 있었기 때문에 무슨 일이 있어도 명나라를 저버려서는 안 된다고 주장하였다. 그들은 현실적인 이익보다는 유교 사상에서 가르친 의를 저버리지 않는 것이 더 중요하다고 믿었던 것이다. 따라서 서인들은 광해군이 명나라와 후금 사이에서 중립을 지키는 것을 그냥 보고 있을 수 없었다.

이러한 이유로 서인들은 능양군의 반정을 도왔고, 결국 이들은 광해군을 몰아 내는 데 성공했다. 그래서 인조와 서인들은 안으로는 광해군의 정책을 변화시키지 않았지만, 외교 관계에서는 광해군과 정반대의 길을 걷게 되었다.

그러나 이들의 대외 정책은 광해군이 애써 다져 놓은 후금과의 관계를 악화시켜 마침내 정묘호란과 병자호란이라는 크나큰 전쟁을 부르고 말았다.

인조편

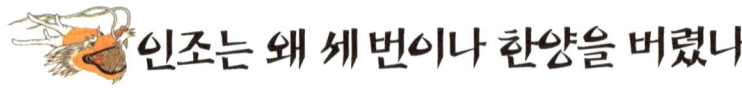 인조는 왜 세 번이나 한양을 버렸나

1. 당파 싸움에서 비롯된 이괄의 난

"전하, 평안 병사 겸 부원수 이괄이 그의 아들 이전을 비롯해 기자헌, 정충신 등과 반란을 꾀하고 있다 하옵니다."

"그게 무슨 소리요? 이괄 장군이 반란을 꾸미다니!"

인조는 믿을 수 없다는 듯 고개를 저었다.

이괄은 인조반정에 큰 공을 세운 장수였다. 공으로 보면 1등 공신들 못지않았지만, 반정에 나중에 참가한 탓에 2등 공신이 되었던 것이다. 그러나 인조는 이괄에게 평안 병사 겸 부원수라는 북방을 지키는 군대를 총지휘하는 중요한 벼슬을 내렸다.

이는 언제 쳐들어올지 모르는 후금과의 전쟁에 대비하기 위해서였다. 후금과의 관계를 끊고 명나라를 공공연히 돕는 조선을 후금이 가만 둘 리 없었기 때문이다. 따라서 북방을 책임지느냐 그렇지 못하느냐에 나라의 운명이 달려 있다고 해도 지나친 말이 아니었다.

인조는 그 중요한 자리를 이괄에게 맡겼다. 이괄이 누구보다도 장수로서의 능력이 뛰어났기 때문이었다. 신하들 역시 이괄이 비록 반정의 공으로 따지면 2등이었지만, 능력으로는 최고의 장수라고 생각하고 있었다.

"전하, 이괄이 2등 공신이 된 것에 불만을 품은 것이 분명하옵니다."

"맞사옵니다. 어서 이괄과 그의 무리들을 잡아들여 죄를 물으셔야 할 줄로 아옵니다."

인조는 앞다투어 나서는 신하들을 물끄러미 바라보기만 했다.

'이괄이 2등 공신이 된 것에 불만을 품을 리 없어.'

인조는 이것이 서인들의 모함이라고 생각했다.

인조반정이 성공하자 그 동안 권력에서 밀려나 있던 서인들이 정권을 잡게 되었다. 그러나 인조는 남인 세력에게도 벼슬을 주었고, 광해군 아래서 벼슬을 하던 북인들도 그대로 두었다.

'서인들이 북인들을 몰아 내려는 게 분명해.'

역모를 꾸몄다는 사람들의 이름을 떠올리던 인조는 이와 같은 결론을 내릴 수밖에 없었다. 이괄과 함께 역모를 꾸몄다고 하는 기자헌, 정충신 등은 모두 북인이었고, 광해군 대부터 벼슬을 한 사람이었기 때문이다.

생각이 여기까지 미친 인조는 서인들의 말이 사실인지 철저하게 조사하라는 명을 내렸다.

결과는 인조의 생각대로였다. 이괄이 역모를 꾀한 증거는 어디에도 없었다.

그러나 서인들은 물러서지 않았다.

"전하, 어찌 평안도에서 일어난 일을 한양에서 알 수 있단 말이옵니까?"

"맞사옵니다. 이괄의 벼슬을 빼앗고 한양으로 잡아 와 엄하게 문

초하셔야 하옵니다."

인조는 걱정이 아닐 수 없었다. 서인들이 이렇게 극성으로 들고 일어나는 것을 그냥 넘길 힘이 없기 때문이었다. 인조는 생각 끝에 이렇게 말했다.

"북방을 지키는 장수를 한양으로 불러들이면 무슨 일이 일어날지 알 수 없는 노릇이오. 그러니 이괄의 아들 이전과 기자헌 등만 불러 문초하는 것으로 합시다."

그제야 서인들도 한발 물러났다. 그러나 이괄은 자기 아들을 잡으러 온 금부 도사를 베어 버렸다. 이괄은 이렇게 생각한 것이었다.

'심한 고문을 받으면 없었던 일도 사실이 된다. 이대로 있으면 내가 당할 게 틀림없다.'

1624년 1월 22일 이괄은 북방을 지키던 1만 명의 군사를 이끌고 한양으로 향했다.

이괄이 임진강까지 내려오자 인조는 한양을 버리고 공주로 도망쳤다. 이로써 조선이 세워진 이후 처음으로 내란으로 왕이 한양을 버리는 일이 발생하고 말았다.

2월 10일, 한양에 닿은 이괄은 선조의 아들 홍안군을 왕으로 세우고 흐트러진 민심을 가라앉히기 위해 과거를 볼 계획까지 짰다. 그리고 이를 백성들에게 알려 민심을 안정시키려 했다. 자신의 난이 성공한 것이라고 굳게 믿었던 것이다.

그러나 이괄은 한양에 들어간 지 3일 만에 관군들에게 밀려 경기

도 이천으로 도망을 간다. 그러자 이괄을 따르던 군사들은 자기들도 역적이 되어 죽게 될 것을 걱정한 나머지 이괄의 목을 베고 관군에게 항복했다.

이괄의 난은 이렇게 막을 내렸다. 이 난으로 백성들은 왕을 더욱 얕보게 되었다. 임진왜란으로 선조가 한양을 버린 것이 엊그제인데다, 이젠 내란으로도 왕이 한양을 버릴 만큼 힘이 없다는 것이 증명되었기 때문이다.

그러나 이괄의 난은 더 커다란 불행의 씨앗이 되고 말았다. 이괄이 북방의 군사들을 남쪽으로 돌려 조선의 북방이 허술해진 것을 후금이 모를 리 없었던 것이다.

2. 오랑캐의 신하가 되기로 한 인조

1627년 1월 후금의 3만 군사가 압록강을 넘어왔다. 이괄의 난으로 국방이 허술해진 조선은 변변한 싸움 한 번 하지 못하고 임진강 북쪽까지 후금에게 내주어야 했다. 정묘호란이 일어난 것이다.

정묘호란이 일어나자 인조는 강화도로 몸을 피하고, 세자인 소현세자는 전주로 내려가 의병을 모은다.

후금은 곧 명나라의 연호를 쓰지 않고 왕자를 인질로 주면 군사를 물리겠다고 했다. 이에 대해 조선은 인조의 동생을 후금으로 보내고, 후금과 명나라 사이에 중립을 지키는 대신 후금에게 다시는 압록강을 건너지 않겠다는 약속을 받아내고 전쟁을 끝냈다.

그러나 이것은 조선과 후금 모두에게 만족한 것이 아니었다. 조선의 입장으로서는 '야인'이라고 무시하던 오랑캐에게 당한 창피였고, 후금에게는 명나라와 관계를 끊지 않는 조선이 언제 자신들의 뒤를 칠지 모르는 불씨였던 것이다.

후금은 그 뒤 만주를 모두 점령하고 만리 장성을 넘어 명나라의 수도인 북경을 위협할 정도로 더욱 힘이 세졌다. 그러자 후금은 나라 이름을 청이라 고치고 '왕'이라 부르던 것을 '황제'로 높였다. 그리고 1636년 청나라는 조선을 신하의 나라로 삼겠다며 백금 1만 냥, 말 3천 필 등을 바치라며 사신을 보냈다.

그러나 조선은 이를 받아들이지 않고 오히려 청나라와의 전쟁을 준비했다.

이 사실을 안 청나라는 그 해 12월 1일 황제인 태종이 직접 12만의 군사를 거느리고 조선을 침략했다. 병자호란이 일어난 것이다.

12월 13일 청나라의 태종이 개성까지 내려왔다는 소식을 들은 인조는 허겁지겁 강화도로 세자를 비롯한 왕족들과 신하들을 피난시켰다. 인조는 자신도 그 뒤를 따르려고 했지만 청나라의 군사에 막혀 남한산성으로 들어갔다.

그러자 청나라 태종은 남한산성을 겹겹이 포위했다.

청 태종은 싸움을 걸지 않고 시간만 끌었다. 어차피 산성 속에 갇혔으니 시간만 끌면 저절로 걸어나오리라 생각한 것이다.

실제로 남한산성에는 45일 정도 버틸 식량밖에 없었다. 40일이

지나자 남한산성에 갇힌 인조와 신하들은 불안할 수밖에 없었다.

"전하, 아뢰옵기 민망하오나 이 싸움을 이길 수는 없을 것이옵니다. 그러니 화의하시옵소서."

최명길을 비롯한 신하들이 화의를 주장했다. 그러자 오달제, 홍익한 같은 이들이 펄펄 뛰었다.

"무슨 말씀이오? 오랑캐 따위와 화의를 하다니, 차라리 죽는 것이 낫소."

신하들의 엇갈린 주장에 인조는 결단을 내리기가 어려웠다. 그러한 때 너무나 뜻밖의 소식이 들려 왔다.

"전하, 강화도가 적들의 손에 넘어갔다고 하옵니다."

"뭐라고?"

인조는 더 이상 버틸 수 없음을 깨달았다.

1637년 1월 30일, 인조는 남한산성을 나와 삼전도(서울과 남한산성을 이어 주던 나루. 지금의 송파구 송파동의 위치에 있었음)로 향했다.

밤새 내린 눈에 무릎까지 빠졌다. 인조는 미끄러지지 않으려 무던히도 애를 썼다. 그러나 인조는 번번이 미끄러지고 말았다. 그 모습을 보는 신하와 백성들의 통곡 소리에 남한산성이 무너져 내릴 것만 같았다.

삼전도에 도착한 인조는 청나라 태종에게 무릎을 꿇고 이마를 세 번 땅에 부딪혀 신하가 되기로 맹세했다. 이로 인해 조선은 1895년

인조편

청일 전쟁 때까지 청나라의 신하 나라로 지내야 했다.

이후 인조는 자신에게 씻을 수 없는 치욕을 준 청나라를 더욱 원수처럼 생각하게 되었다. 게다가 소현세자와 그의 아우인 봉림대군 그리고 많은 신하들을 청나라로 보내야 했기에 인조는 청나라에 이를 갈았다. 그런데 이러한 청나라에 대한 원한으로 인해 인조는 세자를 몹시 미워하게 된다.

 인조가 세자를 죽였을까

청나라로 잡혀 갔던 소현세자가 8년 뒤인 1645년에 조선으로 돌아왔다.

"아바 마마, 소자 이제야 돌아왔사옵니다."

소현세자는 눈물을 글썽였다. 그러나 인조는 전혀 반가운 표정이 아니었다.

당황한 소현세자는 청나라 태종에게 선물받은 벼루를 꺼내며 말했다.

"아바 마마, 이것은 청나라 태종이 선물로 준 것이옵니다. 아주 훌륭한 벼루이옵니다."

인조는 세자의 말을 들은 체도 하지 않고 물었다.

"그래? 청나라 태종은 어떤 사람이더냐?"

"청나라 황제는 큰 나라를 다스리는 사람답게 참으로 큰 인물이었사옵니다."

소현세자의 말에 인조의 얼굴이 시뻘겋게 변했다.

"뭣이라고? 이놈, 그 말이 사실이었구나!"

주먹 쥔 인조의 손이 바르르 떨렸다.

그 동안 인조의 귀에 들려 온 소현세자의 행동은 모두 못마땅한 것뿐이었다.

소현세자가 청나라에 푹 빠져 있다는 것이었다. 청나라의 앞선 문물을 받아들여야 한다며 청나라에 들어와 있는 서양 문물도 모아 들인다고 했다.

실제로 인조가 청나라를 원수처럼 여기는 것에 비해 소현세자는 청나라에게 배워야 나라를 발전시킬 수 있다고 생각했다. 그래서 소현세자는 청나라와 원만한 관계를 맺으려 애썼다. 그러자 청나라는 조선과 의논할 일이 생기면 인조보다 소현세자를 찾았다.

"너는 벌써 병자년에 이 애비와 나라가 겪은 치욕을 잊었단 말이냐!"

인조는 이렇게 말하며 벼루를 집어던졌다.

그 날 밤 인조는 아들에게 왕위를 빼앗길지 모른다는 생각에 잠을 이룰 수 없었다. 청나라가 자신들에게 좋은 감정을 갖고 있는 소현세자를 조선의 왕으로 세우려 할 수도 있기 때문이었다.

그런데 두 달 뒤 소현세자가 갑작스레 앓아 누웠다. 그리고 3일 뒤 숨을 거두었다. 숨을 거둔 소현세자의 온몸은 새까맣게 변해 있었고, 배에서 피가 쏟아져 나왔다.

이를 안 한 신하가 소현세자를 돌보던 의원을 문초해야 한다고 주장했다.

"세자 저하의 시신을 보면 독살된 것이 분명하옵니다. 의원을 문초하여 범인을 가려내시옵소서."

그러나 인조는 머리를 저었다.

"죽고 사는 일은 하늘의 뜻이거늘, 어찌 병을 고치지 못했다고 의원을 죽이겠소."

"그러나 전하……."

"그만 하라는데 무슨 말이 그리 많으시오."

인조는 신하의 말을 자르고 벌떡 일어나 나가 버렸다.

이듬 해 인조는 소현세자의 아내 강씨에게 사약을 내려 죽이고, 소현세자의 아들 셋 모두를 제주도로 귀양 보낸다.

이를 두고 많은 이들이 인조가 소현세자를 죽인 것이라고 추측하기도 한다. 그러나 이 추측이 사실인지 아닌지는 확인할 길이 없다. 다만 소현세자가 인조가 던진 벼루에 맞아 죽었다는 이야기도 있는 것을 보면 인조가 소현세자를 죽였을 가능성이 있다는 것은 확실하다.

그 뒤 인조는 4년을 더 살다 1649년 쉰다섯의 나이로 세상을 떠났다. 인조는 인렬왕후 한씨 등 3명의 아내에게서 6남 1녀의 자녀를 두었고, 능은 경기도 탄현에 있는 장릉이다.

인조 시대의 사람들

천리경과 서포를 들여온 정두원

1631년, 명나라에 사신으로 갔던 정두원이라는 신하가 돌아왔다.

"그래, 그 동안 얼마나 수고가 많았소!"

인조는 오랫동안 머나먼 타국에서 지내다가 돌아온 신하를 반갑게 맞았다.

"황공하옵니다."

정두원은 이렇게 말하며 인조에게 여러 가지 새로운 물건을 보여 주었다.

"전하, 이것은 서양에서 들어온 시계이옵니다. 자명종이라는 것인데, 시간을 맞추면 제 스스로 울리는 신기한 물건이옵니다."

정두원은 이렇게 말하며 자명종이 울리도록 해보았다.

"허허, 그것 참 신기한 물건이로고."

"전하, 이것은 천리경이라는 것이옵니다."

"천리경?"

인조는 정두원이 건네는 천리경이라는 것을 받아 들고는 고개를 갸웃했다.

"이것은 어디에 쓰는 물건이오?"

"이것도 서양에서 명나라로 전해진 것이온데, 저 하늘에 떠 있는 별을 관측할 때 쓰인답니다. 또 백 리 밖에 있는 것도 이 천리경으로 보면 바로 앞에 있는 것처럼 보이지요."

천리경은 한 마디로 오늘날의 망원경이었던 것이다.

천리경을 살펴보던 인조는 기가 막힌 듯 고개를 저었다.

"서양 사람들이 참으로 신기한 물건들을 만들어 냈구려."

그러자 정두원이 다시 새로운 물건을 보여 주었다.

"전하, 이것은 서포라는 화포이옵니다. 이 화포는 심지 없이 돌로 때리기만 하면 저절로 불이 붙는 것이옵니다."

"정말이오? 그렇다면 외적과 전쟁을 치를 때 요긴하게 쓸 수 있겠구려."

인조는 얼굴에 한 가득 웃음을 띠며 말을 이었다.

"공이 가져온 것들로 우리 군사력이 더 세질 수 있겠소이다."

인조는 이렇게 말하며 정두원에게 큰 상을 내렸다.

그 뒤 인조의 맏아들 소현세자도 서양 문물을 조선에 소개했다. 청나라에 있는 동안 소현세자는 천주교 신부인 아담 샬과 친하게 지내며 서양의 천문학과 수학을 접하였다.

그리고 조선으로 돌아오면서 서양의 천문학과 천주교에 관한 책을 가지고 돌아와 조선에 서양의 문물을 전한 것이다.

인조 이전, 광해군 대에는 일본을 거쳐 서양의 식물인 고추와 담배가 들어왔다. 우리가 지금 먹는 고추장이나 김치 등은 광해군 시대 이후에 만들어진 것이다.

이처럼 왜란과 호란을 겪은 뒤 조선에는 서양 문물들이 하나둘씩 전해지기 시작했고, 서양 문물에 대한 관심이 점차 높아져 갔다. 1799년엔 정조가 우리 나라에서 처음으로 안경을 쓰기 시작했다.

 조선 시대에도 예비군이 있었을까

조선의 군사 제도는 태종의 사병 폐지로 기초가 마련되었고, 세조가 5위 도총부를 두어 군제를 확립하였다.

조선의 군사 제도는 다음과 같았다.

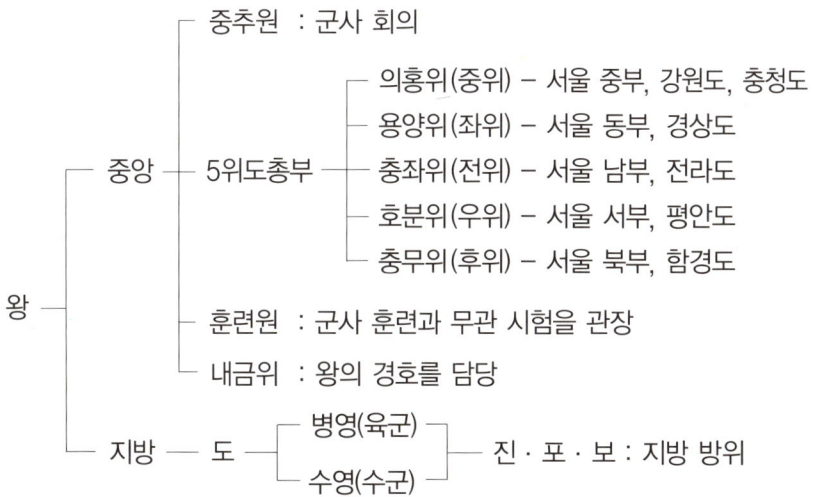

군사는 크게 급료를 받는 직업 군인과 군역에 복무하는 정군으로 나눌 수 있다.

조선의 16세에서 60세 사이의 남자들은 국방 의무를 다하기 위해 일정 기간 동안 정군이 되어야 했다. 정군은 서울을 지키는 정병과 지방을 지키는 진수군으로 나뉘었다.

이런 군인들 외에 잡색군도 있었다. 잡색군이란 전직 관료나 향리, 노비 등 군역에서 제외된 사람들을 따로 조직해 만든 군대로 지금으로 말하면 향토예비군이라고 할 수 있다.

그러나 이러한 군제는 임진왜란과 병자호란을 거치며 조금씩 바뀌었다.

남한산성 사적 제57호. 경기도 광주군 중부면 산성리에 있는 조선 시대의 산성. 남한산성은 신라 30대 문무왕 때 쌓은 주장성을 조선 인조 때 크게 고쳐 쌓았으며, 북한산성과 함께 도성을 지키는 남부의 산성으로, 인조가 병자호란 때 피난하여 항전하였던 곳이다.

사진으로 보는 조선왕조오백년

남한산성 사적 제57호. 둘레 약 8,000m. 경기도 광주군 중부면 산성리.
1. 남한산성 동문 남한산성 동쪽에 있는 성문으로 원래 이름은 좌익문이다. **2. 남한산성 남문** 남한산성의 남쪽 성문으로 본래 이름은 지화문이며 좌우로 자연석을 높이 쌓았다.

1. 남한산성 수어장대 적을 감시하고 주변을 살피기 위해 세운 건물로, 병자호란 때 인조가 직접 군사를 지휘하며 항전했던 곳이다. 성을 쌓을 때 동서남북에 세운 4개의 장대 가운데 으뜸가는 장대이며 현재까지 유일하게 남아 있는 중요한 건물이다. **2. 남한산성 서문**

영릉 효종의 능으로 경기도 여주에 있다.

조 선 왕 조 오 백 년

●제17대 왕

효종

1619~1659년
재위 기간 : 1649~1659년

    효종은 인조와 마찬가지로 청나라에 대한 원한이 사무친 왕이었다. 그래서 그는 청나라를 치기 위한 북벌 계획을 세웠다.
    이를 위해 효종은 먼저 조정을 장악하고 있던 김자점 등 청나라와 친하게 지내는 세력을 제거하고 자신과 뜻을 같이하는 신하들을 등용했다. 그리고 군사 제도를 개편하고 군사 훈련을 강화한다. 그러나 청나라의 힘은 수그러들 줄 몰랐고, 효종은 결국 북벌의 기회를 얻지 못했다.
    하지만 1654년 청나라의 요청으로 청나라 땅에 들어와 난동을 부리던 러시아군을 몰아 내는 등의 성과를 올렸고, 네덜란드에서 표류해 온 하멜 등에게 서양의 무기를 만들게 하여 조선의 군사력을 증강시켰다.
    한편 효종은 거듭되었던 외적의 침입으로 어려움을 겪고 있던 백성들의 세금을 줄이기 위해 충청도와 전라도 해안 지역까지 대동법을 실시했다.

북벌을 꿈꿨던 효종

1619년에 태어난 효종은 인조의 둘째 아들이며, 소현세자의 친아우이다. 그의 이름은 호이고 왕자 때는 봉림대군이라 불리웠다.

효종은 병자호란으로 소현세자와 함께 청나라로 끌려가 8여 년간의 볼모 생활을 했다. 그러나 1645년 4월 소현세자가 죽자 조선으로 돌아와 그 해 9월 세자로 책봉되었다. 그리고 1649년 인조의 뒤를 이어 조선의 열일곱 번째 왕이 되었다.

인조와 마찬가지로 효종도 청나라에 대한 감정이 몹시 좋지 않았다. 청나라가 신하의 나라인 조선의 왕자를 제대로 대우할 리 없었기 때문이었다. 그래서 효종은 왕이 되자마자 군사를 강화시키기 위해 애를 쓴다. 효종은 청나라를 치고, 드넓은 만주 벌판으로 나아갈 계획을 세웠던 것이다.

 왜 봉림대군이 왕위를 이었을까

1645년 청나라에 끌려갔던 봉림대군은 급히 조선으로 돌아왔다.
"아바 마마, 세자 저하께서 돌아가셨다니요!"
봉림대군은 쏟아져 나오는 눈물을 거두지 못했다.

지난 8년 동안 청나라에서 지내면서 온 정성을 다해 소현세자를 떠받들던 봉림대군이었다. 봉림대군은 소현세자를 보호하기 위해 전쟁터도 마다하지 않았다. 청나라가 명나라와의 전쟁에 소현세자를 끌고 갈 때 봉림대군도 형을 보호하기 위해 전쟁터로 나섰던 것이다. 그런 형님이 죽었다는 소리를 봉림대군은 도무지 믿을 수 없었다.

그러나 인조는 아들을 잃은 사람답지 않게 침착했다.

"그래, 청나라의 사정은 어떻더냐?"

인조의 말에 봉림대군은 눈물을 거두었다.

"아뢰옵기 황공하오나 청나라의 힘은 나날이 커지고 있사옵니다. 하오나 아바 마마, 오랑캐가 언제까지 제 힘을 지키겠사옵니까! 언젠가는 반드시 원수를 갚을 날이 있을 것이옵니다."

인조는 가만히 고개를 끄덕였다.

'봉림은 청나라에 대해 나만큼이나 깊은 원한을 가지고 있구나.'

인조의 생각처럼 봉림대군은 형인 소현세자와는 달리 청나라에 대한 치욕을 가슴 깊이 새겨 두고 있었다. 게다가 청나라에 가 있던 8년 동안 봉림대군의 청나라에 대한 원한은 더욱 커져만 갔다. 청나라가 신하의 나라인 조선의 왕자를 우습게 여겼던 것이다. 그래서 봉림대군은 청나라의 발전된 문물에 관심을 두기보다는 언젠가 조국으로 돌아가 병자호란과 그 뒤 8년 동안 겪은 원한을 갚고 싶은 마음뿐이었다.

봉림대군의 이러한 태도는 인조의 마음을 흡족하게 했다. 봉림대군이 자신과 똑같은 생각을 하고 있었기 때문이다.

 '역시 봉림이 내 뒤를 이어야 해.'

 한 달 뒤 인조는 신하들에게 봉림대군을 세자로 책봉하겠다고 말했다. 그러자 신하들이 반대하여 들고일어났다.

 "전하, 소현세자 저하의 큰아드님이 있사옵니다."

 "석철이 있다고는 하나 그 아이는 겨우 열 살짜리 어린 아이가 아니오?"

 인조는 이렇게 말하며 봉림대군을 세자로 정했다. 그리고 소현세자와 가까웠던 신하들을 조정에서 쫓아 내고, 그것을 못마땅히 여기던 소현세자의 아내 강씨와 강씨의 형제들도 모두 죽여 버렸다. 소현세자를 따르던 이들을 모두 없애 버린 것이다.

 이렇게 세자가 된 봉림대군은 1649년 5월 인조의 뒤를 이어 왕위에 올랐다. 이 왕이 바로 조선의 열일곱 번째 임금인 효종이다.

 효종은 왕위에 오르자마자 청나라에게 원수를 갚기 위한 준비를 시작했다. 그리고 더 나아가 만주 벌판을 손에 넣으려는 꿈을 키워 갔다.

 효종이 꿈을 이루지 못한 까닭

 1649년 왕위에 오른 효종은 먼저 송시열, 김상헌과 같은 신하들에게 높은 벼슬을 내렸다. 그들은 효종처럼 청나라에대해 원수를 갚아야 한다고 생각하는 사람들이었다.

그들은 효종에게 이렇게 말했다.

"전하, 군사를 기르시어 오랑캐를 무찌르시옵소서."

그 말에 효종은 어금니를 악물며 고개를 끄덕였다.

"옳은 말이오. 내 반드시 병자년 삼전도에서 겪은 치욕을 갚고야 말 것이오."

그런데 갑자기 청나라에서 조선이 청나라를 치려고 군사를 기르고 있다는 소문이 있으니, 그것을 알아봐야겠다며 사신을 보냈다. 다행히도 조선의 신하들이 청나라의 사신들을 잘 구슬려 돌려보냈지만, 이로 인해 효종은 크게 노했다.

"이게 다 김자점의 짓이렸다."

김자점은 인조반정의 공신으로 인조 때 대단한 권력을 가진 사람이었다. 인조가 아끼던 후궁 조귀인이 낳은 딸과 자신의 손주를 결혼시켜 인조와 사돈을 맺기도 했다. 그러나 효종이 즉위하자 김자점은 송시열을 모함하다 귀양을 가게 되었다. 그래서 김자점은 이것에 앙심을 품고 청나라로 몰래 사람을 보내 조선이 청나라를 치려 한다고 고자질한 것이었다.

효종은 곧 김자점을 광양으로 귀양 보냈다. 그런데 1651년 김자점은 조귀인과 짜고 조귀인의 아들인 숭선군을 왕으로 앉히려는 일을 꾸몄다. 그것을 미리 안 효종은 김자점과 그의 아들을 죽이고, 조귀인에게도 사약을 내렸다. 이로써 조정에는 효종의 북벌 계획을 가로막을 사람이 없었다.

효종은 1652년부터 본격적으로 북벌 계획을 추진한다. 효종은 먼저 조총 부대를 만들고 군사를 늘린 뒤, 날마다 군사 훈련을 시켰다. 또한 한양의 경비를 강화하고 왕을 호위하는 군사들을 기병화했다.

효종은 이 군사들로 두 번이나 나선(러시아인)을 정벌한다.

1654년, 러시아가 자원이 풍부한 흑룡강 지역을 침범하여 노략질을 하는 등 청나라 백성들을 괴롭히자, 청나라는 이들을 정벌하기 위해 조선에 조총 부대를 보내 달라고 요청했다.

"좋소. 이 참에 우리 군대의 힘을 시험해 봅시다."

효종은 청나라에 조총 부대를 보냈다. 조선의 조총 부대는 청나라 군사들과 함께 러시아군을 흑룡강 북쪽으로 몰아 냈다. 이것을 제1차 나선 정벌이라고 한다.

그 뒤에도 러시아군이 흑룡강 지역에서 계속 활동하며 노략질을 하자 청나라는 다시 조선에 조총 부대를 보내 달라고 한다.

이번에도 효종은 200여 명의 조총 부대를 보냈다.

그런데 러시아군과의 싸움이 벌어지자 청나라 군사들은 겁에 질려 모두 도망을 가고, 조선의 조총 부대들만 용감히 싸워 러시아군을 몰아 냈다. 이것이 제2차 나선 정벌로 1658년 6월의 일이었다.

이 소식을 들은 효종은 기뻐 어쩔 줄을 몰랐다.

"하하하, 청나라 오랑캐 놈들은 모두 허수아비나 다름없소. 이번에 보았지 않소?"

두 차례에 걸친 나선 정벌로 효종은 더욱 자신감을 가졌다. 게다가 이젠 청나라 눈치를 보지 않고도 군사력을 키울 수 있었다. 나선을 핑계삼아 군사를 기른다고 하면 되기 때문이었다.

효종은 또한 표류해 온 네델란드인 하멜에게 조총과 화포 등을 만들게 하고, 화약을 더 많이 생산하게 했다.

그리고 효종은 때를 기다렸다. 그러나 기회는 좀처럼 찾아오지 않았다. 효종의 생각과는 달리 청나라의 힘이 날로 커지기만 했던 것이다.

그러한 때 신하들 사이에서 북벌을 반대하는 사람들이 생겨나기 시작했다.

"군사력을 키우는 데 돈이 너무 많이 들어가옵니다."

"백성들은 풀뿌리로 하루하루 목숨을 이어가는데, 전쟁 준비에만 힘을 쏟다니오."

그래도 효종은 북벌의 꿈을 포기하지 않았다. 그만큼 청나라에 대한 효종의 원한이 깊었던 것이다.

그러나 효종은 끝내 그 꿈을 이루지 못했다. 1659년 5월 41세의 젊은 나이로 그만 세상을 뜨고 만 것이다. 이로 인해 북벌 계획은 효종의 꿈으로만 남고 말았다.

효종은 2명의 아내에게서 1남 7녀를 두었으며, 능은 경기도 여주시 능서면에 있는 영릉이다.

효종편

효종 시대의 사람들

벨테브레와 하멜

효종이 왕위에 오른 지 4년이 되던 해의 어느 여름날이었다.
"전하, 제주 목사 이원진이 서양인들이 난파를 당하여 제주도에 표류했다는 보고를 올렸사옵니다."
"뭐라고? 서양인들이!"
효종은 서둘러 이원진이 올린 보고서를 읽어 보았다.
"배 한 척이 난파를 당해 군사를 보내 알아보게 하였사옵니다. 그런데 파란 눈에 코가 높고 노란 머리에 수염이 짧은 자들이 서른여덟 명이나 있었사옵니다. 그들은 모두 넓적다리까지 내려오는 옷을 입고 있었고, 바지는 넓어 치마 같았사옵니다. 그래서 일본 말을 하는 자를 시켜 '너희는 서양의 크리스챤(기독교인)인가?' 하고 물었더니, 다들 '야야' 하고 대답하였고, 우리 나라를 가리켜 물으니 고려라고 하였사옵니다. 이들은 일본으로 가는 중에 배가 난파당해 이 곳 제주도로 표류해 온 것이라고 하옵니다."
보고서를 읽은 효종은 신하들에게 명했다.
"당장 그들을 한양으로 데려오도록 하라."
그 날 밤 효종은 생각에 잠겨 있었다.
'이들도 박연처럼 우리에게 서양의 앞선 총포 기술을 전해 준다면 좋을 텐데…….'

효종은 20여 년 전 제주도에 표류해 온 박연을 떠올렸다. 박연의 이름은 벨테브레로 그는 원래 네덜란드 사람이었다. 그는 동료 세 명과 제주도에 먹을 물을 구하러 왔다가 관헌들에게 붙잡혀 한양에 살고 있었다.

벨테브레와 그 동료들은 훈련 도감에서 화약과 총포를 만드는 등 서양의 기술을 조선에 알려 주어 군사력을 강화시키는 데 큰 도움을 주었고, 병자호란에 참전하기까지 하였다.

하지만 전쟁 중에 벨테브레의 동료 두 사람은 숨을 거두고, 벨테브레만 조선에서 살고 있었다.

그 동안 벨테브레는 이름을 박연으로 고치고 조선 처녀와 결혼까지 해 조선 사람이 되었다. 또 아이도 둘이나 두고 있었다.

효종은 이번에 제주도에 표류해 온 서양 사람들도 벨테브레처럼 조선에 도움을 줄 수 있을 것이라고 믿었다.

제주도에서 난파당한 서양 사람들이 도착하자, 효종은 박연을 불러들였다.

박연이 서양 사람들과 이야기를 나누는 것을 잠시 지켜본 효종은 박연에게 물었다.

"너희 나라 사람이 맞느냐?"

"예, 그렇사옵니다."

효종은 고개를 끄덕이며 명했다.

"저들을 훈련 도감에 배치시켜 서양의 기술을 전하게 하라."

효종편

그런 다음 효종은 박연에게 다시 고개를 돌렸다.

"네가 이제부터 저들에게 우리 나라의 말과 풍속을 가르쳐라."

"예, 전하."

이렇게 해서 제주도에 표류한 서른여덟 명의 네델란드 사람들은 조선의 훈련 도감에서 일을 하게 되었다.

이 가운데 하멜이라는 사람이 있었다. 그는 고향 네델란드로 돌아가고 싶어했다. 하지만, 조선에서는 그를 놓아 주지 않았다.

그러던 가운데 효종이 죽고 그의 아들 현종이 왕위에 올랐다. 그 때 하멜은 전라도 여수에 있었다. 하멜은 이 기회를 놓치지 않고 1666년 동료 일곱 명과 함께 몰래 조선을 빠져 나갔다. 하멜은 일본을 거쳐 다시 고향으로 돌아갈 수 있었다.

네델란드로 돌아간 하멜은 《난선제주도난파기》 및 《조선국기》라는 책을 썼다.

이 책은 하멜이 14년 동안 조선에 머물면서 겪은 조선의 풍속과 정치, 사회, 교육, 문화 등을 소개한 것이다. 이 책이 바로 《하멜 표류기》인데, 이 책에 의해 조선이 처음으로 서양에 알려지게 되었다.

사진으로 보는 조선 왕조 오백년

조선 시대의 민화 조선 시대 후기에는 이름을 알 수 없는 작가들이 그린 그림이 많이 나왔는데 이를 민화라고 한다. 민화는 서민들의 행복을 추구하는 신앙 생활과 관계 있는 것들이 많다. 1. 신선도. 2. 까치호랑이. 3. 백동자도(부분). 4. 오봉산일월도.

千家山郭静朝暉
日日江樓坐翠微
信宿漁人

현종의 글씨

조 선 왕 조 오 백 년

● 제18대 왕

현종

1641~1674년
재위 기간 : 1659~1674년

    현종이 조선을 다스리던 시기에는 비교적 큰 사건이 없었다. 외적의 침입도 반역 사건도 없었던 것이다.
    그러나 현종은 재위 기간 내내 상복을 입는 문제로 시달려야 했다. 효종과 그의 왕비가 죽자 인조의 두 번째 왕비인 자의대비가 얼마 동안 상복을 입어야 하는지를 두고 신하들이 갈라져 백성들을 외면한 채 싸움을 일삼았던 것이다. 이로 인해 나라의 힘은 점점 쇠약해져 갔다.
    그러자 현종은 아버지 효종이 추진해 온 북벌 계획이 사실상 어렵다고 판단하여 중단했다. 북벌 계획이 중단된 데에는 백성들의 경제적 부담도 크게 작용했다. 이러한 때 군사를 증강시키기 위해 세금을 걷는 것은 백성들에게 크나큰 원성을 사고도 남을 일이었기 때문이다. 또한 백성들은 거듭되는 흉년과 전염병으로 시달리고 있었다. 이에 현종은 대동법을 호남 지방 전역으로 확대하여 백성들의 세금을 덜어 주었다.

상복 입는 문제로 골치를 앓았던 현종

현종은 효종의 맏아들로, 1641년 아버지가 청나라에 볼모로 잡혀 있던 시절에 태어났다. 1651년 세자가 된 뒤, 1659년 왕위를 잇게 된다.

현종이 다스렸던 15년간은 전쟁도 내란도 없었던 평화로운 시기였다.

그러나 현종은 상복을 입는 문제로 큰 골치를 앓았다. 아버지 효종이 죽자 할머니가 되는 자의대비가 언제까지 상복을 입어야 하는가를 두고 남인과 서인들이 싸웠던 것이다.

원래 왕의 어머니라 하더라도 장남이 죽으면 3년 동안 상복을 입는 것이 법이었다. 그러나 이번의 경우는 달랐다. 효종이 인조의 둘째 아들이기 때문이었다.

서인들은 효종이 둘째 아들이므로 자의대비가 1년 동안만 상복을 입어야 한다고 주장했다. 그러나 남인들은 효종이 인조의 둘째 아들이기는 하나, 왕위를 이은 사람이기 때문에 맏아들이 죽었을 때와 마찬가지로 3년 동안 상복을 입어야 한다고 주장했다.

현종은 서인들의 말을 따르기로 하고, 다시는 이 문제를 입에 담지 말 것을 명령한다.

그러나 1674년 효종의 왕비 인선왕후가 죽자 또다시 자의대비가 상복을 입는 기간이 문제가 되었다. 지난번과 마찬가지로 서인들은 인선왕후가 둘째 며느리이기 때문에 상복을 9개월 동안만 입어야 한다고 했고, 남인들은 인선왕후는 맏며느리나 마찬가지라며 1년 동안 상복을 입어야 한다고 고집했던 것이다.

그런데 이번에는 현종이 남인들의 말을 따랐다. 자신의 장인인 김우명과 그의 조카가 서인이면서도 남인 편을 들었기 때문이었다.

이로 인해 조선은 신하들은 물론 시골의 선비들까지도 둘로 나뉘게 되었다. 이는 조선이 유교의 가르침에 따르는 사회였으므로 인간에게 가장 중요한 것은 예라고 여겼고, 예 가운데서도 상복 입는 문제를 특히 중요하게 여겼다. 따라서 글줄이나 읽은 선비라면 이 문제를 가벼이 넘길 수가 없었던 것이다.

게다가 이것은 효종의 왕위 계승이 정당한가를 묻는 것이기도 했다. 소현세자가 죽은 뒤 소현세자의 아들이 왕위에 오르는 것이 법인데도 효종은 그들을 제치고 왕위에 올랐다. 여기서 만약 자의대비가 효종에 대해 맏아들의 예를 갖추면 효종의 왕위 계승은 올바른 것이 되지만, 그렇지 않으면 효종의 왕위 계승은 잘못되었다는 결론이 날 수도 있는 문제였던 것이다.

현종은 이렇게 상복 입는 문제로 한창 시끄럽던 1674년 8월 서른네 살의 젊은 나이로 세상을 떠났다. 그는 명성왕후에게서 숙종과 공주 셋을 보았고, 능은 경기도 구리시에 있는 숭릉이다.

숙종의 글씨

조 선 왕 조 오 백 년

● 제19대 왕

숙종

1661~1720년
재위 기간 : 1674~1720년

  숙종이 다스리던 시기, 조선은 임진왜란과 병자호란 등의 전쟁의 상처에서 어느 정도 벗어난 때였다.
  숙종은 함경도와 평안도를 제외한 전 지역에 대동법을 실시하고 임진왜란과 병자호란 이후 꾸준히 추진해 온 토지 조사 사업을 끝냈다. 버려 두었던 압록강 주변의 무창·자성의 2진을 개척하여 영토 회복 운동을 전개하고, 백두산 정상에 정계비를 세워 청나라와 국경선을 확정한 것도 숙종 대였다. 또한 숙종은 일본에 통신사를 보내 왜구들이 울릉도에 출입하지 못하도록 하였고, 군사 조직에 금위영을 추가로 설치하여 조선 후기 군사 체제를 완결하였다.
  그러나 숙종 대에도 신하들의 당파 싸움이 끊이지 않았다. 하지만 숙종은 오히려 당파 싸움을 왕권을 강화하는 데 이용하였다. 한 당파의 힘이 너무 커지기 전에 힘이 약한 당파에게 권력을 주는 방법으로 신하들의 힘을 약화시키고 왕의 힘을 키운 것이다.

조선의 중흥을 다진 숙종

숙종은 1661년 현종의 맏아들로 태어났으며, 이름은 순이다. 1667년 세자가 된 그는 1674년 열네 살의 나이로 왕위를 물려받았으나, 수렴 청정을 받지 않고 직접 나라를 다스렸다.

숙종 대는 조선 왕조를 통틀어 당파 싸움이 가장 거센 시기였다. 현종 대에 시작 된 자의대비가 상복을 입는 문제로 각 당파의 감정의 골이 더욱 깊어졌던 탓이다.

그러나 숙종은 오히려 이 당파 싸움을 이용하여 왕권을 강화한다. 자기 마음대로 신하들에게 벼슬을 내릴 수 있는 왕의 권한을 이용해, 숙종은 한 당파의 힘이 너무 커지기 전에 그 당파를 몰아냈다. 이로써 각 당파는 왕의 힘을 얻으려 노력할 수밖에 없었고, 그 과정에서 자연스럽게 왕권은 강화되었다.

이러한 왕권 강화를 바탕으로 숙종은 임진왜란 이후의 사회 혼란을 수습하고, 백성들의 생활을 안정시켰다. 또 평안도, 함경도를 제외한 전국에 대동법을 실시해 좋은 성과를 거두었으며, '상평통보' 등의 돈을 만들어 경제 발전에 힘썼다.

숙종은 국방에도 힘을 기울였다. 북한산성을 비롯한 주요 산성을 수리해 전쟁에 대비하였으며, 임진왜란 이후 바뀐 군사 제도를 완성시켰다. 1712년에는 청나라와의 국경을 나타내는 백두산 정계비를 세워 청나라와 영토 문제를 매듭짓고, 일본에 통신사를 보내 울릉도에 왜구들이 들어오지 못하도록 했다. 그리고 단종과 사육신을 비롯해 그 동안 억울하게 죽은 사람들에게 벼슬을 내렸다.

이러한 숙종의 노력은 영조·정조 대 중흥의 발판이 되었다.

 숙종은 어떻게 왕권을 강화했나

1674년 8월 숙종이 왕이 되자마자 송시열이 이렇게 말했다.

"전하, 인선왕후의 상으로 자의대비께서 1년 동안 상복을 입는 것은 부당하옵니다."

서인이었던 송시열이 다시 자의대비의 상복 문제를 꺼낸 것이다.

"그것은 이미 매듭지어진 것이 아니오?"

숙종은 차갑게 말했다. 현종의 결정이 옳고 그르고를 떠나 아버지가 결정지은 문제를 다시 들고나오는 것이 못마땅했던 것이다.

송시열이 고집을 꺾지 않자 숙종은 송시열을 귀양 보내 버렸다. 이로 인해 서인들은 벼슬을 잃고 조정은 남인들 세상이 되었다.

그런데 1680년, 이번에는 남인들이 숙종의 미움을 받는 사건이 일어난다.

1680년 3월 남인의 대표라 할 수 있는 허적이 잔치를 벌였는데 갑자기 비가 쏟아졌다.

제19대 숙종 가계도

현종 ┐
     ├─ **제19대 숙종** (1661년~1720년)
명성왕후 ┘   재위 기간 : 1674년 ~1720년(45년 10개월)

- 인경왕후 김씨 ─┬─ 여(일찍 죽음)
              ├─ 여(일찍 죽음))
              └─ 여(일찍 죽음)
- 인현왕후 민씨(자식없음)
- 인원왕후 김씨(자식없음)
- 희빈 장씨 ─┬─ **제20대 경종**
           └─ 성수(여)
- 숙빈 최씨 ─┬─ 영수(여)
           ├─ **제21대 영조**(연잉군)
           └─ ?(여)
- 명빈 박씨 ─── 연령군

"어허, 허적 대감의 잔치인데 비가 오다니."

숙종은 허적에게 군사들이 쓰는 물에 젖지 않는 천막을 내려 주라고 일렀다. 그런데 명을 받고 갔던 신하가 다시 돌아와 이렇게 말했다.

"전하, 허적 대감이 이미 물에 젖지 않는 천막을 가져갔다 하옵니다."

"뭐라고? 나라의 물건을 내 허락도 없이 마구 가져다 썼단 말이냐?"

숙종의 얼굴이 대번에 붉어졌다.

'이는 자기 당의 힘을 믿고 왕을 만만히 여기는 것이렸다.'

숙종은 곰곰이 생각에 잠겼다.

'그래, 그 동안 내가 너무 남인들만 감쌌던 탓이야. 그래서 임금 무서운 줄 모르는 게야.'

그러나 숙종은 걱정하지 않았다. 그에게는 신하들의 벼슬을 빼앗을 수 있는 권한이 있었던 것이다. 이를 용사적출권이라고 한다.

'이 참에 남인들을 몰아 내고 서인들을 불러들여야겠어. 그래야 신하들이 임금 무서운 줄 알지.'

숙종은 곧 서인들에게 국방을 책임지는 중요한 벼슬을 내렸다.

그러나 숙종은 이에 성이 차지 않았다. 그래서 어머니의 사촌 동생인 김석주를 이용해, 남인들이 인조의 손자인 복창군, 복선군, 복평군과 함께 역모를 계획했다는 죄를 씌워 조정에서 모두 몰아 냈다. 이로써 다시 서인들이 권력을 갖게 되었다.

그 뒤로도 숙종은 한 당파의 힘이 너무 강하다고 생각되면 용사적출권을 사용했다. 숙종이 이렇게 용사적출권을 사용할 수 있었던 것은 나름대로 자신이 있기 때문이었다.

'신하들이 아무리 당파를 만들어 싸워도 언제나 왕이 편을 들어 주는 쪽이 이겼지. 신하들이 이것을 모를 리 없어. 그러니 내가 막을 수 없을 정도로 한 당파의 힘이 커지기 전에 새로운 당파로 조

정을 채우자. 그러면 신하들은 저절로 임금을 두려워하게 될 것이 분명하다.'

숙종의 생각은 맞아떨어졌다. 신하들은 언제나 숙종이 자신들의 편을 들게 하기 위해 노력했고, 그로 인해 임금의 권한은 강해졌던 것이다.

그러나 이처럼 숙종이 왕권을 강화시킨 왕임에도 숙종하면 왠지 나라일에 관심이 없었던 임금으로 여겨진다. 이는 숙종에게 한 가지 큰 잘못이 있었기 때문이다.

 숙종이 잘못한 것은 무엇일까

1688년, 숙종은 기다리던 왕자 균(나중에 경종이 되는 왕자)을 얻었다. 그런데 균은 왕비의 몸에서 태어난 것이 아니라 후궁 장씨가 낳은 아들이었다.

그러나 숙종은 상관하지 않고 균을 세자로 책봉하려 했다. 균의 어머니인 장씨를 끔찍하게 사랑한 탓이었다.

서인의 대표인 송시열은 이에 상소를 올렸다.

"전하, 왕비께서 아직 젊으신데 후궁에서 난 왕자로 세자를 삼으시다니요?"

숙종의 두 번째 아내인 인현왕후가 아직 스물두 살의 한창 나이였던 것이다. 하지만 숙종은 자신의 뜻을 굽히지 않고 균을 세자로 책봉하고, 장씨를 희빈으로 높였다.

그러나 송시열을 비롯한 서인들은 세자 책봉을 거두어야 한다고 거듭 주장했다.

"벌써 균을 세자로 책봉했거늘, 명을 거두라니? 도대체 왕을 어찌 보고 그런 말을 하느냐!"

숙종은 곧 송시열을 비롯한 서인들을 귀양 보내고, 이어 사약을 내려 죽게 하고는 다시 남인들을 불러들였다. 또다시 한 당파를 몰아 내고 다른 당파를 불러들인 것이다. 그리고 모든 원인이 인현왕후에게 있다고 생각하여 인현왕후를 쫓아 내고, 장희빈을 왕비의 자리에 앉혔다.

그러나 몇 년 뒤 숙종은 인현왕후를 쫓아 낸 것을 몹시 후회하게 되었다. 장희빈에 대한 사랑이 예전과 같지 않았던 것이다. 숙종은 인현왕후를 다시 불러들이기로 마음먹었다.

이러한 사실을 까맣게 모르던 남인들은 조정에 남아 있는 서인들을 몰아 낼 계획을 세웠다. 남인들은 서인들이 인현왕후를 다시 왕비의 자리에 앉히려 한다며 서인을 헐뜯었다.

'좋은 기회군. 이 때를 이용하자.'

숙종은 남인들이 아무 근거 없이 서인들을 모함한다며 남인들을 몰아 내고 서인들을 다시 불러들였다. 또한 인현왕후를 다시 왕비의 자리에 앉히고 장씨를 다시 희빈으로 내려앉혔다.

왕비의 자리에서 쫓겨난 장희빈은 인현왕후를 모함하며 온갖 수

단을 다해 왕비의 자리를 다시 차지하려고 했다. 그러나 한 번 돌아선 숙종의 마음은 장희빈에게 돌아오지 않았다. 그러자 장희빈은 궁궐 안에 신당(신령을 모시는 집)을 만들고 무당을 불러들여 인현왕후가 죽기를 기도하게 했다.

그런 가운데 1701년 인현왕후가 세상을 뜨고 말았다. 인현왕후의 죽음에 숙종은 몹시 슬퍼했다.

"나 때문에 고생만 하다가 이렇게 가다니……. 아, 내 죽어 중전을 어떻게 볼꼬!"

그런데 얼마 뒤, 장희빈의 처소 근처에서 장희빈이 인현왕후가 죽기를 빌기 위해 차린 신당이 발견되었다.

"희빈 장씨가 인현왕후가 죽기를 빌었단 말이냐!"

그렇지 않아도 인현왕후를 쫓아 냈던 것이 마음속에 응어리로 남아 있던 숙종은 화를 참지 못했다.

"희빈 장씨에게 사약을 내리라."

"전하, 고정하시옵소서. 아니 될 일이옵니다."

남구만이 머리를 조아리며 말했다.

당시 서인들은 두 파로 나뉘어 있었다. 1680년 남인들을 밀어 내고 권력을 잡을 때, 서인들은 남인들에게 큰 죄를 물어야 한다는 노론과 그에 반대하는 소론으로 나뉘었던 것이다.

남구만은 소론이었는데, 소론들은 남구만과 뜻을 같이했다.

"전하, 세자 저하를 생각하시옵소서."

소론들은 세자의 앞날을 생각해 세자의 어머니를 죽이면 안 된다는 것이었다. 그러나 숙종은 소론의 말을 듣지 않았다. 장희빈에게 사약을 내리고 그의 오빠 장희재 등 그 주변 사람들을 모두 죽였던 것이다. 이 때 소론은 모두 조정에서 쫓겨났고 노론이 조정을 장악하게 되었다.

　숙종은 이처럼 왕비와 후궁들의 일로 많은 신하들을 쫓아 내거나 죽이기까지 하였다. 이 때문에 숙종하면 왕권을 강화하여 조선을 안정시킨 왕으로 기억되기보다는 여자 문제로 변덕을 부린 왕으로 기억되고 있는 것이다.

　숙종은 그 뒤 20여 년이 지난 1720년 6월, 60세의 나이로 숨을 거둔다. 그는 인경왕후 등 6명의 아내에게서 9명의 자녀를 두었고, 능은 명릉으로 경기도 고양시 서오릉에 있다.

숙종 시대의 사람들

김만중과 사씨남정기

　숙종이 장희빈을 중전으로 앉힌 지 여러 날이 지났다. 그런데 궁궐 궁녀들 사이에 이상한 책이 돌고 있었다.

　"궁궐에 이상한 책이 돌고 있다니! 어서 그 책을 이리 가져오지 못할까!"

　숙종은 불같이 노해 명을 내렸다.

잠시 뒤 궁녀들 사이에 돌고 있다는 책을 받아든 숙종은 책을 살펴보았다.

'사씨남정기?'

책의 제목은 사씨남정기였다. 숙종은 곧 그 책을 펴들었다.

그 날 밤, 숙종은 사씨남정기를 읽느라 한잠도 잘 수가 없었다.

'이것은 나를 빗대고 있음이 아닌가!'

사씨남정기는 첩의 꼬임에 넘어가 착하디착한 아내를 내쫓은 남자가, 훗날 모든 것이 첩이 꾸민 것임을 알고 아내를 도로 데려온다는 내용이었다.

새벽이 희뿌옇게 밝아 오기 시작했다. 숙종의 눈앞에 중전 민씨의 얼굴이 자꾸만 아른거렸다.

이처럼 숙종이 인현왕후를 쫓아 낸 것을 후회하는 데에는《사씨남정기》라는 책이 한 몫을 했다고 한다.

《사씨남정기》는 김만중이라는 사람이 쓴 소설이다. 그는 인현왕후를 쫓아 내는 것이 부당하다고 주장하다가 남해의 외딴섬으로 귀양 가 있던 사람이었다.

남해의 귀양지에서 김만중은 이렇게 생각했다.

'지금 주상 전하께서는 잠시 장희빈에게 홀린 것뿐이야. 자신의 잘못을 되짚을 수 있는 기회만 주어진다면, 주상 전하께서는 분명 이성을 되찾으실 거야.'

김만중은 이처럼 숙종의 마음을 바로잡고 싶은 마음으로《사씨남정기》를 썼다고 한다.

　김만중은 이미 그 전에도 소설을 쓴 적이 있었다.

　남해로 귀양 가기 2년 전에도, 김만중은 모함을 받아 선천에서 귀양살이를 하고 있었다. 귀양을 간 김만중은 무엇보다도 늙으신 어머니가 걱정이었다.

　'아, 어머니는 잘 계시는지!'

　김만중은 어머니를 지극 정성으로 모시는 효자 가운데 효자였다. 겨울이 되면 밤마다 어머니보다 이부자리에 먼저 들어가 자리를 따뜻하게 덥혀 놓을 정도였다.

　'나로 인해 걱정하시는 어머니를 위해 할 일이 없을까?'

　김만중은 생각 끝에 어머니를 위로할 재미난 이야기를 지어 내기로 마음먹었다. 그렇게 해서 쓴 소설이《구운몽》이다.

　이런 김만중의 효성이 알려져 숙종은 김만중을 풀어 주었다. 하지만 김만중은 인현왕후를 쫓아 내는 것이 옳지 않다고 주장하다가 다시 남해로 귀양을 가는 신세가 되었고, 그 곳에서 이번에는 임금의 마음을 돌리기 위해《사씨남정기》를 쓴 것이었다.

　김만중은 남해로 귀양간 지 3년 만에 숨을 거두었다.

　그 뒤로부터 다시 10년 가까이 지났다. 숙종은 이미 지난날 인현왕후를 내쫓은 잘못을 크게 뉘우치고 있었다. 그래서 인현왕후를 두둔하다가 벼슬에서 쫓겨난 사람들에게 벼슬을 내렸다. 이 때 김만중 역시 관직이 복구되었다.

숙종편

 ## 조선 시대에는 어떤 벌이 있었을까

우리는 조선 시대의 형벌 하면 곤장을 떠올린다. 곤장이란 태형과 장형을 말한다. 그러나 조선 시대엔 이외에 다른 벌도 있었다.

아래 표를 통해 조선 시대의 형벌을 간단히 살펴보자.

조선 시대의 형벌

종 류	방 법
태 형	태라는 것은 가벼운 죄를 지었을 때, 작은 형장(매)으로 치는 것을 말한다. 10대, 20대, 30대, 40대, 50대 이렇게 5등급이 있다.
장 형	장이란 죄를 지었을 때 큰 형장으로 치는 것을 말한다. 60대, 70대, 80대, 90대, 100대 이렇게 5등급이 있다.
도 형	도란 지은 죄가 조금 무거워 관에 잡아 놓고 힘든 일을 시키는 형벌이다. 1년, 1년 반, 2년, 2년 반, 3년 이렇게 5등급이 있다.
유 형	유는 죄가 비교적 무거우나 죽이지는 않고 먼 고장으로 쫓아 내는 것을 말한다. 2천 리, 2천 500리, 3천 리 이렇게 3등급이 있다
사 형	형벌 가운데 가장 무서운 벌이다. 사형에는 교와 참이 있는데, 교는 시체를 온전히 하여 죽게 하는 것이고, 참은 목을 베는 것이다.

사진으로 보는 조선왕조 오백년

1. 조선 시대의 재판 광경 **2. 태형** 죄수의 바지를 벗기고 형틀에 묶어 놓은 채 매로 볼기를 치고 있다. 태형은 비교적 가벼운 죄가 있을 때 다스리는 형벌로, 죄의 정도에 따라 10대~50대까지 5등급이 있다.

조선 시대의 도자기 1. 백자철화포도문항아리. 국보 제93호. 2. 청화백자운룡문병. 보물 제785호. 3. 백자개항아리. 4. 분청사기철화어문항아리. 보물 제787호.

조선 시대의 도자기 1. 백자사발. 2. 백자상감연당초문대접. 국보 제175호. 3. 백자필통. 4. 청화백자 산수문접시. 5. 백자주자. 6. 분청사기상감연화문편병. 보물 제268호.

사진으로보는조선왕조오백년

의릉 경종의 능으로 서울 성북구 석관동에 있다.

조 선 왕 조 오 백 년

●제20대 왕

경종

1688~1724년
재위 기간 : 1720~1724년

  경종은 왕위에 있던 4년 2개월 동안을 줄곧 병석에서 지내다, 어머니가 다른 동생인 연잉군(뒤에 영조가 되는 사람)에게 왕위를 넘겨 주고 세상을 떠난 왕이다.
  경종이 이처럼 동생 연잉군에게 왕위를 넘겨준 것은 자식을 낳지 못하기 때문이었다. 그래서 경종의 아버지 숙종은 숨을 거두기 전 연잉군을 경종의 후계자로 미리 정해 놓았다. 경종의 몸이 너무 약해 언제 큰일을 당할지 모른다고 판단했기 때문이다.
  이러한 상황에서 경종이 왕위에 오르고 줄곧 병석에서 지내자, 많은 신하들이 경종이 물러나고 세제인 연잉군이 나라를 다스려야 한다고 주장했다. 그러자 한편의 신하들은 연잉군과 그를 따르는 사람들이 경종을 쫓아 내리려고 한다며 맞섰다.
  이처럼 경종 대에는 연잉군이 나라를 다스려야 한다는 신하들과 경종이 그대로 나라를 다스려야 한다고 주장하는 사람들로 나뉘어 당파 싸움이 계속되었다.

동생에게 왕위를 물려준 경종

경종은 1688년 숙종과 장희빈 사이에서 태어났다. 그의 이름은 균이며 1720년 서른넷의 나이로 임금이 되었다. 그러나 그는 몸이 몹시 허약했고 자식도 두지 못했다. 이는 장희빈 때문이라고 한다.

1701년, 장희빈은 사약을 받으며 죽기 전에 아들을 한 번만 만나게 해달라고 숙종에게 빌었다. 숙종은 내키지는 않았지만 당시 세자였던 경종을 장희빈에게 보냈다. 그런데 장희빈은 경종을 보자마자 그의 생식기를 힘껏 잡아당겼다. 숙종에 대한 미움이 자신의 아들에게까지 미쳤던 것이다. 그 뒤부터 경종은 시름시름 앓아 누워 자식을 보지 못하게 되었다고 한다.

경종이 이렇게 세자 시절부터 몸이 약하고 자식을 보지 못한다는 이유로 숙종은 경종의 뒤를 둘째 아들인 연잉군(뒤에 영조가 되는 왕자)에게 잇게 하라고 신하들에게 명했다. 또한 숙종의 건강이 나빠져 세자가 나라를 다스려야 했을 때도, 연잉군으로 하여금 세자 대신 나라일을 돌보게 했다.

그런데 노론계 신하들은 이를 찬성했으나, 소론들은 반대했다. 몸이 약하다는 이유로 숙종이 경종을 세자 자리에서 쫓아 내려고 한다는 것이었다. 그래서 노론과 소론이 또 다투게 되어 당파 싸움이 더욱 심해졌다.

　경종은 이러한 상황에서 왕의 자리에 앉았다. 경종이 왕이 되자마자 노론은 연잉군을 세제로 정하려고 한다. 경종은 왕이 되자마자 또 자리에 누웠는데, 노론은 경종이 죽었을 때를 대비해야 한다고 생각한 것이었다. 그래서 경종은 이듬해인 1721년 8월 연잉군을 세제로 세웠다.

　그런데 노론은 또다시, 경종이 계속 병에 시달려 나라일을 제대로 볼 수 없기 때문에 세제가 나라를 다스려야 한다고 주장했다. 이는 결국 경종에게 나라일에서 손을 떼라는 것과 다름없었다.

　경종은 이것만은 절대 받아들여서는 안 된다고 생각했다. 그래서 경종은 그 해 12월, 노론이 왕을 쫓아 내려고 한다는 죄를 물어 노론의 주요 대신들을 귀양 보내 버렸다.

　그런데 1722년 남인 출신인 목호룡이라는 자가 노론이 숙종 대에 경종을 죽이려고 계획을 세웠었다고 폭로한다. 이 일로 귀양을 갔던 노론의 중심 대신들은 모두 사약을 받아 죽게 되고, 이제 조정은 소론의 세상이 되었다. 이로써 경종은 다소 마음의 안정을 찾을 수 있었다. 그러나 2년 뒤 8월 경종은 결국 병을 이기지 못하고 숨을 거두고 만다. 왕이 된 지 겨우 4년 2개월 만이었다.

　그는 두 명의 아내를 두었지만 자식을 얻지 못했고, 능은 서울 성북구에 있는 의릉이다.

영조

조선왕조오백년

● 제21대 왕

1694~1776년
재위 기간 : 1724~1776년

영조는 조선의 왕들 가운데 가장 오랜 기간인 52년 동안 왕위에 있었던 왕이다. 이 시기의 조선은 임진왜란과 병자호란 뒤 다시 중흥을 맞게 되었다.
영조는 왕위에 있던 내내 당파 싸움을 없애기 위해 탕평책을 썼다. 자신에게 반대했던 당에 속한 신하에게도 능력이 있으면 벼슬을 내렸던 것이다. 또한 군역을 대신하여 백성들이 내던 베의 양을 일률적으로 1필로 줄여 백성들의 세금 부담을 가볍게 했다. 이를 균역법이라고 한다.
영조는 준천 공사도 벌였다. 준천은 개천을 넓고 깊게 파 홍수에 대비하는 것이다. 영조는 1760년 준천사를 세우고 청개천을 준천한 뒤 돌로 둑을 쌓게 했다. 영조는 준천 공사에 나온 백성들에게 일한 값으로 돈을 주어 백성들의 어려운 살림도 도왔다.
영조는 이처럼 탕평책으로 조정을 안정시키고, 균역법과 준천 공사로 백성들의 생활을 돌보았다.

탕평책을 쓴 영조

영조는 1694년 숙종의 둘째 아들로 태어났고, 이름은 금이다. 왕자 시절에는 연잉군으로 불리웠다. 영조는 조선의 스물일곱 명의 왕 가운데 가장 오래 살았고, 또 가장 오랫동안 왕위에 있었던 왕이다.

50년이 넘게 왕의 자리에 있으면서 영조는 신하들의 당파 싸움을 막기 위해 탕평책을 썼다. 당파 싸움의 근거지인 서원을 함부로 세우지 못하게 하고, 당파에 상관없이 능력만 있으면 벼슬을 주었던 것이다.

또한 백성들의 생활을 돌보는 데도 노력을 아끼지 않았다. 영조는 균역법을 시행하여 세금을 낮추고, 가뭄에 대비하여 둑을 쌓고 저수지를 만들었다. 또 연산군 때 폐지되었던 신문고 제도를 다시 실시하여 백성들이 억울함을 호소할 수 있도록 했다. 그리고 노비라도 함부로 죽일 수 없게 했고, 무거운 죄를 지은 사람에게도 끔찍한 고문을 하지 못하도록 법으로 정했다. 1763년에는 일본에서 고구마를 들여와 백성들의 생활에 많은 도움을 주었다.

영조는 나라의 법과 질서를 세우기 위해 많은 책을 간행하기도 했다. 또 자신이 직접 10여 권의 책을 지을 만큼 학문에도 밝았고,

학자들을 좋아했다. 그 덕에 영조 대에는 실학이라는 새로운 학문이 발달할 수 있었다.

이러한 영조의 노력은 정조 대로 이어졌고, 이로써 조선은 임진왜란 이후 다시 중흥기를 맞을 수 있었다. 이처럼 영조는 훌륭한 임금이었다. 하지만 그가 왕위에 오르기까지에는 숱한 어려움이 있었다.

 영조는 정말 경종을 죽이려 했었을까

"어마 마마, 전 결백하옵니다."

연잉군은 계모인 인원왕후 김씨(숙종의 세 번째 왕비)의 처소로 가서 무릎을 꿇고 울부짖었다.

"어마 마마, 전 전하를 해치려 한 적이 결코 없사옵니다. 제발 믿어 주시옵소서."

1722년, 목호룡이란 자가 숙종 대에 노론이 당시 세자였던 경종을 죽이려 했었다고 경종에게 고했다. 목호룡은 원래 남인이었는데, 노론이 힘을 갖게 되자 노론 편에 선 사람이었다. 그러나 노론이 자신을 신임하지 않자 이에 앙심을 품고, 숙종 대에 있었던 일을 경종에게 고자질한 것이었다. 이 일로 노론의 주요 대신들이 모두 처형되고 소론이 권력을 쥐게 되었다. 그런데 소론들은 이 일에 연잉군도 관련이 있다고 생각했다.

'어떻게 해서든 의심을 풀어야 한다.'

제21대 영조 가계도

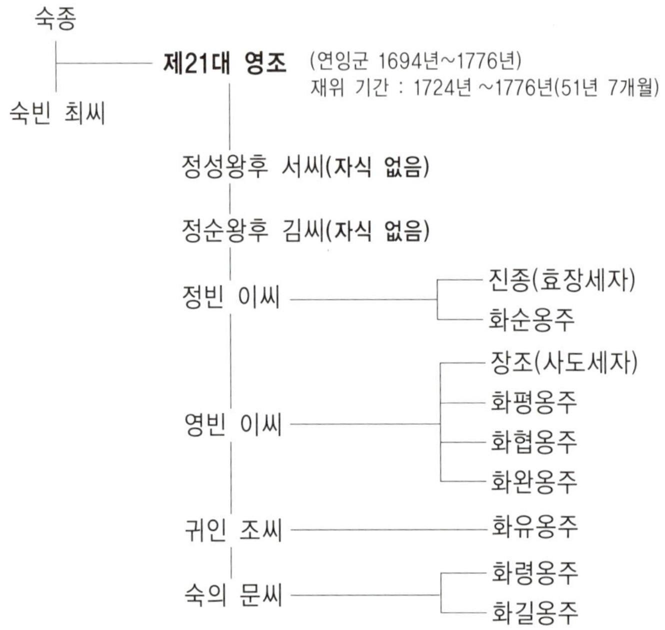

- 숙종
  - 숙빈 최씨
    - **제21대 영조** (연잉군 1694년~1776년)
      재위 기간 : 1724년~1776년(51년 7개월)
      - 정성왕후 서씨(자식 없음)
      - 정순왕후 김씨(자식 없음)
      - 정빈 이씨
        - 진종(효장세자)
        - 화순옹주
      - 영빈 이씨
        - 장조(사도세자)
        - 화평옹주
        - 화협옹주
        - 화완옹주
      - 귀인 조씨
        - 화유옹주
      - 숙의 문씨
        - 화령옹주
        - 화길옹주

연잉군은 왕족이 역모에 관련되면 살아남지 못한다는 것을 잘 알고 있었다. 가만히 있다간 꼼짝없이 당할 것이 뻔했다. 그래서 연잉군은 계모인 인원왕후를 찾아간 것이었다.

인원왕후는 왕실 최고의 어른이었다. 연잉군은 그런 사람이 자신을 감싸준다면 소론은 물론 왕인 경종도 어쩌지 못할 것이라고 판단하고 있었다. 연잉군의 생각은 정확하게 맞아떨어졌다.

"세제, 그만 눈물을 거두시오."

인원왕후가 달래듯 입을 열었다.

"세제가 어찌 그 같은 일에 끼여들었겠소. 이는 다 세제를 모함하려는 자들의 짓임을 주상께서도 잘 알고 계실 것이오. 그러니 걱정 마시오. 게다가 세제는 숙종대왕이 주상의 뒤를 이을 사람으로 정해 놓은 귀한 몸이 아니오? 그런 세제에게 누가 감히 벌을 준단 말이오."

인원왕후는 원래부터 연잉군을 좋게 보고 있었다. 또한 연잉군이 그 같은 계획에 참여했다 하더라도 신하들이 연잉군을 죽일 수는 없다고 생각했다. 숙종에게는 경종과 연잉군 두 아들밖에 없는데다 경종이 자식을 못 낳는다는 것은 천하가 다 아는 일이었다. 그런데도 연잉군을 죽인다면 숙종의 대를 끊어 놓는 것이나 마찬가지였다. 인원왕후는 누구도 감히 그런 일을 하지 못하리라 생각한 것이었다.

"세제는 그만 돌아가 보시오. 내 주상께 잘 말씀 드리리다."

자신의 처소로 돌아가는 연잉군은 저절로 한숨이 나왔다.

'참으로 딱하도다. 한 나라의 세제가 되어 목숨을 걱정해야 하다니.'

연잉군은 세제에 오른 뒤부터 지금까지를 되돌아보았다.

경종이 등극한 이듬해인 1721년, 노론은 연잉군을 세제로 세워야 한다고 주장했다. 그 때 연잉군은 그 자리를 극구 사양했다.

"전하, 전하께서 아직 젊으신데 벌써 뒷일을 생각하시다니요. 아

니 될 말씀이옵니다."

연잉군이 세제의 자리를 받지 않겠다고 버틴 데에는 그만한 이유가 있었다. 연잉군은 1717년 숙종이 몸져 눕자, 몸이 약한 형을 대신하여 나라일을 돌보았다. 그러자 경종을 따르던 소론들은 연잉군이 경종을 죽이고 하루라도 빨리 왕이 되려 할 것이라고 생각하고 연잉군을 없앨 기회를 찾고 있었다. 그러한 때 연잉군이 넙죽 세제 자리를 받는다면 사람들이 연잉군을 더욱 의심할 것은 뻔한 일이었다. 그래서 연잉군은 세제가 되지 않겠다고 버텼던 것이다.

하지만 연잉군 외에 경종의 뒤를 이을 사람이 없었고, 경종이 몸이 약해 언제 큰일을 치를지 모른다는 것은 누구나 잘 알고 있었다. 결국 연잉군은 1721년 1월 세제가 되었다.

그런데 노론은 더 나아가 세제가 왕의 일을 대신 해야 한다고 주장했다.

"뭣이라고? 아니, 이제 주상께서 등극하신 지 겨우 1년이 지났소. 또 이제 젊디젊은 서른넷이신데, 무슨 소리를 하는 것이오? 주상 전하가 돌아가시기라도 바라는 것이오?"

소론은 이렇게 펄펄 뛰며 노론을 공격했고, 노론은 자신들의 주장을 거두어들였다. 이 일로 노론의 주요 신하들이 유배되어, 노론의 힘은 약해졌다. 그러한 때 목호룡의 일이 일어났으니, 연잉군이 더욱 불안에 떤 것은 당연한 일이었다.

처소로 들어가는 연잉군의 어깨는 어느 때보다도 축 처져 있었다.

연잉군이 실제로 경종을 죽이려 했었는지는 알 길이 없다. 그러나 어찌 되었든 영조는 소론에게 그러한 의심을 받았고, 그로 인해 위태로운 세제 생활을 할 수밖에 없었다.

그러나 연잉군은 목숨을 부지한 끝에 1724년 조선의 스물한 번째 왕이 되었다. 그리고 그는 조선의 중흥을 열었다.

 영조는 어떻게 조선의 중흥기를 열었나

1. 당파 싸움을 막기 위해 음식까지 개발했다

어느 날 영조는 모든 신하들을 다 불러모아 잔치를 열었다.

"자, 풍악을 울려라."

영조는 신하들에게 직접 술을 따라 주며 잔치 분위기를 띄웠다. 어느 새 신하들의 어깨가 들썩이고 있었다.

그러자 영조는 신하들을 둘러보며 말했다.

"자, 내가 오늘 경들을 위해 특별한 음식을 준비했소이다."

곧 묵과 미나리, 계란 흰자와 노른자를 따로 부쳐 얇게 썬 것등을 참기름에 무쳐 그 위에 김과 깨소금을 뿌린 음식이 나왔다.

음식을 맛 본 신하들이 앞다투어 말했다.

"전하, 정말 맛있는 음식이옵니다. 이 음식이 무엇이옵니까?"

"흰색과 노란색, 파란색 등의 어우러짐이 정말 보기 좋사옵니다."

신하들의 말에 영조는 껄껄 웃으며 답했다.

"이 음식은 탕평채라고 하오."

순간 신하들의 얼굴이 굳어졌다. 탕평이란 어느 한 쪽에 치우침 없이 공명 정대함을 말한다.

'전하께서 탕평채란 음식을 내놓은 것은 당파에 상관없이 벼슬을 주어 나라를 이끌어 가시겠다는 뜻을 우리에게 분명히 전하겠다는 것이군!'

영조는 왕이 된 뒤 당파 싸움을 막기 위해 온 힘을 기울였다. 처음엔 자신의 생명까지 위협한 소론들을 몰아 냈지만, 곧 소론을 다시 불러들여 여러 당파에게 고루 벼슬이 돌아가도록 했다. 그로 인해 '이인좌의 난'도 막을 수 있었다.

'이인좌의 난'이란 1728년 소론이었던 이인좌가 일부 남인들과 손을 잡고 일으킨 난을 말한다. 그들은 영조가 경종을 독살시킨 뒤 왕이 되었다며 소현세자의 증손자를 왕으로 세우고 영조와 노론을 몰아 내려고 했던 것이다.

그러나 이 때는 영조가 소론들을 다시 조정으로 불러들인 뒤였다. 그래서 소론들 가운데 이인좌의 난에 가담한 사람이 적었고, 소론들은 이인좌가 난을 일으키기 전에 영조에게 그 사실을 알렸다. 그 덕에 영조는 이인좌의 난을 막을 수 있었다.

"만약 내가 탕평책을 쓰지 않아 소론을 등용하지 않았다면 더 많은 이들이 이인좌의 난에 가담했을 것이 아니오?"

이러한 예를 잘 알고 있던 신하들은 아무 말도 할 수 없었다. 그저 물끄러미 상에 놓인 탕평채만 바라보았다.

이인좌의 난으로 확실한 탕평의 구실을 잡은 영조는 탕평책을 더욱 강화해 나갔다. 처음엔 각 당파에게 고루 벼슬이 돌아가도록 하는 데만 신경을 썼지만, 나중엔 당파에 관계없이 능력대로 벼슬을 내려도 신하들이 아무 말 못할 정도로까지 발전되었다.

그러나 영조는 이 과정에서 하나밖에 없는 아들을 죽이고 만다.

2. 아들마저 죽인 데에는 그만한 까닭이 있었다

"아바 마마, 살려 주시옵소서."

1762년 궁궐 안은 세자 선의 울부짖는 소리로 뒤숭숭하기만 했다.

"물, 물을 좀 다오."

세자 선은 애처롭게 사정했다. 때는 무더운 여름, 뒤주 속에 갇힌 세자 선은 목이 타 들어갈 것만 같았다. 그러나 아무도 세자에게 물을 가져다 주지 못했다. 뒤주 근처에 얼씬도 말라는 영조의 명이있었기 때문이었다.

밤이 늦도록 영조는 잠을 이룰 수 없었다. 자식을 뒤주 속에 가둬 놓은 아버지의 마음 역시 답답한 것은 매한가지였던 것이다.

세자 선은 영조의 나이 마흔 살이 넘어 낳은 왕자로 영빈 이씨 사이에서 태어난 둘째 아들이었다. 원래 세자는 정빈 이씨의 아들 효장세자였으나, 효장세자가 일찍 죽어 선이 세자가 된 것이다. 그러나 세자 선은 당파 싸움에 휘말려 뒤주 속에 갇히는 신세가 되고 말았다.

1749년 건강이 좋지 못했던 영조는 세자 선으로 하여금 나라일을 맡게 했다. 이 때 세자 선은 열다섯 살이었는데, 남인과 북인, 소론이 나이 어린 세자를 등에 업고 자기들만 권력을 쥐려는 계획을 세웠다.

그러자 노론은 세자 선과 영조 사이를 갈라 놓기 위해 영조의 두 번째 왕비와 후궁 문씨를 시켜 세자의 잘못을 일일이 영조에게 고해 바치게 했다. 더 나아가 세자가 하지도 않은 일을 했다며 모함하기도 서슴지 않았다. 이들은 다른 당파와 친한 세자 선이 왕이 되면 자신들을 내칠 것이 분명하다고 믿었던 것이다.

영조는 그럴 때마다 세자 선을 호되게 야단쳤다. 그러나 세자 선은 영조의 다그침을 견디지 못했다. 제멋대로 궁궐 밖으로 나가고 심지어는 궁녀를 살해하는 일마저 저질렀다. 그래서 결국 영조는 다시 자신이 직접 나라를 다스렸다.

그러던 중 1761년 세자 선이 평안도 지방에 몰래 다녀온 일이 발생했다. 그 동안 세자와 남인, 소론 등을 제거하려던 노론들은 이를 구실로 세자가 왕실의 얼굴에 먹칠을 했다고 상소를 올렸다. 게다가 세자가 영조를 밀어 내고 왕의 자리에 오르기 위해 평안도를 돌며 군사를 모았다는 소문마저 돌게 했다. 아무리 세자라고 해도 역모에 관련되면 죄를 묻지 않을 수 없는 법이었다. 게다가 영조는 세자로 인해 자신이 닦아 놓은 탕평의 틀에 금이 간다고 생각했던 것이다.

'이 모든 것이 세자가 각 당파에 공평하게 대하지 않았기 때문이다.'

영조는 세자를 벌하지 않으면 각 당파들이 다시 자기 당만 권력을 잡으려고 눈에 불을 켤 것이 틀림없다고 생각했다. 또한 신하들에게 탕평책을 어기는 자가 어떻게 되는지도 분명히 보여 주어야 한다고 생각했다.

'선아, 어쩔 수 없구나!'

그래서 영조는 세자 선을 뒤주에 가둔 것이었다.

결국 세자 선은 뒤주에 갇힌 지 9일 만에 굶어 죽고 말았다.

그런데 영조가 세자를 죽인 것은 단순히 세자를 미워했기 때문이라는 말도 있다.

영조의 어머니 숙빈 최씨는 무수리 출신이었다. 무수리는 궁궐에서 잡일을 하는 천한 신분이었는데, 이런 어머니의 몸에서 난 영조는 자신의 출신 때문에 신하들로부터 몹시 설움을 받았다고 한다. 그래서 자신의 아들은 반드시 왕비의 몸에서 낳으려고 했는데, 효장세자도 그렇고 세자 선도 모두 후궁에게서 난 아들이었다. 이런 이유 때문에 영조가 세자를 미워했다는 것이다.

또한 세제 시절부터 끊임없이 죽음의 위협에 시달렸던 영조는 왕이 되어서도 누가 자신의 자리를 빼앗으려 하지 않을까 마음을 졸였다. 그런데 다른 사람도 아니고 자신의 아들이 자기를 밀어 내려고 한다는 소문이 돌자, 그만 판단력을 잃어 세자를 죽였다고도 한다.

그러나 어쨌든 영조는 그 뒤 세자를 죽인 것을 몹시 후회했다. 그래서 세자 선에게 죽음을 애도한다는 뜻의 '사도(思悼)'라는 시호를 내렸다. 그래서 보통 세자 선을 사도세자라고 부르는 것이다.

사도세자가 죽은 뒤 영조는 15년 동안 더 왕의 자리에 있다가 1776년 3월 83세로 숨을 거두었다. 영조는 6명의 아내에게서 2남 7녀를 두었고, 능은 경기도 구리시에 있는 원릉이다.

 실학이란 무엇인가

18세기에 들어서면서 조선 사회에 새로운 바람이 불어 온다. 그것은 바로 실학이라는 새로운 학문이었다.

이는 왜란과 호란을 거치면서 조선의 신분 질서가 무너지고, 백성들이 크나큰 어려움에 처하자 이를 해결할 수 있는 방법을 찾기 위해 나온 학문이었다. 한 마디로 나라의 살림을 넉넉하게 하고 군사력을 튼튼히 할 방도를 찾는 학문이었던 것이다.

실학자들은 나라가 발전하려면 무엇보다도 백성들의 살림이 안정되어야 한다고 생각했다. 그래서 양반들이 가지고 있는 땅을 실제로 농사를 짓는 백성들에게 나누어 주고, 청나라의 앞선 문물을 받아들여 상공업을 발전시켜야 한다고 주장했다.

실학자들의 이 같은 주장은 그들이 쓴 책에 잘 나타나 있다. 이처럼 실학이 발달할 무렵, 자주적인 역사 의식을 바탕으로 새롭게 역사를 써야 한다는 사람들도 나타났다.

실학자들이 쓴 책

지은이	책이름	내용
유형원	반계수록(농촌 문제)	한 사람이 토지를 일정 면적 이상 가질 수 없게 하자고 주장.
안정복	동사강목(역사책)	잘못된 역사를 비판.
홍대용	의산문답(과학책)	지구는 둥글다는 등의 내용 수록.
박제가	북학의(상업 문제)	교통 수단 등을 발전시켜 산업을 육성해야 한다고 주장.
정약용	여유당전서(정치 문제)	수령은 백성을 위해 존재하는 것이라고 주장.
박지원	열하일기(중국 기행기)	청나라의 발전된 문물을 받아들여 나라의 발전을 꾀하자고 주장.
이중한	택리지	조선 각 지역의 환경과 역사, 인심을 기록.

위에서 알 수 있듯이 실학자들은 여러 방면에 관심을 기울이고, 그것에 대한 해결 방안을 내놓았다. 그러나 이들은 대부분 권력 싸움에 밀려난 사람들이었기 때문에 이들의 의견이 실제로 받아들여지지는 못했다.

그러나 이들의 사상은 이후 조선을 근대화 시키고자 했던 개화파들에게 큰 영향을 주었다.

정조

조선왕조오백년

● 제22대 왕

정조

1752~1800년
재위 기간 : 1776~1800년

정조는 영조의 노력을 기반으로 조선의 중흥을 활짝 꽃피운 왕이다.
　세손 시절 당파 싸움의 틈바구니에서 아버지 사도세자가 뒤주 속에 갇혀 죽는 것을 본 정조는, 왕위에 오른 뒤 당파 싸움을 없애는 것을 가장 큰 과제로 삼았다. 또한 왕실 도서관인 규장각을 세워 인재를 양성하고 학문을 발달시켰다. 규장각은 그 뒤 책을 편찬하는 일은 물론 활자를 만들고 왕의 교서를 쓰는 일까지 다양한 일을 맡아 했다.
　정조는 첩의 자식들에게도 벼슬길을 열어 주었다. 이로 인해 능력만 있으면 성공할 수 있다는 생각이 널리 퍼지게 되었고, 이러한 생각은 평민들에게까지 영향을 미쳐 평민들도 이전과 달리 학문과 문화에 대해 관심을 갖게 되었다. 그 결과 정조 대에는 서민들의 문학과 예술이 발달하게 된다.
　정조 대에 이르러 서양에서 들어온 천주교가 널리 퍼졌는데, 천주교인들이 조상의 제사를 지내지 않자 이 때부터 천주교인들에 대한 박해가 시작되었다.

조선의 중흥을 꽃피운 정조

정조는 1752년 사도세자와 혜경궁 홍씨 사이에서 태어났다. 그의 이름은 산이며, 1759년 여덟 살의 나이로 세손에 책봉되었다. 그러나 1762년 사도세자가 뒤주에 갇혀 죽자 병으로 일찍 죽은 영조의 맏아들 효장세자의 양자로 입적되었다.

정조는 조선의 중흥기를 꽃피운 왕으로 '학문 중심'의 정치를 폈다. 또 그는 할아버지인 영조의 탕평책을 이어받아 능력만 있으면 당파에 상관없이 벼슬을 내렸고, 더 나아가 첩의 자식이라고 설움을 받던 서얼 출신들에게도 능력만 있으면 벼슬을 주었다.

이 시기에 조선은 그 동안 중국을 최고라고 믿었던 모화 사상에서 벗어났고 진정한 우리 민족의 자긍심도 바로 이 때부터 형성되었다. 이는 임진왜란 이후 농업 기술의 발달로 생산량이 늘어 경제적 부가 쌓였기 때문이었다. 또 한편으로 문화를 발전시키려는 정조의 노력이 큰 보탬이 되었다.

그래서 정조 대에는 양반뿐만 아니라 평민들까지 시를 지어 읊었고, 서민들의 문학도 등장했다. 중국의 그림을 그대로 모방했던 예전과 달리, 자연을 있는 그대로 그리는 '진경산수화'나 '풍속화'도 유행하기 시작했다. 또 조선만의 독특한 서체인 '동국서체'가 유행한 것도 이 때였다.

그러나 이처럼 정조가 조선의 정치와 문화를 발전시키기까지에는 많은 어려움이 있었다. 그는 자신의 소망대로 나라를 이끌어 가기 위해 오랜 세월을 숨죽여 지내야했다.

 정조의 두 얼굴

1. 세손 시절, 정조는 왜 책만 읽었나

세손 산은 '개유와' 라는 도서실을 만들어 밤낮없이 책만 읽었다.

그러던 어느 날, 세손 산은 할아버지 영조와 신하들이 읽지 말라고 금지했던 《시전》의 요아편을 몰래 구했다.

"아버지 나를 낳으시고, 어머니 나를 기르셨으니, 그 깊은 은혜를 갚고자 할진대 하늘이 끝이 없음과 같이 다함이 없도다."

세손 산의 눈에 어느 새 눈물이 고였다.

'이제야 이것을 읽지 못하게 한 이유를 알겠군.'

뒤주 속에서 죽어 가던 사도세자의 애절한 목소리가 세손 산의 가슴속에 메아리치기 시작했다.

'물 좀 다오. 물 좀 다오.'

열한 살 적 일이었다. 아버지 사도세자가 노론의 모함으로 뒤주 속에 갇혀 죽어 간 것을 세손 산은 잊을 수 없었다.

노론은 사도세자의 아들인 세손 산 역시 틈만 있으면 해코지했

다. 심지어 세손을 죽이기 위해 자객을 보내기까지 했다. 다행히도 세손 산을 가까이서 보살피는 홍국영이 그것을 미리 알아차려 겨우 목숨을 구할 수 있었다.

이는 모두 노론이 세손 산이 왕이 되어 아버지의 원수를 갚으려 할 것을 두려워했기 때문이었다. 그래서 노론은 세손 산의 모든 행동을 감시하였고, 조그만 잘못이라도 있으면 당장 영조에게 가 고해 바쳤다. 또한 부모에게 효성을 다해야 한다고 가르치는 시전 요아편 같은 것을 읽지 못하게 했다.

'언제고 억울하게 돌아가신 아버님의 원수를 갚고 말리라.'

그 때 개유와에 영조를 모시는 내시가 들이닥쳤다.

"저하, 주상 전하께서 찾고 계시옵니다."

세손 산은 읽던 책을 미처 감춰 둘 새도 없이 영조 앞에 불려가고 말았다.

이 소식을 들은 홍국영은 서둘러 개유와로 달려갔다.

"아니, 이건……?"

세손 산이 시전 요아편을 읽고 있었다는 사실을 안 홍국영은 순간 몸이 굳어졌다.

'어느 새 노론이 세손 저하가 이 책을 읽는 것을 왕에게 고자질했구나. 그렇다면……'

홍국영은 영조가 분명 세손이 읽던 책을 가져오라고 명을 내리리라 생각했다. 그래서 아무도 몰래 세손의 책에서 요아편을 찢어 숨

겨 버렸다.

그 사이 세손 산은 영조 앞에서 무릎을 꿇은 채 머리를 조아리고 있었다.

"무슨 책을 읽고 있었느냐?"

영조는 눈을 부릅뜨고 물었다. 세손 산이 대답을 않자 영조는 내시에게 명을 내렸다.

"세손이 읽고 있던 책을 당장 가서 가져오너라."

내시가 개유와에 도착한 것은 홍국영이 요아편을 찢어 낸 뒤였다. 그것을 알 리 없는 내시는 찢어진 책을 영조에게 가져갔다.

"아니, 요아편이 찢겼구나! 왜 요아편을 찢었느냐?"

영조의 얼굴에 미소가 감돌고 있었다. 세손 산은 잠시 당황했지만, 곧 침착함을 되찾았다.

"할바 마마께서 읽지 말라고 하셨기에 찢었사옵니다."

"하하하, 역시 우리 세손은 효자로다."

겨우 위험을 피한 세손 산은 다시 개유와로 돌아왔다. 개유와에는 벌써 홍국영이 기다리고 있었다. 어찌된 일인지 금세 알 수 있었다.

"공이 또 날 살렸구려."

이 때부터 세손 산은 더욱 개유와에 틀어박혀 지냈다.

'정치에는 전혀 관심없는 척하자. 내가 정치에 관심을 보이면 그만큼 더 노론이 나를 없애려고 눈에 불을 켤 것이다.'

그러나 세손 산은 한시도 누가 자신의 아버지를 모함해 죽였는지,

정조편

그리고 그런 끔찍한 일이 일어나게 된 원인이 무엇인지 잊지 않았다.

'내가 왕이 되는 날, 아버지의 원수를 갚으리라. 그리고 다시는 그런 일이 일어나지 않도록 기필코 당파 싸움을 막으리라.'

2. 정조, 드디어 복수의 칼을 들다

1776년 3월 정조는 25세의 나이로 왕위에 올랐다. 곧 정조는 아버지 사도세자를 죽이고, 세손 시절 자신까지 해치려 했던 정후겸, 홍봉한, 윤양로 등에게 벌을 내렸다.

그러자 어머니 혜경궁 홍씨가 정조를 찾아왔다.

"부탁이 있어 왔소이다."

"말씀하시옵소서, 어마 마마."

정조는 홍씨가 무슨 부탁을 하려는지 알 수 있었다.

사도세자를 죽이는 데 앞장섰던 사람 가운데 하나인 홍봉한은 바로 정조의 외할아버지였다. 홍봉한은 자신이 속한 당파의 이익을 지키려고 사위인 사도세자를 죽이는 데 앞장섰던 것이다.

"내 집안에서 딱 한 사람만 살려 주시오."

이렇게 말하는 혜경궁 홍씨의 눈에서 소리 없이 눈물이 흘러내렸다.

사도세자가 죽은 뒤 10여 년의 세월은 정조뿐만 아니라 혜경궁 홍씨에게도 고뇌의 나날이었다. 끔찍이도 사랑하던 남편이 뒤주 속에서 죽은 것만도 홍씨에게는 잊을 수 없는 한이었다. 그런데 세손이었던 아들까지 끊임없이 죽음의 위협 속에 시달리자 홍씨는 노여움에 치를 떨었다. 게다가 이 모든 것이 자신의 아버지와 관계된 일이란 걸 생각하면 더욱 견딜 수 없었다.

그러나 그래도 아버지는 아버지였다. 홍씨는 아버지를 위해 자신이 할 수 있는 최선의 노력을 다하고 있는 것이었다. 그것은 바로 왕인 아들에게 간청해서 아버지의 제사를 지낼 자손을 남겨 두게 하는 것이었다. 정조가 그 뜻을 모를 리 없었다.

"예, 어마 마마. 어마 마마의 분부에 따르겠사옵니다."

그 뒤 정조는 아버지를 '장헌세자'라고 불렀다. 그리고 아버지의 능을 경기도 수원으로 옮기고 자주 찾아갔다. 열한 살 때 잃은 아버지에 대한 그리움을 왕이 되어서도 지울 수 없었던 것이다.

정조는 영조를 좇아 탕평책으로 나라를 다스렸다. 또한 백성들의 어려움에 귀를 기울이며 학문과 문화를 발전시키기 위해 노력하였다.

 정조는 어떤 나라를 만들려고 했는가

어느 날 정조가 사도세자의 능에 다녀오는 길이었다. 한 무리의 양반집 종들이 역시 종으로 보이는 한 사람을 말에 묶어 끌고 오는 것이 보였다.

"잠시 섰거라."

정조는 행차를 세우고 양반집 종들을 불렀다. 그리고 왜 사람을 말에 묶어 끌고 가는지 물었다.

"이놈은 도망친 노비입니다요. 그래서 주인 마님의 명에 따라 잡아가는 것입니다요."

정조는 땅에 질질 끌려 온몸이 피투성이가 된 노비를 내려다보았다. 노비의 모습은 정말 끔찍했다. 가슴엔 갈비뼈가 불거져 있고, 얼굴은 알아볼 수 없을 정도로 피투성이였다.

"아무리 노비라고 하나, 사람을 이처럼 다루어도 된다는 말이냐?"

정조는 분노를 참을 수 없었다. 그러나 정조를 따르던 대신들은 물론 노비들조차도 그런 정조를 이해할 수 없다는 눈으로 쳐다보았다. 도망친 노비를 그렇게 참혹하게 다루는 것은 어제 오늘의 일이 아니었던 것이다.

궁으로 돌아온 정조는 생각에 잠겼다.

'노비 제도는 없어져야 한다.'

정조는 곧 노비 제도를 없앨 방법을 궁리했다.

'부모가 노비라고 그 자식들까지 노비가 되는 법부터 없애야 한다. 그리고 개인이 가지고 있는 노비는 모두 돈을 주고 부리게 하고, 궁궐이나 관가에서 부리는 관노비는 모두 풀어 주자.'

정조는 노비 문제뿐만 아니라 서얼 출신에게도 큰 관심을 가졌다. 그 동안 서얼은 관리가 될 수 없었다. 하지만 정조는 서얼인 박제가, 이덕무처럼 능력과 재능이 있는 학자들에게 벼슬을 내려 규장각에서 일하게 했다. 이 때부터 조선 사회에는 이제 당파나 가문에 따라서가 아니라 능력과 재능이 있으면 출세할 수 있다는 생각이 널리 퍼지게 되었다.

정조의 이러한 계획은 모두 규장각이 앞장서 이끌어 나갔다.

규장각은 정조가 왕위에 오르자마자 설치한 일종의 궁궐 도서관이었다. 정조는 이 규장각을 이용해 능력 있는 관리들을 기르고 그 인재들을 중심으로 나라를 운영해 나갔다. 규장각에서 기른 인재들을 바탕으로 하여 외척이나 힘있는 신하들의 횡포를 막고자 한 것이었다.

그리고 왕이 된 지 4년이 지나자 정조는 규장각이 승정원(왕명 출납 기관, 오늘날로 말하면 대통령 비서실), 홍문관(궁중 도서 관리 및 교서 작성 기관), 춘추관(역사를 기록하는 기관) 등의 기능을 함께 수행하도록 하여 그 힘을 강화하였다.

이로써 정조 대의 신하들은 정조에게 반대하는 노론 중심의 벽파와 정조의 정책을 따르는 시파로만 나뉘어진다. 시파의 대표적인 인물이 바로 정약용, 이가환, 박제가, 이덕무 같은 실학자들이었다.

그러나 1791년 천주교 박해 사건으로 시파는 힘을 잃고, 1795년 중국인 신부 주문모가 몰래 조선으로 들어오는 일이 발생하자, 시파를 대표한다고 할 수 있는 정약용마저 귀양을 가게 되었다. 이로 인해 정조는 자신을 뒷받침해 줄 신하들을 잃고 만다.

1800년 정조는 49세의 나이로 죽게 되고 노비를 없애려 했던 계획 등 모든 꿈들은 물거품이 되고 만다.

정조는 3명의 아내에게서 2남 1녀의 자녀를 두었으며, 능은 경기도 화성에 있는 건릉이다.

정조 시대의 사람들

풍속화를 그린 김홍도

1785년, 정조는 신하들에게 말했다.

"옛날부터 선대 임금들은 초상화를 그렸소. 나도 이번에 초상화를 그려야 할 것 같은데……."

정조의 말대로 조선의 왕들은 자신의 초상화를 그려 궁궐에 보관하곤 했었다. 그것을 통해서 왕실의 전통과 위엄을 살리고자 함이었다.

정조의 말에 신하들은 머리를 조아리며 말했다.

"지당하신 말씀이옵니다."

"누가 내 초상화를 그리는 데 적당하겠소?"

정조의 물음에 신하들은 입을 모아 대답했다.

"김홍도에게 맡기시옵소서."

정조는 고개를 끄덕였다. 김홍도는 정조가 세손 시절에도 만난 적이 있는 화공이었다. 그 때 김홍도가 어린 정조의 초상화를 그렸던 것이다.

김홍도는 곧 정조의 초상화를 그리기 시작했다.

정조의 초상화를 다 그리고 궁궐을 나오는 김홍도는 기운이 쭉 빠져 있었다. 그는 도화서의 화원이었다. 도화서란 조선 시대 왕이나 왕실에서 필요로 하는 그림을 그리는 관청이다. 그러나 김홍도는 도화서의 화원으로 만족하지 않았던 것이다.

'임금의 명에 따라 임금의 초상화를 그리고 또 왕실에서 필요로 하는 대나무나 꽃을 그리는 것도 그리 나쁜 일은 아니지. 하지만……'

사실 김홍도는 자기가 그리고 싶은 그림을 자유롭게 그리고 싶었다.

김홍도는 길을 가면서도 그림의 소재를 얻곤 했다. 서당 앞을 지날 때면 김홍도는 훈장의 엄한 눈초리와 아이들의 익살스런 모습을 놓치지 않았다. 대장간을 지나면서는 대장장이들의 손놀림을 유심히 보아 두었다. 또 가을에 추수를 한 뒤 타작하는 농부들의 모습이나 모래판에서 씨름을 하는 사람들을 한참 동안 지켜 보곤 했다.

그러나 왕이나 왕실에서는 그런 그림을 필요로 하지 않았다.

'하루빨리 도화서를 나오는 것이 좋을 듯 싶은데……'

하지만 김홍도의 이런 바람은 금세 이루어지지 않았다. 최고의 화가인 그를 나라에서 순순히 놓아 줄 턱이 없었기 때문이다. 도화서에서 일하면서 김홍도는 대마도에도 다녀왔다. 대마도로 건너가 일본의 지도를 몰래 베껴 오라는 정조의 명을 받았기 때문이었다.

정조가 이런 명을 내린 것은 군사상의 문제 때문이었다. 지도는 군사상 아주 기본적이고 중요한 정보였기 때문이었다.

김홍도는 51세 되던 해인 1795년 도화서에서 나왔다. 그로부터 3년 뒤 다시 정조의 명으로 《오륜행실도》의 삽화를 그리기도 했지만, 김홍도는 자신이 그리고 싶은 그림을 그리는 데 힘을 쏟았다.

그 뒤 김홍도가 언제 어떻게 세상을 떠났는지는 알려져 있지 않다. 그러나 《씨름》·《대장간》·《서당》 같은 작품을 통해 김홍도는 조선 시대의 뛰어난 화가 중의 한 사람으로 우리들 곁에 남아 있다.

사진으로 보는 조선왕조오백년

1. 수원화성 사적 제3호. 조선 제22대 정조 임금 때 정약용의 설계로 지었다. 성곽의 전체 길이가 약 8.3km이며 팔달문, 장안문, 화서문, 공심돈, 봉돈, 서장대, 동장대 등의 시설이 있다. 2. 팔달문 3. 공심돈 4. 봉돈 다섯 개의 연기 구멍을 두어 신호를 보내는 재래식 통신 시설이다. 5. 장안문

사진으로 보는 조선왕조 오백년

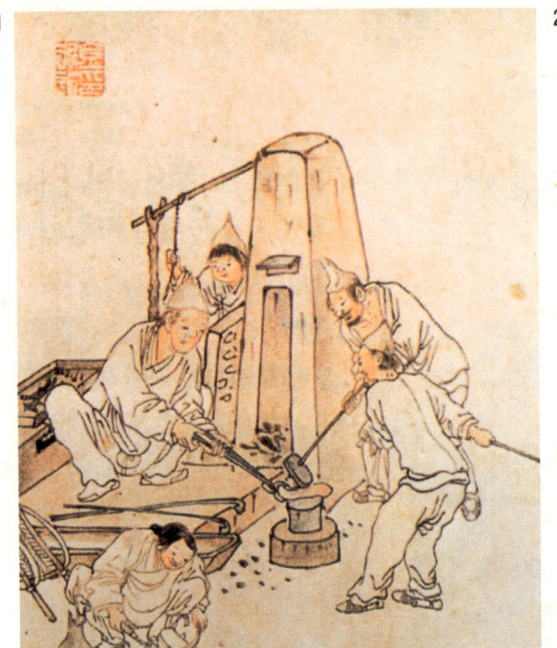

조선 시대의 회화 1. 대장간. 보물 제527호. 김홍도 그림. 김홍도는 풍속화, 산수화, 인물화를 모두 잘 그린 조선 시대의 대표적인 화가이다. 2. 호취도. 장승업 그림. 3. 인왕제색도. 국보 제216호. 정선 그림. 조선 시대 산수화를 대표하는 훌륭한 작품이다.

1

2

3

조선 시대의 회화 1. 단오. 신윤복 그림. 단오 때 여인들의 풍습이 잘 나타나 있다. 신윤복은 조선 시대의 대표적인 풍속 화가 중 한 사람이다. 2. 고사관수도. 강희안 그림. 절벽 아래 바위에 엎드려 사색에 잠긴 선비의 모습을 그린 그림이다. 3. 파교심매도. 심사정 그림.

순조

조 선 왕 조 오 백 년

●제23대 왕

1790~1834년
재위 기간 : 1800~1834년

　순조는 11살의 나이로 왕위에 올라 할머니인 정순왕후의 수렴 청정을 받았다. 정순왕후가 죽은 뒤 순조는 장인인 김조순의 도움을 받아 나라를 다스렸는데, 이 때부터 세도 정치가 시작되었다.
　세도 정치로 인해 나라의 중요한 벼슬은 모두 김조순과 그의 집안인 안동 김씨의 차지가 되었다. 그러다 보니 자연 안동 김씨에게만 잘 보이면 벼슬을 할 수 있게 되는 등 나라의 기강이 문란해지고 관리들의 부정부패가 심해졌다.
　그런 때 나라에는 흉년이 계속되고 전염병이 돌아 수많은 백성들이 목숨을 잃었다. 그런데도 탐관 오리의 횡포가 나날이 심해지자 백성들이 난을 일으켰고, 그 가운데 가장 큰 난이 1811년 평안도에서 일어난 홍경래의 난이다.
　이러한 소용돌이 속에서도 천주교에 대한 박해는 그치지 않았으며, 이로 인해 많은 백성들이 목숨을 잃었다.

세도 정치에 시달린 순조

 순조는 1790년에 태어났으며 이름은 공이다. 순조는 정조의 둘째 아들이었는데, 정조의 맏아들 문효세자가 일찍 죽어 1800년 1월 세자로 책봉되었다. 그리고 그 해 정조가 세상을 뜨자 열한 살의 나이로 조선의 스물세 번째 왕이 되었다.
 순조는 영조의 두 번째 왕비인 정순왕후 김씨의 수렴 청정을 받았는데, 정순왕후는 자신의 집안이 벽파이므로 벽파를 많이 등용했다.
 정순왕후는 천주교를 철저히 금지시켰다. 천주교가 조상에 대한 제사를 모시지 않기 때문이었다. 게다가 천주교를 믿는 사람들은 정조의 사랑을 크게 받았던 정약용과 그 형제들을 비롯한 시파의 실학자들이 대부분이었다. 그래서 정순왕후와 벽파는 눈에 불을 켜고 천주교를 탄압했다. 이로 인해 시파는 완전히 조정에서 쫓겨나고 말았다.
 정순왕후는 1804년 순조가 열다섯 살이 되자 수렴 청정을 거둔 뒤 이듬해 세상을 떠났다. 그러자 이번에는 순조의 장인인 김조순이 조정을 장악했다.
 김조순은 권력을 쥐자마자 자신의 딸과 순조가 혼인하는 것을 막았던 벽파들을 조정에서 몰아 냈다. 그리고 큰 벼슬은 자신의 친척들인 안동 김씨들에게만 주었다.

이 때부터를 세도 정치라고 하는데, 세도 정치란 임금의 신임을 받는 특정한 신하나 외척들이 권력을 휘두르는 것을 말한다. 안동 김씨는 그 뒤 60년간 세도 정치를 펼쳤다.

이러한 세도 정치로 말미암아 조선은 크나큰 혼란에 빠졌다. 안동 김씨들은 수많은 부정 부패를 저질렀고, 심지어 돈을 받고 벼슬까지 팔았다. 이는 붕당이 되어 있었을 때와는 달리 비판하고 견제하는 세력이 없기 때문이었다.

이를 모를 리 없었던 순조는 안동 김씨 세력을 견제하기 위해 풍양 조씨 조만영의 딸을 세자 빈으로 맞아들이고, 아들인 효명세자에게 나라를 다스리게 한다. 그러나 그로부터 4년 뒤인 1830년 효명세자가 죽어 순조의 계획은 실패로 돌아가고 만다.

이로 인해 백성들의 살림은 나날이 쪼들려만 갔다. 관리들은 벼슬을 사는 데 든 돈을 뽑기 위해 갖가지 세금을 만들어 돈을 거둬들였다. 게다가 해마다 전염병이 돌아 수많은 백성들의 목숨을 앗아갔다. 어느 해는 10여 만 명이나 전염병으로 목숨을 잃었다. 또한 물난리도 끊이지 않았는데, 순조가 조선을 다스리는 35년 동안 19번이나 물난리가 났다고 한다.

당시 백성들의 어려움은 정약용이 귀양지에서 쓴 글에서도 잘 나타난다.

순조편

"1810년 여름 쇠파리가 크게 들끓었다. 아이들은 파리를 잡느라 팔을 걷어붙이고 마치 싸움하듯 했다. 나는 말하기를 '슬프다, 이들 파리를 죽여서는 아니 된다'고 했다. 굶어 죽은 사람들이 변하여 파리가 된 것이기 때문이다. 작년에는 큰 흉년이 들고 겨울은 몹시 추운데다 질병까지 돌았다. 그런데 여기에다 관리들은 갖가지 구실로 세금을 긁어 갔으므로 굶어 죽고 얼어 죽은 시체가 거리에 널려 언덕을 이루었다. 그런데 이를 그냥 내버려 두었으니! 찌는 듯이 더운 날씨에 사람의 살이 썩어 구더기가 생기고 이들이 냇가의 모래알보다 더 많이 늘어서 이 쇠파리들이 생겨난 것이다. 그러니 쇠파리가 어찌 죽은 사람의 귀신이 아니랴!"

이렇게 살기 힘들었던 백성들은 곳곳에서 난을 일으켰다. 그 가운데 가장 유명한 것이 1811년에 일어난 홍경래의 난이다.

홍경래는 원래 양반 출신으로 벼슬길에 나아가기 위해 수 차례 과거를 본 사람이었다. 그러나 그는 평안도 출신이라는 이유로 번번이 과거에 떨어지고 말았다. 이로 인해 사회에 대한 불만을 가진 홍경래는 새로운 세상을 만들기 위해 자신과 뜻이 맞는 사람들을 찾아 나섰다. 그러자 홍경래의 주위에는 서얼 출신으로 설움받던 사람들과 부유한 상인임에도 양반이 아니라는 이유로 대접받지 못하는 사람들이 모여들었다.

이들은 10여 년 동안 꾸준히 가난한 농민들을 모아 군사 훈련을 시켜 1811년 겨울, 드디어 평안도 사람에 대한 차별을 없애고 안동

김씨 세력을 몰아 내기 위해 봉기했다. 그리고 그들은 새 임금을 세우기 위해 한양으로 향했다. 그러나 초반 청천강 이북 지역의 10개 성을 점령한 기세에도 불구하고, 그들은 곧 관군에게 밀려 정주성으로 쫓겨 들어갔다. 봉기군은 무려 100여 일 동안 성을 의지해 관군과 맞섰다. 그러나 폭약으로 성을 폭파하고 밀려드는 관군에게 끝내 무릎을 꿇고 말았다.

이렇게 홍경래의 난은 끝이 났지만 이는 세도 정치 아래 신음하던 농민들의 저항의 시작일 뿐이었었다. 많은 백성들 사이에 이제 더 이상 세도 정치에 당하고만 있지는 않겠다는 생각이 널리 퍼졌던 것이다. 또한 백성들 사이에서는 정도령이 새 나라를 세울 것이라는 소문이 떠돌았다. 이제 바야흐로 조선은 새 나라가 서기를 바라는 지경에까지 이른 것이었다.

이처럼 순조 대에는 세도 정치로 인해 조정의 기강이 문란해졌으며, 풀뿌리와 나무 껍질로 겨우겨우 살아가던 백성들이 반란을 꾀하던 시기였다.

이러한 상황에서 1834년 11월 순조는 숨을 거두었다. 그는 2명의 아내에게서 1남 5녀의 자녀를 두었으며, 능은 서울 강남구 내곡동에 있는 인릉이다.

헌종

조 선 왕 조 오 백 년

● 제24대 왕

헌종

1827~1849년
재위 기간 : 1834~1849년

　헌종 대에는 조선 사회의 기반이 되는 신분 제도가 급격히 무너지던 때였다.
　헌종 대에는 3명 가운데 1명이 양반일 정도로 양반의 수가 크게 늘어났다. 그 동안 많은 사람들이 돈을 주고 양반 신분을 샀던 것이다. 이로 인해 그 동안 나라를 지배해 왔던 양반의 권위는 땅에 떨어질 수밖에 없었고, 이는 조선 사회를 지탱하던 신분 제도의 붕괴로 이어지게 된다.
　또한 헌종 대에는 두 차례나 모반 사건이 일어났는데, 두 사건 모두 중인이나 몰락한 양반들이 중심이 되어 일으킨 것이었다. 이는 커다란 권력을 가지고 있지 않아도 왕의 자리를 넘볼 수 있을 만큼 왕권이 약해진 것을 뜻한다.
　그런 소용돌이 속에 많은 백성들은 홍수와 흉년으로 고향을 떠나 떠돌아다니게 되었고, 천주교에 대한 박해가 계속되어 수많은 백성들이 죽었다. 게다가 영국과 프랑스 등의 서양의 배가 우리 나라 연안에 자주 나타나 민심은 더욱 뒤숭숭해졌다.

무너져 가는 조선을 보았던 헌종

헌종은 순조의 아들인 효명세자와 신정왕후 조씨 사이에서 1827년 태어났다. 그는 효명세자가 죽자 네 살 때 세자가 되었으며, 1834년 여덟 살의 어린 나이로 왕위에 올랐다. 그래서 할머니인 순원왕후 김씨가 헌종이 열네 살이 되던 해인 1840년까지 수렴청정을 했다. 안동 김씨의 세도 정치가 계속된 것이다.

헌종이 즉위한 뒤 백성들의 생활은 더욱 어려워졌다. 전염병과 물난리가 계속되어 떠돌아다니는 유랑민들도 늘어났다. 그러나 이런 가운데에도 큰 재산을 모은 농민들도 생겨났다. 그들은 돈으로 양반 신분을 사고 벼슬을 샀다. 이로써 조선의 신분 제도는 빠른 속도로 무너져 내리기 시작했다.

또 두 차례에 걸쳐 모반(새 왕을 세우려는 일)도 일어났다. 1836년 남응중은 정조의 아우인 은언군의 손자를 왕으로 세우려고 하다 능지 처참(대역죄를 범한 죄인을 잔인하게 죽이는 극형)을 당했고, 1844년에는 민진용이란 자가 역시 은언군의 손자를 왕으로 세우려다 능지 처참을 당하고 은언군의 손자는 사약을 받아 죽었다.

이렇게 어지러운 상황 속에서 백성들을 더욱 불안에 떨게 하는 사건이 있었다. 바로 영국과 프랑스 등 서양 열강들이 군함을 이끌

고 조선 연안에 나타난 것이었다. 이들은 통상을 요구하거나 자기 나라의 천주교 선교사를 죽인 것을 트집잡아 조선을 협박했다. 이에 백성들은 서양 오랑캐들이 나라를 빼앗으려고 온다며 겁에 질렸다.

하지만 조정은 이에 아랑곳없이 세력 따툼에만 빠져 있었다. 순원왕후의 수렴 청정이 끝나고 헌종의 어머니인 신정왕후 조씨(조대비)의 입김이 커지자 안동 김씨와 풍양 조씨가 서로 권력을 잡기 위해 싸웠던 것이다. 또한 이들은 왕족들 가운데 왕위를 빼앗으려는 사람이 있을까 봐서 왕족들을 죽이거나 귀양 보내고 철저하게 감시했다. 이처럼 헌종 대에는 나라 안팎으로 걱정이 끊이지 않을 때였다.

이러한 가운데 헌종은 15년 넘게 왕의 자리에 있다가 1849년 6월 스물셋의 젊은 나이로 세상을 떠났다. 그는 3명의 아내를 두었지만 자식을 보지 못했고, 능은 경릉으로 경기도 구리시에 있다.

 ## 양반이 왜 늘어났나

조선 시대는 양반, 중인, 상민, 천민으로 신분이 엄격하게 구분되는 사회였다. 양반이란 문무 관직을 가진 사람들이다. 기술직이나 하급 관리는 중인이라고 불렀다. 상민은 농민과 상인, 수공업자 등이다. 천민으로는 노비, 백정, 무당, 광대, 기생 등이 있다. 이 가운데 노비는 세습되었고, 재산처럼 사고 팔

수 있었다.

그러나 임진왜란과 병자호란을 거치며 이러한 신분 제도는 무너지기 시작했다. 조선 조정은 전쟁으로 경제적 어려움을 겪자 돈을 주고 양반 신분을 팔았다. 이로써 상민이 양반이 되고, 노비가 상민이 되는 일이 많았다. 또한 족보를 위조하거나 스스로 양반 행세를 하는 사람도 늘어났다. 그리고 노비들이 도망치는 경우가 많아 노비의 수가 크게 줄어들었다. 숙종 대에 전체 인구의 38%를 차지하던 노비는 계속 줄어들어 200여 년이 지난 1858년 철종 대에는 겨우 2%만이 노비였다.

반면 숙종 대에는 전체 인구의 9%였던 양반의 비율이 철종 대에는 70%로 무려 7배가 넘게 늘어났다. 이렇게 양반이 많아지자, 양반이라 하더라도 가난한 양반은 대접받지 못하는 세상이 되었고, 더 나아가 양반이 가진 권위는 크게 떨어질 수 밖에 없었다.

이는 철저하게 양반 중심의 사회였던 조선이 그 뿌리부터 흔들리게 되었음을 의미한다.

사진으로 보는 조선 왕조 오백년

1.

2.

3.

1. **신분** 《노상현알》. 김득신 그림. 조선 시대 양반과 상민의 모습으로 신분에 따른 생활 태도가 잘 나타나 있다. 2. **상민** 조선 시대 농부들의 새참 먹는 모습으로, 농사를 짓는 농민들이 상민에 속했다. 3. **조선 시대의 노비 문서** 나라에서 사노비를 인정한 문서이다.

철종

조 선 왕 조 오 백 년

●제25대 왕

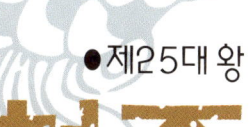

1831~1863년
재위 기간 : 1849~1863년

　철종은 강화도에서 농사꾼으로 살다가 하루 아침에 왕위에 오른 임금이다. 그래서 철종은 왕으로서 갖추어야 할 학문과 지켜야 할 법도를 익힌 적이 없었다.
　하지만 철종은 농사꾼으로 살며 백성들이 얼마나 어려움을 겪고 있는지를 잘 알고 있었다. 그래서 철종은 왕위에 올라 나름대로 백성들을 돌보기 위해 노력했지만, 세도 정치에 밀려 모든 것을 포기하고 만다.
　철종 대에는 세도 정치의 기세는 더욱 거세졌고, 탐관 오리들은 여전히 부정 부패를 일삼았다. 그들은 자신들이 벼슬을 사는 데 들였던 돈을 찾기 위해 죽은 사람이 살아 있다며 세금을 걷고, 어린 아이의 나이를 높여 세금을 걷었다.
　이를 참다못한 백성들이 전국에서 민란을 일으켰지만, 안동 김씨와 탐관 오리들의 횡포는 줄어들지 않았다. 그 즈음 최제우가 일으킨 동학이 백성들 사이에서 널리 퍼져 인간은 누구나 평등하다고 가르치기 시작했다.

강화도령 철종

철종은 사도세자의 증손자이다. 철종은 사도세자의 후궁에서 난 은언군의 손자였는데, 은언군과 그 아들은 천주교를 믿거나 헌종 대 두 번의 모반에 관계되어 모두 죽거나 귀양 갔다. 그래서 철종도 일찍 부모를 잃고 강화도에서 귀양살이를 하고 있었다.

그런데 헌종이 자식을 두지 못하고 죽자 안동 김씨의 무리들이 헌종의 뒤를 이을 사람으로 강화도에 있는 철종을 데려왔다. 철종이 농사를 지으며 학문을 제대로 닦지 못해 자신들의 뜻대로 움직이기 쉽다고 판단했기 때문이다.

이렇게 왕위에 오른 철종은 1831년 태어났고, 이름은 원범이다. 그는 열아홉 살이 되던 해인 1849년 6월 뜻하지 않게 조선의 스물다섯 번째 왕이 되었다. 철종은 열아홉의 나이였지만, 학문을 제대로 하지 못한 탓에 순원왕후(순종의 왕비)의 수렴 청정을 받았다. 사람들은 이런 철종을 비웃어 강화도령이라 부르기도 했다.

수렴 청정이 끝나자 철종은 백성들의 생활에 큰 관심을 기울였다. 자신이 농부로 살았기 때문에 백성들의 고통이 어떠한지 잘 알고 있었기 때문이었다. 그래서 그는 나라와 왕실의 돈으로 홍수와 가뭄에 시달리는 백성들을 도왔다. 또 백성들을 괴롭히는 탐관 오리들을 벌

주기도 했다.

그러나 탐관 오리들의 횡포는 조금도 누그러지지 않았다. 그들은 죽은 사람과 어린이에게도 세금을 매겼다. 또 이자 없이 백성들에게 꾸어 주게 되어 있는 나라 곡식에 높은 이자를 붙여 그 이자를 챙겨 재산을 모았다. 이러한 탐관 오리들의 횡포는 결국 1862년 37차례에 걸친 민란을 불러일으켰다. 이를 임술민란이라고 한다.

백성들이 들고 일어나자, 철종은 세금을 적게 거두기 위해 노력했다. 그리고 백성들을 쥐어짜는 탐관 오리들을 뿌리 뽑기 위해 애썼다.

그러나 철종은 곧 이러한 노력을 포기하고 만다. 당시 조정은 안동 김씨들의 판이었고, 안동 김씨들의 첩자들이 궁궐 곳곳에서 철종을 감시했다. 이들은 철종의 행동을 일일이 안동 김씨에게 보고했고, 안동 김씨들은 백성들의 삶을 돌보려는 철종의 뜻에 사사건건 반대했다. 게다가 안동 김씨들이 왕위를 이을 만한 왕족들에게 죄를 뒤집어씌워 죽이는 것을 보며, 철종은 자신 역시 쥐도 새도 모르게 죽을 수도 있다는 두려움에 떨어야 했다. 그래서 그가 모든 것을 포기한 채 술과 여자에 빠져들었던 것이다.

그러자 농사일로 단련되었던 철종의 건강도 곧 무너져 버려 1863년 12월 33세의 젊은 나이로 숨을 거두고 만다. 그는 8명의 아내를 두었지만, 단 1명의 옹주밖에 두지 못했다. 철종의 능은 경기도 고양에 있는 예릉이다.

철종 시대의 사람들

동학을 일으킨 최제우

"전하, 지금 경상도와 전라도 지방 백성들이 동학이라는 종교에 빠져 나라에 등을 돌리고 있사옵니다."

"동학은 서학(천주교)과 더불어 백성들을 현혹시키는 종교이옵니다. 그러니 동학을 만들어 백성들을 홀리고 있는 최제우를 당장에 잡아 가두시옵소서."

신하들의 말에 철종은 힘없이 고개를 끄덕였다. 신하들이 이렇게 말하는 것은 자신들끼리 이미 결정한 것을 통보하는 것과 다름이 없기 때문이었다.

동학은 1860년 최제우가 만든 종교였다. 최제우는 모든 사람이 자기 몸 안에 한울님을 모시고 있다고 가르쳤다. 양반이고 상놈이고 할 것 없이 인간은 모두 한울님을 몸 안에 모신 평등한 존재라는 것이다.

이처럼 모든 사람이 평등하다는 사상을 당시의 양반들이 가만 두고 볼 리가 없었다. 모든 사람이 평등하다면 양반이 상놈을 지배하는 것은 옳지 않은 것이 되기 때문이다.

그러나 일반 백성들은 동학에 크게 마음이 끌렸다. 왕과 양반들에게 시달려 온 백성들에게 모든 사람이 평등하다는 가르침이야말로 바라고 바라던 사상이었던 것이다. 백성들이 서학에 끌린 이유도 바로 이 평등 사상 때문이었다.

　1862년 9월, 동학을 일으킨 최제우는 경주에서 잡히고 말았다. 그러자 수백 명의 사람들이 관청으로 몰려와 최제우를 석방하라고 요구했다.

　이를 안 조정은 깜짝 놀랐다.

　"최제우에게 벌을 내렸다간 더 많은 백성들이 들고일어날지 몰라."

　이렇게 생각한 조정에서는 일단 최제우를 무죄라며 석방했다.

　그런데 이 사건으로 동학은 더 많은 사람들에게 퍼져 나갔다. 나라에서 무죄라고 했으니, 이젠 동학을 마음놓고 믿어도 된다고 생각한 것이다.

　그러자 최제우는 각 지역에 그 지역을 이끄는 접주를 두고 동학의 세를 더욱 늘리기 시작했다.

　"각 지방의 접주는 자기 지역의 신도를 이끌도록 하시오."

　그런 다음 최제우는 자기 뒤를 이어 동학을 이끌어 갈 지도자를 정했다.

　'분명 나라에서는 나를 잡아죽이려 할 것이 틀림없어.'

　최제우는 모든 사람이 평등하다고 가르치는 자신을 양반들이 계속 그냥 놔둘 리 없다고 생각했다. 그래서 후계자를 세워 자신이 죽은 뒤를 준비한 것이었다.

　최제우의 생각은 맞아떨어졌다. 1863년 조정에서는 다시 최제우를 잡아들여야 한다는 목소리가 높아졌다.

"전하, 최제우는 백성들을 현혹시켜 나라에 불충하게 만드는 역적이옵니다."

"그런 자를 그냥 두었다가는 나라가 위태로워질 것이 뻔하옵니다."

철종은 이번에도 고개를 끄덕였다. 이미 철종은 나라일에는 관심 없이 술과 여자로 시간을 보내는 사람이었던 것이다.

그 해 11월 최제우는 결국 관청에 잡히는 신세가 되고 말았다. 그리고 이듬해 3월 최제우는 효수되었다. 효수란 죄인의 목을 잘라 높은 곳에 매다는 것을 말한다.

동학을 일으켜 백성들에게 평등 사상을 심어 준 최제우는 이렇게 세상을 떠났지만, 그가 죽은 뒤 동학은 더욱 널리 퍼져나갔다.

최제우의 뒤를 이어 동학을 이끌었던 최시형은 사람을 섬기기를 하늘같이 해야 한다고 가르쳤다. 이는 백성들을 우습게 보는 양반들을 비판하는 것과 다름없는 가르침이었다.

이처럼 백성들에게 평등 사상을 심어 준 동학은 1894년 동학 농민 전쟁에도 큰 영향을 미쳤다. 그리고 최시형의 뒤를 이어 동학을 이끈 손병희는 '사람이 곧 하늘이다'라는 '인내천' 사상으로 동학 교도를 이끌었다.

동학은 1905년 천도교로 이름을 고쳐 오늘날까지 우리의 민족 종교로 남아 있다.

 ## 조선은 언제 문호를 개방했나

18세기 후반, 조선의 바다에는 서양 열강들의 상선과 군함이 빈번하게 나타났다.

1787년 프랑스의 함대가 제주도를 측량하고 울릉도에 접근한 것을 시작으로 조선 연안에는 심심치 않게 서양의 배가 출몰했다. 그리고 1832년에는 영국의 상선 암허스트호가 황해도 앞바다에 나타나 통상을 요구하였다. 그 뒤 1845년, 미국의 함대가 통상을 요구하였고, 이듬해엔 프랑스의 세실 제독이 군함을 이끌고 와 프랑스의 국서를 전달했다. 1861년에는 러시아의 함대가 원산에 와서 통상을 요구하는 등 서구 열강들의 통상 요구는 계속되었다.

그러나 철종의 뒤를 이어 왕위에 오른 고종을 대신하여 나라를 다스리던 흥선대원군은 이들의 요구를 들어 주지 않았다. 또 척화비를 세워 나라의 문호를 개방하지 않을 뜻을 분명히 했다.

하지만 고종이 나라를 직접 다스린 뒤부터 조선은 일본과 서양 열강들에게 나라를 개방하기 시작했다. 조선이 나라를 개방한 것은 1876년 일본과 강화도조약을 체결하면서부터였다. 그 뒤, 1882년 청나라, 미국, 영국, 독일, 등과 조약을 맺었고, 그 뒤에도 러시아를 비롯한 유럽의 여러 나라에 문호를 개방하였다.

사진으로 보는 조선왕조 오백년

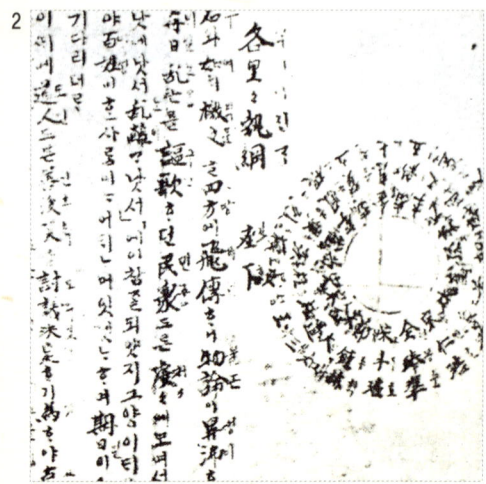

1. **최제우** 유교, 불교, 선교 등의 교리를 종합하여 우리 나라 고유의 신앙인 동학을 창시하였다.
2. **사발통문** 전봉준이 동학 교도들에게 돌린 서신. 주모자를 가려내지 못하게 원둘레에 각자 이름을 쓰는 것이 사발통문이다. 3. **전봉준과 동학 농민군** 동학군을 지휘하는 전봉준(민족기록화).

1. **잡혀 가는 전봉준** 1894년 1월 전라도 순창에서 붙잡혀 서울로 압송된 뒤 다음 해 4월 처형되었다. 2. **전봉준의 옛집** 사적 제293호. 전봉준이 동학 농민 운동 당시 살던 집. 전북 정읍군 이평면 장내리. 3. **황토현 전적지** 동학 농민군이 관군을 크게 물리친 곳이다. 전북 정읍시 덕천면 하학리.

고종 황제

조 선 왕 조 오 백 년

●제26대 왕

고종

1852~1919년
재위 기간 : 1863~1907년

고종은 일제에게 나라를 빼앗기고 일제에 의해 강제로 왕위에서 쫓겨난 임금이다. 고종이 조선의 왕으로 있던 44년간은 조선 시대 최대의 격동기였다.

고종의 아버지 흥선대원군은 안동 김씨의 세도 정치를 물리치고 개혁을 추진했지만, 고종의 아내 명성황후 등의 세력에 의해 밀려나고 만다.

그 뒤 명성황후 등은 서구의 발달된 문화를 받아들이려고 했지만, 이는 일본과 청나라가 조선의 일에 간섭하는 결과를 낳게 되었다. 그 뒤 조선은 일본과 청나라를 비롯한 서구 열강들에게 여러 가지 이권을 빼앗기고 만다.

이러한 소용돌이 속에서도 탐관 오리의 횡포가 수그러들지 않자 백성들은 외세를 물리치고 신분 차별이 없는 사회를 세우려고 동학 농민 운동을 일으킨다.

그 뒤 고종은 나라 이름을 대한 제국으로 고치는 등 나라를 지키기 위해 노력하지만 결국 1905년 일본의 압력에 의해 을사조약을 맺게 되고, 2년 뒤 왕위에서 물러나고 만다.

나라를 빼앗긴 고종

고종은 1852년 흥선대원군 이하응의 둘째 아들로 태어났다. 그의 이름은 명복이고 사도세자의 고손자뻘이 된다.

고종은 헌종의 어머니 신정왕후 조씨(조대비)에 의해 열두 살 되던 해인 1863년 왕이 되었다. 철종이 죽자 안동 김씨 세력 아래서 숨을 죽이고 살았던 신정왕후 조씨가 갑작스레 명복을 왕으로 세운 것이다. 이는 흥선대원군과 신정왕후 조씨의 비밀스런 약속에 의해 이루어진 것이었다.

신정왕후는 어린 고종을 도와 수렴 청정을 해야 했지만, 그 권한을 모두 흥선대원군에게 넘긴다. 그 뒤 고종은 10여 년 동안 아버지 흥선대원군의 그늘에 가려 있다가 22세 되던 해인 1873년부터 직접 나라를 다스렸다.

고종이 직접 나라를 다스리면서부터 조선에는 많은 변화가 일어난다. 흥선대원군이 서구 열강들에게 문호를 개방하지 않았던 것에 반해 고종은 아내인 명성황후 민씨와 함께 조선의 문호를 외국에 개방했던 것이다. 그 뒤 고종은 일본과 서구 열강 세력 앞에서 쓰러져 가는 왕조와 나라를 지키려고 안간힘을 쓴다.

그러나 고종은 일본과 서구 열강 세력의 침략을 막아내지 못하고, 일본에 의해 강제로 왕위에서 물러나야만 했던 비운의 왕이 되고 말았다.

 아버지 덕에 왕이 된 고종

1. 연을 날리다 궁궐로 들어간 명복

"바람이 제법 부는걸."

명복은 서둘러 연을 챙겼다.

12월의 바람이 매섭게 몰아치고 있었지만, 명복은 바람 따위에 아랑곳하지 않았다.

명복은 얼레에서 실을 계속 풀었다. 그런데 하늘 높은 줄 모르고 계속 파란 하늘을 파고들던 연의 줄이 그만 뚝 끊어지고 말았다.

그 때 커다란 가마를 둘러멘 한 떼의 군사들과 조정의 높은 관리인 듯 보이는 사람들이 나타났다.

"어, 저게 무슨 행렬이지?"

명복은 혼잣말로 중얼거렸다. 그런데 그 행렬이 명복을 향해 다가오고 있었다.

신하들과 군사들은 곧 명복 앞에 머리를 조아렸다. 순간 명복의 가슴이 세차게 고동쳐 왔다. 무슨 까닭인지 알 수 없었다. 하지만 왠지 설레이는 가슴을 진정시킬 수 없었다.

"어서 가마에 오르시옵소서."

고종편

가장 높은 벼슬아치로 보이는 사람이 명복을 가마에 태웠다. 가마 위에 앉자 모든 사람이 저만치 내려다보였다.

"물럿거라. 물럿거라."

맨 앞에 선 군사가 행렬이 나갈 길을 트자, 길가의 백성들이 모두 무릎을 꿇고 고개를 수그렸다. 그러자 명복은 곁에 서 있는 벼슬아치에게 물었다.

"저를 지금 어디로 데려가시는 겁니까?"

벼슬아치는 두 손을 모으며 말했다.

"대궐로 모시고 가는 길이옵니다."

"그럼, 내가 왕이 되는 것입니까?"

명복은 다시 고개를 들어 사방을 살폈다. 거리의 모든 백성들이 명복을 향해 머리를 조아리고 있었다. 이 세상에 자기보다 높은 자리에 있는 사람은 아무도 없었다.

명복은 이렇게 궁궐로 들어와 조선의 스물여섯 번째 왕이 되었다. 이 사람이 바로 고종이다.

고종이 왕이 될 수 있었던 것은 모두 아버지인 흥선대원군 이하응의 오랜 계획 덕분이었다.

안동 김씨는 똑똑해 보이는 왕족은 무조건 죄를 씌워 죽이거나 귀양을 보냈다. 그러자 흥선대원군은 안동 김씨의 눈을 피하기 위해 일부러 건달 노릇을 했다. 아무 때나 술을 먹고 주정을 일삼고, 안동 김씨 집을 찾아다니며 구걸도 서슴지 않았다. 그러나 이것은 모두 흥선대원군이 안동 김씨 세력 아래서 자신의 목숨을 부지하기 위한 방법이었다.

'지금 주상(철종)의 건강이 좋지 않은 데다 왕자가 없으니, 반드시 왕족들 가운데서 왕위를 잇게 될 것이다. 그 때까지만 이 수모를 달게 받으리라.'

이렇게 생각하고 있던 흥선대원군은 철종이 위독하게 되자 헌종의 어머니인 신정왕후 조씨와 몰래 손잡고, 자신의 둘째 아들 명복을 왕으로 세우기로 했다.

그리고 1863년 12월 철종이 죽자, 신정왕후 조씨는 약속대로 명복을 자신의 양자로 삼아 조선의 새 왕으로 세웠다.

그러나 아직 고종의 나이는 너무 어렸다. 고종은 아버지 흥선대원군이 하자는 대로 모든 것을 맡길 수밖에 없었다.

2. 고종은 왜 아버지에게서 벗어나려 했나

"전하, 이젠 전하께서 직접 나라를 다스리실 때가 아니옵니까?"

아내인 명성황후 민씨의 말에 고종은 한숨을 쉬었다.

고종이 왕이 된 지도 벌써 10여 년이 흘렀다. 열두 살짜리 꼬마였던 고종은 어느 새 스물두 살의 당당한 청년이 되어 있었다.

그러나 조선은 여전히 아버지 흥선대원군이 다스리고 있었다. 고종이 왕이 되자 수렴 청정을 맡게 되었던 신정왕후가 자신의 권한을 모두 흥선대원군에게 넘겼기 때문이다.

"전하, 백성들의 원망이 하늘을 찌를 듯하옵니다."

명성황후의 말은 사실이었다.

흥선대원군은 권력을 쥐자 마자 안동 김씨의 세력을 몰아 내고 탐관 오리에게 무거운 벌을 주었다. 또 탐관 오리나 지방의 양반들이 백성들에게 제멋대로 거두던 세금을 없앴다. 대신 양반에게도 세금을 거두고, 양반들의 숨겨 놓은 땅을 찾아 세금을 매겨 나랏 돈으로 썼다. 이로써 그 동안 안동 김씨의 세도 정치 아래서 무너졌던 나라의 기강이 바로 서는 듯 보였다.

그런데 흥선대원군은 경복궁을 새로 짓기로 마음먹었다.

'경복궁은 우리 왕실의 상징이다. 불타 없어진 경복궁을 새로 지어 백성들은 물론 신하들에게 왕의 위엄을 세우리라.'

이렇게 생각한 흥선대원군은 백성들에게서 돈을 거둬들였다. 또 경복궁을 짓는데 쓰이는 돌과 나무도 백성들에게서 빼앗았다. 이 때문에 백성들이 흥선대원군을 원망하게 된 것이었다.

"내 어찌 그것을 모르겠소. 하지만 아버님을 어떻게 밀어 낸단 말씀이오?"

고종은 눈을 감아 버렸다. 그러나 명성황후는 목소리에 더욱 힘을 주었다.

"백성들의 고통도 고통이오나 더 걱정인 것은 아버님이 서양의 발달된 문물을 받아들이려 하지 않는 것이옵니다."

당시 조선의 바다에 일본을 비롯한 미국, 영국, 프랑스, 러시아 등의 군함이 나타나 백성들은 불안에 떨고 있었다. 이들은 조선을 마음대로 드나들며 장사를 하게 해달라고 주장하고 있었다.

그러나 흥선대원군은,

"저들은 모두 우리 조선을 집어삼키려는 도적들이다. 그런 놈들을 우리 땅에 들여 놓는 것은 나라를 팔아 먹는 것이다."

라고 하며 모두 쫓아 내 버렸다.

"전하, 서양의 앞선 문물을 받아들여 나라를 발전시켜야 합니다. 그것만이 우리 조선이 사는 길이옵니다."

명성황후의 말에 고종은 다시 한숨을 쉬었다. 그것을 모르는 바가 아니었던 것이다.

'중전의 말이 옳아. 아버님의 생각처럼 나라의 문을 굳게 걸어 잠그는 것만이 옳은 것은 아니야. 저들은 전쟁을 일으켜서라도 조선을 빼앗으려 할 것이 분명해.'

고종은 지난 병인년(1866년) 프랑스 함대가 강화도를 점령했던 것이 떠올랐다. 또 신미년(1871년) 미국 함대가 강화도를 점령했던 것도 되짚어 봤다. 그 때 프랑스와 미국은 대포와 군함을 앞세워 쳐들어왔고, 조선의 군대는 제대로 싸워 보지도 못하고 밀려나야 했다. 서양의 발달된 무기 앞에서 조선의 군대는 장난감 병정과 같았던 것이다.

'서양의 문물을 받아들여 힘을 키워야 한다. 그것만이 나라를 살리는 길이다.'

고종편

고종은 마음을 굳게 먹었다. 그리고 신하들에게 알렸다.

"오늘부터 조정의 모든 일은 내가 직접 결정할 것이오. 그리고 대원군께서 드나드시던 문을 폐쇄하시오."

이로써 흥선대원군은 궁궐에 마음대로 드나들 수 없게 되었고, 고종이 직접 조선을 다스리기 시작했다.

고종이 직접 나라를 다스리게 되자, 고종의 아내인 명성황후와 가까운 사람들이 조정을 장악했다. 그리고 고종은 1876년 2월 일본과 강화도조약을 맺어 제물포항(인천)을 개항하는 것을 시작으로 부산과 원산항을 잇따라 개항하고 미국, 프랑스, 러시아 등과도 조약을 맺고 문호를 개방했다. 그리고 신사유람단을 일본에 지속적으로 파견하여 일본의 앞선 문물을 받아들이기 시작했다.

그러나 고종은 결국 나라를 잃고 왕의 자리에서 쫓겨나고 만다.

 고종은 어떻게 아내와 나라를 잃었나

1. 고종을 반대한 사람들

"뭐라고? 구식 군대가 반란을 일으켰다고?"

1882년 구식 군대가 반란을 일으켰다. 이는 구식 군대가 많은 차별을 받았기 때문이었다.

조선은 서양을 본떠 총으로 무장한 신식 군대를 만들었는데 신식 군대는 구식 군대와는 비교도 되지 않을 정도로 좋은 대우를 받았다. 앞으로 나라를 지키기 위해서는 신식 군대가 더 필요했기 때문이었다. 게다가 신식 군대는 모두 양반들로 구성되어 있었다. 이 때문에 구식 군대는 더욱 차별을 받았다.

그런데 구식 군대에게 모래를 섞은 쌀로 월급을 주는 사건이 발생했다. 그로 인해 구식 군대의 불만은 폭발하고 말았다.

"이건 다 왕비 민씨와 그 일파들의 짓이다. 우리 모두 대원군 어른을 다시 모셔 오자."

이를 임오군란이라고 하는데, 군란이 일어나자 흥선대원군은 그 세력을 등에 업고 다시 정권을 쥐려고 했다.

고종은 아버지가 군란과 관련 있다는 말에 탁자를 내리쳤다.

"아버님이 어쩌시려고 또!"

흥선대원군은 고종의 개항에 반대했다. 그래서 그는 어떻게 해서든 정권을 잡아 개항을 막으려 했던 것이다.

흥선대원군처럼 개항을 반대하는 사람들은 많았다. 그들은 고종을 쫓아 내고 고종의 형을 새 왕으로 세우려고까지 했다. 다행히도 이를 미리 안 고종은 주모자들을 없애고 개항에 반대하는 세력들을 제압하기 위해 싸우고 있는 중이었다. 그런 가운데 아버지와 또 부딪쳐야만 하다니 힘이 빠질 노릇이었다.

어떻게 군란을 막아야 할지 몰라 안절부절못하는 고종에게 명성황후가 조심스레 말했다.

"전하, 청나라에 도움을 청하시옵소서."

당시 고종과 명성황후는 청나라와 친하게 지내고 있었다. 거세게 밀려드는 일본의 세력을 청나라의 힘을 빌려 막으려는 것이었다.

고종은 명성황후의 말을 좇기로 결심했다.

청나라는 곧 군대를 보내 군란을 막고, 흥선대원군을 자기 나라로 잡아가 버렸다. 흥선대원군이 있으면 또다시 고종과 명성황후에 반대하는 세력들이 모일 것이라 판단했기 때문이었다.

그러나 서양 문물을 받아들여야 한다는 사람들 가운데도 고종과 명성황후에게 반대하는 사람들이 있었다. 그들은 대부분 일본에 신사유람단으로 다녀온 사람들로 더 빠르게 조선을 서양처럼 발전시키려는 사람들이었다. 이들을 개화파라고 한다.

"일본은 우리 조선과 같은 처지로 개항을 했지만 지금은 서양 세력과 어깨를 나란히 하고 있지 않습니까? 그러니 일본은 우리 조선을 도울 것입니다. 우리 조선도 하루빨리 개화하여 근대 국가로 발전시켜야 합니다."

"그렇습니다. 오랫동안 조선을 신하의 나라로 깔보던 청나라가 우리를 도와줄 리 없습니다."

이렇게 생각한 김옥균, 박영효, 홍영식 등은 1884년 민씨 세력을 밀어 내고 권력을 차지하기 위해 일을 벌였다. 이를 갑신정변이라고 한다.

그러나 갑신정변은 3일 만에 청나라 군사들에 밀려 실패로 돌아가고, 갑신정변을 일으켰던 사람들은 모두 일본으로 도망치거나 청나라 군사들에게 잡혀 죽고 말았다.

  그 뒤 고종과 명성왕후는 계속해서 청나라의 힘을 빌리려 했다. 하지만 일본의 힘을 빌려야 한다는 사람도 여전히 많았다. 뿐만 아니라 청나라고 일본이고 이 땅에서 외세를 모두 몰아 내고 조선 스스로 힘을 키워야 한다는 사람들도 적지 않았다. 이렇게 사람들의 의견이 엇갈리자 나라는 더욱 혼란스러워질 수밖에 없었다.

  게다가 탐관 오리의 횡포는 여전히 사라지지 않았다. 탐관오리들은 멋대로 세금을 거두어들였다. 심지어 전라도 고부 군수 조병갑은 자신의 아버지 비각(비석을 세워 놓은 집)을 세운다며 백성들의 살림을 빼앗아 가기도 했다.

  이에 시달리던 백성들은 드디어 1894년 전라도 고부에서 봉기하였다. 동학을 믿고 있던 전봉준이 탐관 오리를 처벌하기 위해 동학 교도와 농민을 모아 일어났던 것이다. 이를 동학 농민 운동이라고 하는데 동학 농민군은 전라도 일대를 모두 손에 넣었다.

  "이를 어쩐단 말이오? 관군을 보내도 동학 농민군에게 모두 패하고 마니……."

  고종은 생각 끝에 다시 청나라에 군사를 요청했다. 그러자 일본도 조선에 군대를 보냈다. 갑신정변이 끝난 뒤 청나라와 일본은 어느 한 나라가 조선에 군대를 보내면 나머지 나라도 조선에 군대를 보내기로 저희들끼리 약속했던 것이다.

  이렇게 청나라와 일본군이 들어와 나라가 위태롭게 되자 동학 농

고종편

민군을 이끌던 전봉준은 부패한 관리의 처벌 등을 조건으로 관군에게 휴전을 제의했다. 청나라와 일본 군대를 다시 돌려보내기 위해 싸움을 멈춘 것이었다. 하지만 청나라와 일본은 군대를 돌리지 않았다. 게다가 일본은 김홍집을 내세워 갑오경장을 일으켜 조선의 내정에 간섭하려고 했고, 7월에는 청나라에게 선전 포고를 하고 전쟁까지 일으켰다. 이 싸움에서 청나라는 일본에게 패하고 조선에서 군사를 물렸다.

이를 안 전봉준은 다시 동학 농민군을 일으켜 일본군과 관군에 맞서 싸웠다. 그러나 일본군의 힘에 밀려 동학 농민군은 패배하고 말았다.

이로써 일본은 더욱더 조선의 일에 간섭했고, 조선을 손에 넣기 위한 계획을 실천에 옮기기 시작했다.

2. 아내를 잃고, 나라를 잃고

"전하, 큰일났사옵니다. 일본 군사놈이 궁궐에 쳐들어왔사옵니다."

"뭐, 뭐라고?"

고종은 말이 나오지 않았다. 아무리 일본이 사사건건 간섭을 한다고 하지만 남의 나라 궁궐에까지 군사를 들여보내다니, 기가 막힌 노릇이었다.

그 때 다시 한 신하가 헐레벌떡 뛰어왔다.

"전하, 일본놈들이 중전마마를……."

신하는 말을 잇지 못했다. 순간 고종의 몸이 부들부들 떨렸다.

'기어이 놈들이 일을 벌였구나!'

일본은 자기들과 가까운 신하들로 조선의 조정을 만들려고 했지만 뜻대로 일을 이루지 못했다. 일본의 세력을 누르기 위해 고종과 명성황후가 여전히 청나라와 친하게 지내고 있었기 때문이다. 일본은 이 모두가 다 명성황후 때문이라고 생각했다.

"조선의 모든 정책은 명성황후에게서 나온다고 해도 틀린 말이 아니지."

실제로 고종은 명성황후의 도움을 많이 받고 있었다. 임오군란이나 동학 농민 운동 때 청나라에 도움을 요청하자고 한 것도 명성황후의 머리에서 나온 것이었다.

그래서 일본은 1895년 8월 갑작스레 궁궐에 침입하여 명성황후를 죽이는 만행을 저지른 것이었다. 이를 을미사변이라고 하는데, 이 일로 고종과 조선 백성들의 일본에 대한 반대 감정은 더욱 높아졌다.

'일본을 몰아 내야 한다. 하지만 나 혼자의 힘으로 일본을 몰아 낼 수는 없지 않은가? 게다가 이젠 청나라에 도움을 청할 수도 없으니……'

1896년 고종은 생각 끝에 이번엔 러시아의 힘을 빌려 일본을 견

고종편

제하고자 러시아 공관으로 몸을 피했다. 이를 '아관파천'이라고 한다.

'지금의 대신들은 모두 일본을 등에 업고 나라를 망치려 하는 역적들이다.'

이렇게 생각한 고종은 러시아와 가까운 신하들로 조정을 새로 구성했다.

그러나 이로 인해 나라의 위신은 크게 떨어지고 말았다. 왕이 자기 나라에서 다른 나라의 공관으로 옮겨가 나라를 다스린다는 것은 있을 수 없는 일이었던 것이다. 이를 모를 리 없었던 백성들은 고종에게 하루빨리 궁궐로 돌아가라고 청한다.

"백성들의 말이 맞다. 중전처럼 일본놈들에게 죽는 한이 있어도 궁궐로 돌아가자."

이듬해 다시 궁궐로 돌아온 고종은 곧 나라의 이름을 '조선'에서 '대한 제국'으로 바꿨다. 또 자신을 왕에서 '황제'라 높이고, '광무'라는 독자적인 연호를 썼다. 이를 통해 고종은 조선이 어느 나라에도 종속되지 않은 자주 독립국임을 알리려고 한 것이었다.

그러나 일본의 압력은 더욱 커지기만 했다. 1904년 일본은 조선에 대한 주도권을 놓고 러시아와 전쟁까지 벌였다. 이 전쟁에서 일본은 모든 사람들의 예상을 뒤엎고 러시아에게 승리하여 조선에 대한 지배권을 노골적으로 주장하기 시작했다.

"자, 여기에 도장을 찍으시지요."

1905년, 이완용 등의 몇몇 신하들이 고종에게 서류를 내놓았다.

"이것이 무엇이오?"

고종은 눈을 부릅떴다. 그러나 이완용은 아랑곳하지 않았다.

"우리 조선은 일본의 보호를 받아야 나라를 유지할 수 있을 것입니다."

"뭣이라고? 지금 경들이 하는 소리가 무슨 소리요? 나라를 팔아 먹겠다는 소리 아니오?"

고종은 벌떡 일어났다.

그러나 고종은 서류에 도장을 찍을 수밖에 없었다. 일본의 군사들이 당장이라도 달려들 것 같았기 때문이다.

이를 을사조약이라고 한다. 그 뒤 고종은 일본에게 외교권마저 빼앗기고 말았다.

"이렇게 나라를 빼앗길 순 없어."

고종은 생각 끝에 네덜란드 헤이그에서 열리는 '제2회 만국 평화 회의'에 이상설과 이준, 이위종을 특사로 보내기로 결심했다. 을사조약이 일본의 강제로 이루어졌음을 온 세계에 알리고 조약을 무효화시키려는 것이었다.

이를 안 일본은 이상설과 이준 등을 회의에 참석하지 못하도록 하고, 이완용, 송병준을 시켜 고종을 강제로 황제의 자리에서 물러나게 했다. 이 때가 1907년 7월 20일이었다.

그 뒤 고종은 태황제로 불리다가 1910년 한일합방 이후부터는 이태왕으로 불리게 되었다. 그리고 1919년 1월 68세의 나이로 세상을 떠났다. 고종은 7명의 아내에게서 6남 1녀를 두었고, 그의 능은 경기도 미금시에 있는 홍릉이다.

고종 시대의 사람들

최익현과 의병

1876년 일본과 강화도조약이 체결된 지 얼마 되지 않은 어느 날이었다.

"전하, 최익현의 상소이옵니다."

"최익현!"

최익현은 흥선 대원군이 경복궁을 새로 짓자 이는 백성을 괴롭히는 일이라며 흥선 대원군을 공격하고 나섰다가 제주도로 귀양 갔던 신하였다. 그 뒤 흥선대원군이 물러나자 최익현도 귀양에서 풀려났다.

고종은 최익현의 상소를 읽어 내려갔다.

"짐승과 같은 일본인에게 나라의 문을 열어 주면 나라가 망하고 말 것이옵니다."

최익현은 한 마디로 강화도조약에 반대하는 것이었다.

강화도조약은 운요호 사건에서 비롯되었다.

이전부터 조선에게 통상을 하자고 요구했던 일본은 조선이 이를 들어 주지 않자, 운요호 사건을 일으켰다.

　1875년 일본은 운요호를 강화도에 보내 제 마음대로 바다 깊이를 재는 등의 침략 행위를 하였다. 이에 조선의 군대는 운요호를 경고하기 위해 대포를 쏘았는데, 일본은 기다렸다는 듯 곧바로 맞대응을 하였다. 일본은 성능 좋은 대포를 마구 쏘아 조선에 큰 피해를 주고 물러갔다. 그리고는 이 사건을 트집잡아 일본은 조선에게 통상 조약을 맺을 것을 강요하였다. 만약 조약을 맺지 않으면 강제로 쳐들어가겠다는 기세였다.

　일본의 막강한 힘을 본 고종은 일본과 강화도조약을 맺을 수밖에 없었다. 물론 고종도 원래부터 일본을 비롯한 서양 여러 나라와 조약을 맺으려 하고는 있었으나, 강화도조약은 일본의 협박에 의해 이루어진 것이라고 해도 틀린 말이 아니었다.

　"전하, 힘이 약한 것을 보이면서 적과 조약을 맺으면 앞으로 적의 끝없는 침략을 막아낼 수가 없사옵니다. 게다가 우리의 농업 생산물을 적에게 팔고 적의 공업 생산물을 우리가 사면 나라의 경제가 파탄나고 말 것이옵니다. 농업 생산물은 적고 공업 생산물은 많은데 어찌 제대로 된 거래가 이루어질 수 있겠사옵니까."

　최익현은 궁궐 밖에 엎드려 자신의 주장이 받아들여질 때까지 움직이지 않았다. 그러나 결국 최익현은 이 일로 흑산도로 귀양가고 말았다.

　그는 흑산도에서 4년 동안이나 귀양살이를 하다가 고향으로 돌아갔다. 그 곳에서 최익현은 여러 선비들과 상소를 올려 나라의 잘못을 바로잡으려고 애썼다. 이러한 가운데 최익현은 전국 선비들의 중심이 되었다.

그렇게 20여 년이 흐른 어느 날 최익현은 을미사변이 일어났다는 소식을 들었다.

"뭣이라고? 왜놈들이 명성황후 마마를!"

일본은 또한 조선을 개혁한다며 남자들의 머리를 짧게 깎게 했다. 이를 단발령이라고 한다.

을미사변과 단발령으로 조선 백성들은 크게 분노했다. 그래서 전국 각지에서 일본을 몰아 내고 나라를 구하려는 의병들이 들고일어났다. 이를 을미의병이라고 한다. 최익현은 이 때도 조정에 상소를 올렸지만, 조정의 정책은 전혀 변화되지 않았다.

1905년 을사조약이 체결되자, 전국에서 나라를 구하고자 또다시 의병들이 봉기했다.

이를 을사의병이라고 하는데, 최익현도 이 때는 가만 있지 않았다.

1906년 최익현은 집을 떠나 전라도 태인으로 향했다. 호남의 뜻 있는 사람들이 의병을 일으켜 나라를 구하려고 하는 데 함께 하기로 마음먹은 것이었다. 그들은 모두 최익현을 스승처럼 따르고 있었다.

그 해 6월 4일 최익현은 의병의 봉기를 고종에게 알렸다.

"나라가 망하는 때를 당하여 여러 동지와 더불어 죽음을 각오하고 싸우기를 결심했사옵니다. 저희들은 의기를 높이 들고 한양으로 나아갈 것입니다."

백성들은 최익현과 의병들을 크게 환영했다. 정읍 지방의 백성들은 의병들에게 성문을 활짝 열어 줄 정도였다. 이러한 백성들의 뒷받침 덕에 최익현이 이끄는 의병들은 일본 군대를 물리치며 한양으로 향했다.

그러나 일본이 조선 사람으로 구성된 군대를 보내자, 최익현은 싸움을 중지했다.

"같은 동포끼리 어찌 싸울 수가 있단 말이냐!"

결국 최익현은 한양으로 잡혀 와 일본에 의해 재판을 받게 되었다.

그러나 일본은 최익현을 함부로 다룰 수 없었다. 조선 사람들의 존경을 한몸에 받고 있는 사람을 함부로 다뤘다가는 더 큰 봉기가 일어날 수도 있기 때문이었다.

그래서 일본은 최익현을 대마도로 끌고 가 그 곳에 가두었다.

"왜놈의 밥은 먹을 수 없다!"

대마도에 끌려간 최익현은 이렇게 굶어 죽었다. 이 때가 1907년 1월 1일, 그의 나이 74세였다.

최익현은 죽었지만, 의병들의 활동은 계속되었다.

그 해 헤이그 밀사 사건으로 인해 고종이 쫓겨나고 조선의 군대가 해산되자, 또다시 의병이 봉기했다. 이를 정미의병이라고 하는데, 정미의병은 한양 탈환 작전을 세울 만큼 일본군과 치열하게 맞서 싸웠다. 의병들은 이후 독립군으로 발전한다.

 민란에서 무엇을 알 수 있나

어느 시대나 마찬가지로 당시 사회에 반대하는 사람은 있기 마련이다. 조선의 백성들 역시 양반 중심의 사회에 대한 불만을 가지고 있었고, 그들은 자신들의 불만을 여러 가지 방법으로 터뜨렸다.

가난에 못 이겨 도망가는 사람도 있었고, 도둑질을 일삼는 사람도 있었다. 더 나아가 무리를 지어 난을 일으키기도 했다. 이를 민란이라고 한다.

조선 후기에 갈수록 민란이 많이 발생한다.

처음 민란은 탐관 오리와 양반들의 횡포로 풀뿌리와 나무 껍질로 하루하루를 살아가던 백성들이 더 이상 견디지 못하고 들고일어나는 것으로 시작되었다.

그러나 날이 가면 갈수록 민란은 발전된 모습을 띠었다. 백성들이 자신들이 원하는 것이 무엇인지 분명히 밝히고, 더 나아가 사회가 나아가야 할 방향을 제시하기까지 한 것이다.

조선 시대 민란 가운데 1894년 일어났던 동학 농민 운동이 가장 발전된 모습이라고 할 수 있다. 당시 농민들이 요구했던 것들이 무엇인지 살펴보자.

동학 농민 운동 당시 동학 교도와 농민들이 내세웠던 폐정 개혁 12조

1. 동학 교도는 정부와 원한을 씻고 협력한다.
2. 탐관 오리는 그 죄를 조사하여 처벌한다.
3. 백성들에게 횡포를 부린 부자들을 처벌한다.
4. 불량한 유림과 양반들을 징벌한다.
5. 노비 문서를 불태워 없앤다.
6. 천인을 차별하지 않고 백정이 쓰는 평량갓은 없앤다.
7. 젊은 과부가 다시 결혼할 수 있도록 한다.
8. 제멋대로 만든 잡세는 모두 없앤다.
9. 관리를 뽑을 때는 지역과 집안에 상관없이 능력에 따라 뽑는다.
10. 일본과 내통하는 사람은 벌한다.
11. 공사채를 물론하고 이전의 빚은 무효로 한다.
12. 땅은 공평하게 나눠 농사짓는다.

이 개혁안에서 우리는 당시 사람들이 신분 차별이 없는 평등한 사회, 농민들이 마음놓고 농사를 지을 수 있는 사회를 만들려고 했음을 알 수 있다. 그리고 외세의 침입으로부터 벗어난 자주적인 국가를 건설하려 했다는 것을 알 수 있다.

사진으로 보는 조선왕조오백년

1. **고종 황제 일가** 왼쪽으로부터 영친왕, 순종, 고종, 순종비, 덕혜 옹주. 2. **운요호** 1876년 강화도에 침입하여 약탈을 자행한 일본 군함. 3. **신미양요** 신미양요 때 미국 해군의 공격으로 광성진에서 전사한 조선군의 처참한 모습. 4. **강화도 덕진을 점령한 미군들.**

사진으로 보는 조선왕조 오백년

1

2

3

4

1. 강화도 조약 체결 광경 1876년 일본은 운요호 사건을 트집잡아 우리 나라와 강제로 조약을 맺었다. **2. 중앙우체국** 갑신정변이 일어났던 경성 우정국. **3. 갑신정변의 주요 인물들** 앞줄 오른쪽에서 세 번째가 김옥균, 뒷줄 왼쪽에서 네 번째가 유길준. **4. 김옥균**

사진으로 보는 조선왕조 오백년

1. 명성황후 장례식 일본인 자객에게 무참히 살해된 명성황후의 장례식 모습. 2. 신식 군대 훈련을 받는 친위대 3. 러시아 공사관 4. 독립문 사적 제32호. 독립 정신을 심어 주기 위해 독립 협회가 세웠다. 5. 원구단 1897년 고종이 대한 제국을 선포한 뒤 이 곳에서 황제 즉위식을 가졌다.

사진으로 보는 조선왕조 오백년

1. 고종 황제와 대신들 2. 을사조약 체결 기념 사진 1905년, 을사조약 체결 직후 한·일 대표자들의 기념 사진. 을사조약은 일본이 우리 나라의 외교권을 빼앗기 위해 강제로 맺은 조약으로, 이후 한국은 사실상 일본의 보호국이 되었다. 3. 을사조약 이후 화승총으로 무장한 항일 의병들의 모습.

순종

조 선 왕 조 오 백 년

●제27대 왕

순종

1874~1926년
재위 기간 : 1907~1910년

  순종은 조선 왕조의 마지막 왕이다.
  그는 고종이 을사조약이 강제로 체결된 것임을 세상에 알리기 위해 헤이그에 밀사를 보낸 일로 왕위에서 쫓겨난 뒤, 일본에 의해 조선의 왕위를 이었다.
  순종을 왕위에 앉힌 일본은 조선에 통감을 보내 조선의 정치에 사사건건 간섭했다. 이처럼 일본의 조선에 대한 침략이 노골화되자 전국 각지에서 의병이 일어나고, 독립을 찾기 위한 움직임이 활발해졌다. 안중근 의사가 조선을 식민지로 삼는데 앞장섰던 이토오 히로부미를 죽인 것도 순종이 조선의 왕으로 있던 때였다.
  또한 수많은 지식인들이 학교를 세워 조선을 이끌어 갈 인재를 기르기 위해 노력했고, 신문들이 만들어져 일본의 조선 침략을 비판했다.
  그러나 이러한 모든 노력들이 있었음에도 1910년 8월 29일, 한일합병이 맺어짐에 따라 조선은 일본의 식민지가 되고 만다.

조선의 마지막 왕 순종

고종과 명성황후의 아들인 순종은 1874년에 태어났으며, 이름은 척이다. 그는 1875년 세자로 책봉되었다가 '대한 제국'의 성립과 함께 황태자로 높여졌다. 그리고 1907년 고종이 일본에 의해 강제로 밀려나자 조선의 황제가 되었고, 연호를 '융희'라고 정했다.

그러나 순종은 황제라고 할 수 없었다. 이미 일본에 의해 모든 권력을 빼앗긴 뒤였던 것이다.

순종은 왕이 되자마자 일본의 압력에 의해 조선의 군대를 해산시켜야 했으며, 나라의 모든 일에 일본에서 온 통감의 지시를 따라야 했다. 또 나라의 장관도 자신이 임명할 수 없었다. 1909년에는 사법권마저 빼앗겨 조선인들의 죄는 모두 일본인들이 재판을 하게 되었다.

그리고 1910년 8월 29일 순종은 조선을 일본에 합병한다는 각서에 도장을 찍고 말았다. 일본이 이완용, 송병준 등을 내세워 순종을 위협하였던 것이다. 이로써 조선은 일본의 식민지가 되어 역사 속으로 사라지고 말았다. 태조 이성계가 1392년 조선 왕조를 세운 지 519년 만이었다.

그 뒤 순종은 황제에서 이왕으로 불리다가 1926년 4월 25일 53

세로 생을 마쳤다.
　순종은 자식을 남기지 못했으며, 능은 경기도 미금시 금곡에 있는 유릉이다.

조선 시대 역대 왕 계보

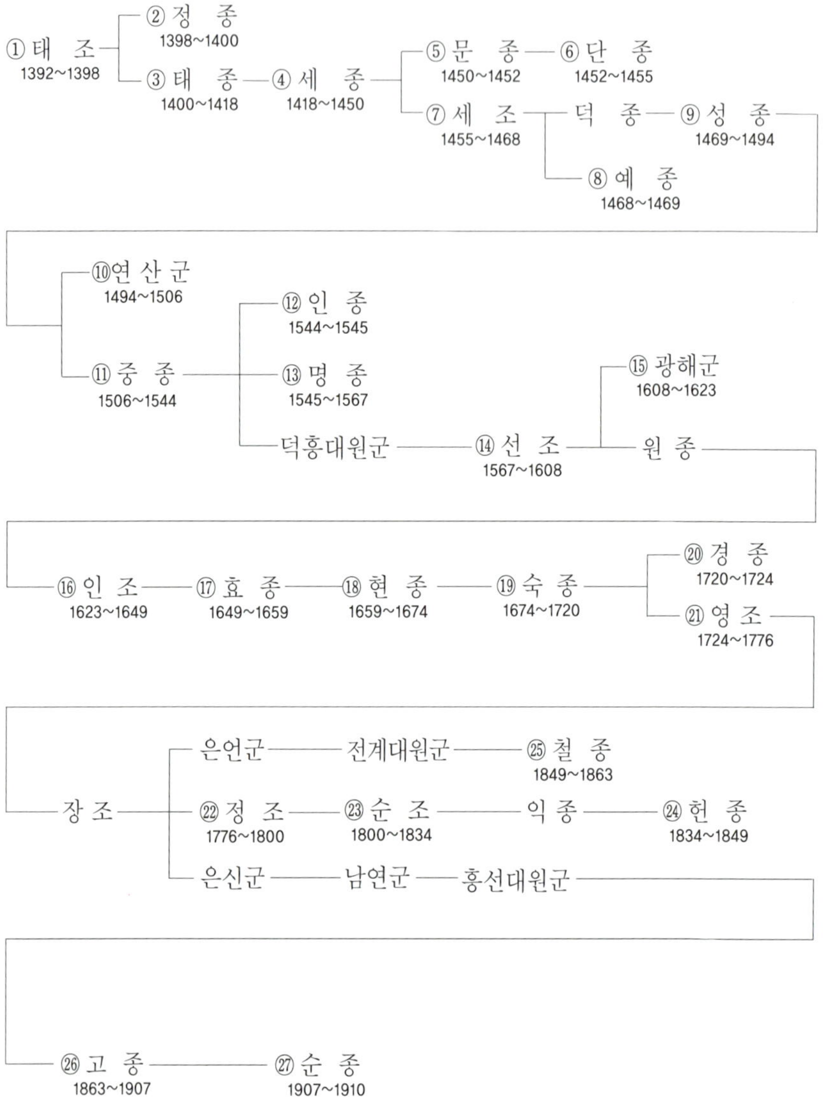

- ① 태 조 (1392~1398)
  - ② 정 종 (1398~1400)
  - ③ 태 종 (1400~1418)
    - ④ 세 종 (1418~1450)
      - ⑤ 문 종 (1450~1452)
        - ⑥ 단 종 (1452~1455)
      - ⑦ 세 조 (1455~1468)
        - 덕 종
          - ⑨ 성 종 (1469~1494)
        - ⑧ 예 종 (1468~1469)

- ⑨ 성 종
  - ⑩ 연산군 (1494~1506)
  - ⑪ 중 종 (1506~1544)
    - ⑫ 인 종 (1544~1545)
    - ⑬ 명 종 (1545~1567)
  - 덕흥대원군
    - ⑭ 선 조 (1567~1608)
      - ⑮ 광해군 (1608~1623)
      - 원 종

- ⑯ 인 조 (1623~1649)
  - ⑰ 효 종 (1649~1659)
    - ⑱ 현 종 (1659~1674)
      - ⑲ 숙 종 (1674~1720)
        - ⑳ 경 종 (1720~1724)
        - ㉑ 영 조 (1724~1776)

- 장 조
  - 은언군 — 전계대원군 — ㉕ 철 종 (1849~1863)
  - ㉒ 정 조 (1776~1800) — ㉓ 순 조 (1800~1834) — 익 종 — ㉔ 헌 종 (1834~1849)
  - 은신군 — 남연군 — 흥선대원군

- ㉖ 고 종 (1863~1907) — ㉗ 순 종 (1907~1910)

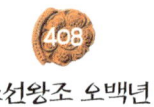

조선왕조 오백년